果齋全集

下

劉爾炘 撰
戴恩來 整理

上海古籍出版社

果齋日記

序

　　古之爲學者往往以隨手劄記爲日課，蓋藉以致思，亦藉以省察也。竊念少不自勵，歲月虛拋，荏苒光陰已蹉跎者三十餘年矣！悠悠終古，何以爲人？積愧生奮，勉紹前修，聊以收已放之心，即以補半生之過。

　　時光緒二十有三年春三月也，皋蘭劉爾炘識於都門客次。

卷　　一

光緒丁酉(1897年)

人之生也，耐勞、耐苦、耐挫折，必成大器。經霜冒雪，松柏不凋，求梁棟者故在松柏。

不用力於平日者，不得力於臨時。天下事莫不然也，爲學之道尤如是。

"五經""四子書"，足以增人才智，擴人器量，讀之而才智器量依然者，與不讀何異？

學可以長才，亦可以養才。有才無學而不誤用其才者鮮矣！

口之所言者心不知也，足之所行者心不知也，是動静一任夫血氣而心不爲之主也。心之所不欲言者口偏言也，心之所不欲行者足偏行也，是神明不敵夫血氣而心不能爲之主也。學者必先知心之何以不爲主，而後求心之何以能爲主。

無一時一刻不知此心所在，可與言學矣！

方欲求爲己之實功，而爲人之念不知不覺潛伏於中。

明知其爲不善矣，而省察偶疏，仍蹈故轍。

倭文端曰："一言一動，須求有益於人。"竊以爲一言一動先求無過於己。

血氣之勇不足恃，無欲乃大勇也。

處富貴之境而曰不怕窮，處安樂之時而曰不怕死，不惟人不之信，即己亦且休自信。躬遇困苦，身逢患難，不怕則真不怕矣！

利欲之念遣之不去，義理之心收之不來。

一事未作，先計己之利不利，則其事必不能作，即作矣，而亦不能盡善；一書未讀，先計人之知不知，則其書必不能讀，即讀矣，而亦不能有得。

不思求當於理，而思見稱於人，立言行事必有所偏。

人品愈奇異愈卑，愈平淡愈高。

古之學者窮源以合流，今之學者逐末而忘本。

因人之短顯己之長，因人之危顯己之義，小人心術也。

妄念易除，雜念不易除。雜念皆妄念也，必至不雜，方爲无妄。

名利得失之場，最易增人鄙吝之心。一日不讀書，一刻不自檢，有流爲小人而不自知者。

日日去爲人之念，而爲人之念終不去。根本之地，所見者小矣！人己之見難化。

未嘗學之而曰我君子，猶未嘗飲之而曰我不渴，未嘗食之而曰我不饑也。誰欺乎？自欺而已！

爲學之道，擇之精，尤貴守之固。

時時如在雷霆震怒之下，刻刻如有見賓承祭之事，天理未有不存，人欲未有不銷者。

君子事天之學，課之吾心而已，寤寐獨知之地，未必真能無愧。不此之務而徒文飾於言行之間，仍是好名之念不化，爲己之心不真。

人不我重，己必有不足重者；人不我信，己必有不足信者。返躬自課，慎勿怨人。

看書如看山。一字一句猶一丘一壑也，不身入其中，不能盡其曲折，是人與書貴乎合；大旨要領猶來龍去脈也，不遠眺俯視，不能得其綱領，是人與書又貴乎離。

守先王之法而不識時宜，迂儒之泥古也；識時宜之變而竟悖先王，俗儒之忘本也；通時宜達變之權而不悖先王立法之意，通儒之學也。

洗滌其功利之見，銷融其人我之私。

人才無時不有、無地不有，所難得者知人之人、用人之人、造就人之人。

孔孟之道，天地自然之道也。因自然者以示人，非孔孟所造作也，異端旁門造作者多矣！

孔子集群聖之大成，朱子集群賢之大成。孔子善著書，朱子善讀書。不通朱子之書，不能通孔子之書。

君子之學，不授權於氣數，無窮通，無顯晦，無一息停，無毫髮間。因人之欺我、慢我而心有不平，仍是不能容人。甚矣！量之難養也。

學者以君子自勵而事出倉卒，仍不免蹈小人之轍。非動於利害，即見理不真。夫所以動於利害者，實由於見理不真，見理真，則利害不能動矣！

不得聖賢之心，不能讀聖賢之書。

光緒戊戌（1898年）

天下治亂之機，其端甚微，非知道者不能識也。人之所見者，已然之跡耳，因其跡而補救之，亦已晚矣！況補救之不得其術乎？嗚呼！上工治未病。

虛文日盛，世道日衰；崇實黜華，今日急務。

向外之心如操舟於急流、馭馬於峻阪，懍懍焉有稍縱即逝之虞。

多言必失言。

天之運一息不停，人之心亦一息不停，私欲間之則停矣！《中庸》言"不已"必先言"純"者，私欲净盡之謂也。

能折服於人者，乃能使人折服。

張子有言："求爲賢人而不求爲聖人，此秦漢以來學者之大蔽也。"竊以爲，求爲富貴人而不求爲賢人，又今日學者之大蔽也。噫！亦可以觀世變矣！

許魯齋曰："風、雨、露、雷，無非教也。富貴福澤、貧賤憂戚，亦無非教也。"竊以爲，富貴福澤猶雨露之滋也，因其滋而思吾德業之加修；貧賤憂戚猶雷霆之震也，因其震而奮吾德業之不足，庶可謂之能受教。

時時唤醒，刻刻提起，求明之道也，自強之功也，一息不可忘也。

泛覽百家，不如求之"六經"，求之"六經"，不如約之"四書"，約之"四書"而反之身心，是爲有本之學。

甚矣！樂聞己過之難也。捫心自問，非不知己誠有過、人言信可服從，乃聞之之際偏不覺有怫然之意隱然於方寸中，而不能即時沛然相從，略無絲毫之疑滯。

倭文端曰："不問世道人心如何，這一副與人爲善熱腸斷冷不得！"

身之病也醫之以藥，心之病也醫之以書。程子曰："聖賢必不害心病。"

所最可恥者驕吝之心也；所最難化者驕吝之心也。

因時勢之宜而不悖先王之意，則法變而道存。法可變也，道不可變也。

人所不見、己所獨知之地，萬事之本源也。師友不能助也，父兄不能勉也，自奮也、自勵也，勿自欺也。

不謀利、不計功，學問經濟之本源也。培其本者枝自茂，塞其源者流不暢。

取士之法密，教士之法疏，是略於耕種而勤於收穫也，登之場者薄矣！

盛世之人樸，衰世之人華；盛世之人勤，衰世之人惰；盛世之人不能言而能行，衰世之人不能行而能言。

聖人之處事謹小慎微，小之積則大矣，微之積則顯矣！無為而治，非無為也。制治未亂，保邦未危，人不能見為之之跡也。

明理者作文之本也，養心者讀書之本也，遷善改過者修己之本也，不欲毋施者處世之本也，節用者理財之本也，鍊心者養兵之本也，重祿者培人才、養廉恥之本也，辨分者定民志、厚風俗之本也。孔孟之學，師儒之本；堯舜之道，君相之本。本之則無如之何！《大學》所以貴"知本"，《論語》所以貴"務本"。

官多則事廢，士多則學荒。

必使上之人求下，勿使下之人求上，則真才出矣！

無定識、無定力，每一遊移，便遺後悔。

悔者改過之根也，愧者自勵之根也，恐懼者立命之根也。

易斷者憂道之心，難斷者憂貧之念。

欲化膠執之弊，每流於圓融；欲救圓融之弊，每入於膠執。此亦中庸難能之一證。

心不可放,亦不可執,存之爲妙,存之之法,涵養爲妙。涵養云者,如寸魚之得水,機甚樂而無躍意;如初花之得雨,神甚活而無放意。

事必思而後行,言必思而後發,寡過之要也。

正誼不謀利,明道不計功,爲己之學如此。朱子有言:"以爲己事之所當然而爲之,則雖甲兵、錢穀、籩豆有司之事皆爲己也;以其可以求知於世而爲之,則雖割股、廬墓、蔽車、羸馬亦爲人耳!"

此心所安,即此理所在。此理漫天漫地,無物不有,無時不然。公其心,平其心,明其心,觸處可以見理。

應事接物,各得其宜,聖賢之能事畢矣!

君子以一二有識之竊笑爲憂,不以千萬流俗之虛譽爲喜。

無一念雜,無一刻斷,純一不已,如是而已。

朱子《答曾無疑書》曰:"人之爲學,必使此心之外更無異念,而舊習之能否,世俗之毀譽,身計之通塞,自無一毫入於其心,然後乃可幾耳!"有志於學者當銘之座右。

護短心、苟安心、畏難心,學者中之則不可以爲學,士大夫中之則不可以爲治,天下人中之則天下事不可爲。

聖賢之學,去私爲要。積海内億萬人之私,即成海内億萬人之禍。故一身之私不去而身不修,一家之私不去而家不齊,一國之私不去而國不治,天下之私不去而天下不平。

科名易得,則士無實學;祿俸不豐,則官無真品。

爲學之道,始之所難者不得其門徑耳!既已闢荆榛、窺堂奥,則爲己爲人亟宜辨別。"不知不愠"之量,尤其所最難養者也。

天下輕重之物不可以數計，有權則遇物而輕重可知；天下多寡之物不可以數計，有量則遇物而多寡可知；天下長短之物不可以數計，有度則遇物而長短可知。君子之爲學，爲其權而已，豈必盡權天下之物而後輕重不淆乎？爲其量而已，豈必盡量天下之物而後多寡不惑乎？爲其度而已，豈必盡度天下之物而後長短不迷乎？然有權矣而不權天下之輕重，則其遇輕重也仍易淆；有量矣而不量天下之多寡，則其遇多寡也仍易惑；有度矣而不度天下之長短，則其遇長短也仍易迷。必也有勤於權輕重之功而後輕重之權不淆，有勤於量多寡之功而後多寡之量不惑，有勤於度長短之功而後長短之度不迷。

務外之念不去，内修之志必荒。

察察爲明而不能知人者，蔽於私也。夫知人亦視乎己之分量何如耳！君子知人之善，小人知人之惡。

李文貞論窮經之要，謂：「精而不切，如浚水九仞而未得其源也；切而不精，如理絲見端而未窮其緒也。」竊以爲有明末造之學者，其持身非不矜重，而流弊則蔑訓詁、滯章句，是理絲見端而未窮其緒者也，切而不精者也。國朝乾嘉以來之學者，其考古非不淵博，而流弊則遺義理、忘身心，是浚水九仞而不得其源者也，精而不切者也。有志經術之士，其亦鑒此而知所擇乎？

性也，命也，仁也，誠也，聖人之道不外是。學者將欲居仁存誠，以躋於盡性立命，必自言忠信、行篤敬始。

人不可欺也，欺人適以自欺。

鞭闢近裏，一真百真，但思無愧於己，不必求知於人。斯詣也，父兄不能勉，師友不能助，獨知獨喻，自奮自勵而已。

或曰：「聖人能持氣數之權，數果可移易乎？」曰：「數之前定也,雖造物亦無可如何！聖人教人修身立命而已,不言數也。人事勉之,天事聽之。"曰:"然則,何以謂之持氣數之權乎?"曰:"世之衰亂,數也,君子雖處衰亂而綱常不變;身之疾病,數也,君子雖當疾病而神明不惑。是則持之謂歟?"

不靜參其理、默會其通,口耳之學、聞見之知,烏能有得?

靜參於書策之中,默會於書策之外,徧觀於天下之物,體驗於一己之身。

有德者嚴以責人而人服,無德者嚴以責人而人怨。

得之於心者有怡然自適之樂,則見之於行者有自然中道之機。

將欲知人,必先修己;既不修己,烏能知人?

表裏如一,何其難也。

既有形跡,即有對待,既有氣質,即有善惡,惟道無偶一而已矣！惟性不雜善而已矣！

因衣食不給而有憂貧之心,因憂貧之心而動富貴利達之想,因富貴利達之想而起世俗無窮之念。相因迭觸,愈觸愈鄙。噫！貧賤憂戚,伐道之斧乎？礪心之砥乎？可畏哉！

務外之學,似有濟於人事,而所濟者小;務內之學,似無益於生民,而所成者大。

理欲交戰之際,心雖苦,志不可回,稍一遊移,入泥塗矣！堅、堅、堅！忍、忍、忍！

心弗治弗養,一生無樂事;心能治能養,天下無難事。治心養心,其事之最難者乎？心治心養,其事之最樂者乎？

處事但求義理之是,一計較於利害則惑矣！

世之責人者常厚,責己者常薄,以聖賢之道繩人,以庸流之跡自處,何其惑也！君子取人之片善,而責己當求全。

聞人之惡則信,聞人之善則疑,可謂公乎？聞己之惡則愠,聞己之善則喜,可謂明乎？

不見信於人,是己之所以信人者尚淺,於人勿責也。

知人難,知後世之人尤難。

曉天下之事易,爲天下之事難。

習俗日深,此心潛受滋染。小人情態,每於行事立言之際,暗伏於防閑省察之中。

濂溪、明道,終身無疾言遽色。言何以不疾？色何以不遽？涵養久矣,心氣平矣,未嘗有意於不疾而不疾矣,未嘗有意於不遽而不遽矣！求之言色,則末矣！

喜怒哀樂,發於理則和,動於氣則偏。

無事之時貴乎凝静而苦其寂寥,有事之時貴乎鎮定而苦其紛擾,皆心放也。

切己工夫,喜、怒、哀、樂。益人神智,《易》《禮》《詩》《書》。

心氣宜平也,尤宜凝。

讀書之患在求速效,日積月累,漸有悦心之趣,則不求有益而自益,不求有恒而自恒。然其初也,必由苦志研求而入。

書理之透澈與不透澈,視乎體驗之真切與不真切,正不在文字講解間也。

歛吾氣以觀書,平吾心以觀理,則此身血脈亦溫潤而不浮躁,故養心即以養氣。

血氣之不凝重,亦爲心害,當以心持之。

爲人之念所最難除,窮治其根,只由所見者小耳！

有過而惟恐人知者,動於羞惡之良也;有過而不能自訟者,蔽於苟且之私也。

立品不真，欺人乎？欺天乎？自欺而已！

譽我者必求我之所長，是使我聞之而有自滿之心也；毀我者必求我之所短，是使我聞之而有自惕之心也。譽我者損我者也，毀我者益我者也。

立身行事，萬不可有愧於心。一有愧於心，人雖諒之，己之氣已餒矣！

存養未熟，持守不堅，時俗習染每於喜時、怒時、忙時露之。

凡事不躬行實踐，不知其難。如自言不好名、不貪利，是尚未曾用力於不好名、不貪利也，不然則未嘗處名利場也。

知人不易，自知尤難。

光緒己亥(1899年)

論人論事，必求其極，格物之方也；處人處事，必得其平，應物之方也。

求己之是，勿責人之非。

必能知過，方能改過。改過在乎有勇，知過本於無私。

不因遇之可樂而樂，方爲真樂；不因人之見重而重，方爲自重。

處世接人，其卑屈諂媚者無論矣，又有力矯其屈諂而一言一動必自尊自大者，不思己之勉爲國士，而徒責人之不以國士遇我，何其顛也！

責己嚴者必不責人；責人嚴者必不責己。

眼中無書，心上有書，方能得書之力。

了澈於心，還宜熟復於心，不熟復不能爲我有也。

熟而不博，滯礙難通；博而不熟，恍惚無得。

客氣銷除一分，心地光明一分。

心氣之昏，醫之以敬。舍敬求藥，無有中病者。

讀聖人之書，因千百言而通一言，因一言而通千百言，斯爲真通。如第滯於一字一句間，則聖人之心未必真能得也。

氣質之害大爲心害，惟以心爲主，而使氣質受役焉，庶幾此身可以自由。

《書》曰："匪知之艱，行之維艱。"行自重矣，然知之者或有所不周，或有所不透，徒依傍前古聖賢之陳跡，倣而行之，則行之者未必盡是，而亦不能持久。故程子曰："知之真，行之自力。"

言行於差錯處猛省，其省既真，其改必力。

樂人欲者其樂暫，樂天理者其樂常。時時有以自樂而不樂人欲，則天理存矣！

人未我信而輕語之，己即失言，人亦無益。

張南軒對孝宗曰："比年諸道水旱，民貧而國家兵弱財匱，大小之臣又皆誕謾，不足倚仗，正使彼中可圖，臣懼我之未足以圖彼也。"不量人而量己，可謂知本之言。浪言戰者其三復之。又曰："必勝之形，當在於早正素定之時，而不在乎兩陳決機之日。爲今之計，但當修德立政，用賢養民，選將帥、練甲兵，通内修外攘、進戰退守爲一事，又且必治其實而不爲虛文，使必勝之形隱然在目前，雖三尺童子，亦且奮躍而爭先矣！"不圖人而圖己，字字切中機宜。專恃和者其三復之。

争勝心、護短心、掩藏心、表暴心，害道之蠹也，慎防而凈剔之，勿伏其根。

渾樸之俗只三代耳，秦漢以降難言矣！春融之氣只歲首耳，三月以後便散矣！孩提之真只孺子耳，成童以往斯薄矣！甚矣！醇氣之易漓也。

從容和緩時少，急遽忙迫時多。氣質輕浮，不受此心之役，亦心力不足以勝之也。

使人敢怒而不敢言者有二道也，迫之以勢也，責之以義也，皆服人之下者也，必也使心悅而誠服。

爲天下之事易，明天下之理難，明天下之理以爲天下之事則尤難。

明書中之理易，明心上之理難。

小學訓詁，讀書之門徑也，堂奧不在是焉！舍門徑而不由，則其路也必迂。入其門而不求堂奧，又泥於門下矣！

"六經"有處貧之道，無求富之方。學者汲汲求富而諱言貧，富不可得，貧又濫矣，是兩失之。

爲古文辭之道，品學其本也，義理其幹也，字摹句擬則末矣！

世有第一等人或不能爲第一等文者矣，未有第一等文而不出於第一等人者也。

後世之文以曲而妙，三代秦漢則無所謂曲也，直而已；無所謂妙也，樸而已。

人之不能改過者，大抵窈寐隱微之地有回護掩藏之心而不能充其愧，是以不能深其悔，又於顏色辭氣間故作一不愧、不悔之貌，以期假飾於外，始則自欺也，繼則欺人也，終則人不可欺而適成爲自欺也。

學不可以無實效也，必也。體氣素浮者學則不浮，心氣素放者學則不放，器量素小者學則不小，志趣素卑者學則不卑，素狂者學則不狂,素暗者學則不暗,言行素不謹者學則能謹,家庭素不和者學則能和。如此之類,不可枚舉,學者其精省而嚴課之。

遇窮困而語多牢騷者,志無專向,心無真得故也。

灑掃應對,達之即天德王道。於日用飲食中見得性與天道,庶不致空談性命、無益身心。

人未可以言信,須觀其治身、治家何如。

生意充滿彌綸,塞乎天地,無毫髮間,所謂仁道至大也。

能任大事者於小事必不苟;能立大節者於小節必不踰。

終日欽欽如對大敵,及其臨陣,意思安閒,若不欲戰,古來名將無不得此意者,庸將反是。

讀書不患日力不足,患心力不足。神昏氣弱,多讀何益?故學者工夫首在養心。

將欲自强,必先禁遊民。將欲禁遊民,必先黜機詐。將欲黜機詐,必先獎勤樸、勵厚重,使天下富貴之途非勤樸厚重者不能入,則人人勉於勤樸厚重,而風俗可成,教化可行矣!故富貴者聖王所以進退天下,藉以行教化、成風俗者也。

世之學孔、孟、程、朱之學者往往學修己而已,未必修學,治人而人未必治,徒沾沾焉立小節細目於人己、彼我之間,舉足多礙,動手多觸,方且以爲是孔、孟、程、朱之徒也。人之不識真孔孟、真程朱者,亦以爲孔、孟、程、朱之學乃如此也,遂相戒曰:孔孟之學,古學也,不宜於今;程朱之學,心學也,難施於事。是舉千古第一有用之學,學之而身賴以修、家賴以齊、國天下賴以平治者竟相與視爲無用也,是何異不責人之不善飯而責飯之不養人哉?

書有可以訓詁解者,有不能以訓詁解者。蔑訓詁者無入路,泥訓詁者無出路。蔑則陋，泥則滯；不陋則雅，不滯則通。

孩提之於親，非不孝也，而具孝之真不足以盡孝之道；愚戇之於君，非不忠也，而存忠之心不足以盡忠之道。欲盡其道，非學不可，此格物窮理之所以爲先務也，安得舍詩書而徒事頓悟哉？

陰統於陽，猶天包乎地。貫徹於地之中者皆天也，故百物生焉！魏鶴山曰："陰不與陽對，地不與天對。"

有富貴中人焉，聲色玩好之需，衣服飲食之美，沾沾焉夸耀於人，得之則喜，失之則悲，此外別無所知也；有功名中人焉，束身自好，財祿有時而不計，而鍾鼎之榮，聲華之樂，寤寐中有不肯忘者矣！若夫鍾鼎不足動其心，聲華不足奪其趣，不以富貴爲可恥，而富貴與貧賤兩忘，不以功名爲極致，而功名爲世運所關，其道德中人乎？嬴秦以來，濂溪、明道、考亭而外，諸葛忠武、范文正瞻望弗及矣！

官之品不一，而大要有三：格君、心立、政本。人心風俗變之於不覺，化之於不知，奠天下於磐石之安，而天下相忘於誰之力者，上也；艱貞自勵，汲汲於國計民生而不顧成敗、不計身家者，次也；顧成敗，計身家，簿書文告懍懍焉惟考成是慎者，又其次也；下此則視爲榮身之階、肥家之藉而已。爲國者必得上焉者一二人以默運其間，則次焉、下焉者皆有用矣！若第降格以求，則一節寸長誰無可取？而究何補於宇宙之大、事變之多乎？

與天近者與人遠。

文中子詣闕上書，後之論者每有微辭。蓋儒者固無忘世之學，然其果於自信而急於治人，正其學力之淺而疏於自治者。古之人如伊之莘野、呂之渭濱、諸葛之南陽，皆有終焉之意，惟其不輕於出，故其出也非常人所可及。

察其理於天地萬物，嚴其功於窹寐隱微，省其機於喜怒哀樂，證其得失於飲食起居、出入動作。

人以誠來，我以誠往，是兩君子也；人以詐來，我以詐往，是兩小人也。不責人之必以誠來，惟防我之或以詐往，是反己之道也。

讀書固能養心，而非養心又烏能讀書？朱子論爲學之道，由窮理讀書，循序致精，以推本於居敬持志，其義精矣！

讀書之法，其始也，一字一句要零星看去；其既也，通章通部要囫圇得來。

爲學之事，不可有待。一日能爲，爲此一日；一時能爲，爲此一時。其有待者，是好之之心不篤也。人之於飲食也，雖造次顚沛，未嘗曰"今日不必且待明日"，蓋其心誠饑渴矣！好學之心苟如饑渴，則（則，疑爲"卻"之誤。點校者注）謂之因人事而廢也，吾未之敢信。

不求是非於理，而爭勝負於氣，人之論事，往往然也。

浮華相尙，以樸勝之；機巧相尙，以拙勝之。徇人者忘身，反道者立己。

喜談人短者，己必無所長；好發人惡者，己必不爲善。遷善即是改過，護短終無所長。

賓朋酬酢之地，日夕云爲之間，皆足驗吾所學之淺深。

悔過愈眞者，其人愈高；反己愈切者，其人愈大。以言飾非，其人斯卑矣！以咎歸人，其人斯小矣！

學無所待，亦無所諉。諉且待，學者之通患也。

天理源於心性，人欲根於形骸。以形骸役心性，則天理有日亡之勢；以心性役形骸，則人欲無暗長之幾。然天理之源易塞，人欲之根難除，是以君子貴培心力而擴性量也，不然未有不戰敗於形骸者。

增一分責己之心，添一分人品；增一分責人之心，減一分人品。

傷時之語，疾俗之言，於人無毫毛之損，於德有丘山之累。

人世拂逆之境，足以害道，亦足以鍊心。

存諸心者有持敬之意，則應事接物處處從容。

天無時不運，不運則生理息矣！地無處不靜，不靜則生理滑矣！故人之氣體貴靜而心道貴運。

不以形骸之憂爲憂，則憂者寡矣！不以形骸之樂爲樂，則樂者真矣！

無事時尚清，臨事時便昏；無事時尚思義，臨事時便計利。少成之習若性，防檢之功易疏。

輕浮驕吝，此身痼疾，痛懲於將發，每失於偶疏，難矣哉！

開口則聖賢之言也，舉足則市井之行也。學無真得，鸚鵡能言矣！

讀書多，致思久，心氣易昏，是稟賦之薄也；擺脫俗慮，痛下工夫，以彌此缺憾，主敬而外，有異術乎？

知易行難，不獨大節然也，即一話一言、一動一靜，喜怒哀樂不得其正，謂之能行乎？

力去驕矜，而驕矜之意乃暗伏於退讓之中，陋哉！

漫言持品，持品何難？漫言安命，安命何難？真持品，真安命，斯不易矣！

經世之學，不難於知天下之弊，而難於革天下之弊。紀綱法度,頭緒紛繁,欲除一弊,必動全局。如人之受病日深,臟腑相爲傳染,非若新病之可以頭疼治頭,足疼治足也。諱疾忌醫、因循不治者固爲誤事;信古太過,浪言攻伐,亦未必即爲萬全之策。惟病者静養元神,而又博訪良醫,察其輕重,與時消息,庶幾其有瘳乎?

應事接物,每不能稱心而出,過後雖悔,當境偏不自由,亦存養不熟、內力淺薄之驗。

不以奢爲恥,而以儉爲恥,人情大抵然也。與其奢也寧儉,何違聖訓而徇流俗乎?

以聖人之心觀聖人之言,則聖言字字可通;不以聖人之心觀聖人之言,則聖言之互相牴牾者正自不少。

爲學之道,愈歛愈真,愈闇愈真,愈淡愈真,愈平愈真,無聲無臭,至矣!

讀書熟後,天地萬物之理觸處皆作書讀,反覺聖賢所説終拘於言語文字,而不若理之寓於天地萬物者之渾全。然其初不冥心探索於書策之中,徒求之於天地萬物,亦渺遠恍惚而不得其實際。故學者之於書,其始也貴與之合,其既也貴與之離。

隱微念慮之間有絲毫是己非人之心,則發於言語者雖云責己,實是責人,何以能改過?

道德當與勝似我者較,則不得不憂;境遇當與不如我者較,則不敢不樂。

日用行習之功,雖妻子不能窺其得失,又能借助於師友乎?學者但求克告於鬼神而已。

或有問長生之術、求富之方者,曰:莫驗於戒慎恐懼。

閲歷愈深而愈能任事者,明於是非也;閲歷愈深而愈不敢任事者,熟於利害也。明於是非者可與有爲,熟於利害者不可與有爲。

喜時之言易流於輕,怒時之言易流於狠。喜者屬陽,陽動則氣輕;怒者屬陰,陰勝則心狠。歛陽之輕,化陰之狠,莫要於思。

學者之於道也,當未悟而忽悟,如獲至寶,喜不自勝。及其既悟,工夫平緩,進境良難,無忘無助,課以終身而已。

遇可喜、可怒、可驚、可懼之事,苟平心觀理,則其氣不動,乃往往理未及觀而氣已先動,急默坐澄思,尚可救正,若再出言、再動足,愈難自主矣!李延平教人嘗令"於静中觀喜怒哀樂未發氣象,惟於未發也無功,故於將發也無力"。

雖人之理短己之理長,亦須婉言曲諭,不可盛氣凌人。

氣體之静易,神明之静難。其始也,歛氣體以養神明;其既也,凝神明以役氣體。

小廉曲謹,大節之根也,不培其小,難成其大。

有事之静易,無事之静難。有事則心主於事,無事則心無所主。無主而有主,可以言心矣!

師曠之音不能悅無耳之人,公輸之巧不能悅無目之人,易牙之味不能悅無口之人,孔子之化不能成無志之人。撥根之木,拔本之禾,雖翔風膏雨,造物且不能施其化也,而況人力乎?

巧不可以巧勝,勝巧者必拙;奇不可以奇勝,勝奇者必庸;僞不可以僞勝,勝僞者必誠。古之至人,至拙也,至庸也,至誠也。

三日以前與其人接也,言動如此,識量如此,今接之而仍如此,是虛度此三日矣!三月以前與其人接也,言動如此,識量如此,今接之而仍如此,是虛度此三月矣!三歲以前與其人接也,言動如此,識量如此,今接之而仍如此,是虛度此三歲矣!月與日異而人不異,歲與月異而人不異,天尚變日爲月、變月爲歲,乾乾焉以生此人,人何積日爲月、積月爲歲,悠悠焉竟負此天哉!

與今人較長短,易生傲慢之心;與古人爭得失,難免愧悔之意。傲慢不可有,愧悔不可無。

不察己之誠未至,而歎人之不能感,何其陋也!

在形骸上爭安樂,自私之念難除;與世俗人爭聰明,用智之心難化。

人事無絲毫缺憾,方可言命。人事不修,其凶咎皆由自取,烏得謂之命?

磨以動而有用,臍動則磨無用矣!人以動而有用,心動則人無用矣!

樂聞人善易,樂聞己過難;樂聞身過易,樂聞心過難。

人有告者曰:"爾何事不善身過也?爾何事不善心過也?"人言未卒,心已怫然;人言已卒,口尚不應。子路喜聞過,宜乎孟子稱之也。

感人以神者,乃能移人於不自覺;被人以德者,乃能動人於不自知。

世宙如此其大也,政教如此其彰也,人事如此其繁也,治之之道,至微也,至隱也,至約也。得其至微、至隱、至約者,至速也,舍此以往,苟道也。

見人之善,即知、即動。知者是非之心也,動者惻隱之心也。即是非,即惻隱,無先後也。於此以辭讓之心繼之,則必服人之善;以羞惡之心繼之,則必懲己之惡。乃辭讓之心不繼,繼以勝負之心;羞惡之心不繼,繼以嫉妒之心,將向者是非、惻隱之如泉源一滴、薪火一星者泥汩之、灰滅之矣!故君子之於念慮也當慎於其繼。

日用行習之外，別無性道，言語動作之中，即是工夫。

愧乎！悔乎！換骨之大丹也。憂乎！懼乎！奪命之大丹也。不此之求而外求丹，誤矣！

中人以下之資，其賦質不能無偏，然當孩提之時，其偏於狂也，則狂即其所長，其偏於狷也，則狷即其所長。嗜欲日開，漸染日甚，偏於狂者雜世故於狂之中，偏於狷者雜世故於狷之中，向之所長者至是而竟成所短。生才不易，成才尤難，可畏也哉！可畏也哉！

人之生也，自少至壯，自壯至老，不循學問而來，必循世故而去。循學問者復其初，循世故者喪其初。嗚呼！豈初之罪哉？

愧而悔，悔而改，則愧心、悔心皆爲向善之幾；愧而不悔，悔而不改，則愧心、悔心反爲作惡之基。

古之聖賢至衆也，惟孔、顏極庸，故孔、顏爲聖賢之極；古之愚不肖至衆也，惟桀、紂至才，故桀紂爲愚不肖之極。

立心處事，愈分明愈薄，渾則厚。

光緒庚子（1900年）

不動心於富貴者必不薄富貴；不動心於利祿者必不鄙利祿。薄之者不可信也，鄙之者不可信也，吾信其忘之者。

悔過屬知，改過屬行；知屬神明，行屬氣質；神明難昧，氣質易昏。故悔過易而改過難。

凡人喜怒之偏，有偏於習染者，有偏於氣質者。偏於習染者，以學化之也易；偏於氣質者，以學化之也難。

悔過當思改過，而改過之心每不敵彌縫掩飾之心；見利即須計義，而計義之心每不敵委曲遷就之心。俗根難拔，愚柔可恥。

事之有便於己者，不知不覺而遷就之。計義之心必待思而始入，計利之念不待思而自來，何習心之難化也？

知解見識易長，切己工夫難進。不從寤寐獨知之地痛下一番眞力，則鬭知解、矜見識，所讀之書，反爲鶩外之資，可愧也夫！

驗之於身者寤寐隱微，言語動作；徵之於世者出處進退，辭受取與，是學者課心之要地，用力之大端也。於此有差，萬事瓦裂。

作一分違心事，減一分人品。違心之多寡，人品之低昂分焉！

反之身心，見諸事業，讀經之上者也，發明經旨者次之。

人而道有德於我者之短也，我之不樂聞也易；人而道有怨於我者之短也，我之不樂聞也難。聞之而不知不覺隱隱然樂於心矣，心地之潔淨也，器量之容受也，難哉！

志不勝氣，志雖大，難有成。

日日恨德業之無成，而日日怠緩，本心難昧，其意不誠，豈知不勞逸獲無是理也？何悠悠而不自奮乎？何自欺若是之甚乎？

以人格天，非精誠不可。所謂精誠者，不計較夫人我，不計較夫得失，不計較夫是非、毀譽。苟於人欲有毫釐之未淨，即與天理有千里之暌違。古之癡憨之子、拙修之士，每於天人之際不求應而自應。後漢劉昆嘗有"反風滅火，虎北渡河"之感，光武問："行何德政而致是事？"則對曰："偶然耳！"光武以爲"長者之言"。竊嘗以爲"長者"二字，即昆之所以能使"風滅火、虎渡河"者也。事前無計較之心，事後爲偶然之致，始終一誠心耳！自世俗以機詐相尚，而視"長者"爲無用之別名。噫！豈真無用也哉？

師之道雖尚嚴，然講論授受之際，不宜峻厲，必從容樂易，使之有悦心之趣，則入之者必深。暴風疾雨未能潤物，其滋養涵育而浸漬之透者，必和風之噓拂，微雨之纏綿也。

巧於趨避者自以爲老練；工於迎合者自以爲圓通。然則見危授命者皆不老練者乎？以義自持者皆不圓通者乎？老練，非奸猾也，而奸猾者托之；圓通，非詭隨也，而詭隨者托之。

迂拘者心術可取也，而識解每流於不宏；通脫者識解可取也，而心術每流於不正。故學者之操心也貴乎正，而擴識也貴乎宏，如不能然，則與其通脫不若迂拘。

有知人之明，用人之才，造就人之度，可與有爲矣！

任事者每喜事而不解事，解事者每畏事而不任事。

內政不修，外患不息。

盛世之人得於天者厚，血氣充盈，神智洋溢，其慮事也遠，其處事也勤，而於嗜欲之途淡；衰世之人得於天者薄，血氣弱矣，神智歉矣，而又濃於嗜欲，日即晏安，百計偷惰，其於事也苟焉而已。噫！人之盛衰，世之盛衰也。

卷　　二

年來課劄記之功，雖未必即能有得，視無所用心者亦微有間矣！庚子夏，感懷時事，世變爲憂，意緒棼如，竟荒筆錄，静夜猛省，自笑匹夫之愁悶，何補於世？而已有害於心，兩無謂也。爰理舊業，勉續前功。古人云："一息尚存，此志不容少懈。"三復斯言，能不滋愧？

如謂今日不學而待明日，試問今日何爲乎？如謂今日不暇而待明日，試問明日果暇乎？

由成童以至成人，自小學以入大學，用力有漸，施功有序，故得效也順而易，小學廢而成才難。

自古者教人之法不傳，授者受者只以詞章爲事，作人之道、應事之方，不講求於平日，能得力於臨時乎？

不講求作人之道，而講求致富之方，不講求應事之方，而講求諧俗之道，聰明則同，趨向則異。故均是人也，而有大小之分。

《曲禮》中韻語如"衣勿撥，足勿蹶，將上堂聲必揚，將入户視必下"之類，皆從天理中流出。人之生質純粹者，即不以此教之，而知識既開，亦能自知而自行之，可見聖人教人皆就性天中所本有者以提命之，非故爲立法以難人也，誠即嗜欲未雜、世故未搖之際，順以導之，其成就者必多矣！

後世法綱之密，使君子不能有爲，而小人援以作弊。有爲者動輒滯礙，作弊者富厚充盈，是使君子不能有爲者患猶小，驅天下之人皆效小人之作弊者患甚大也！

涵養非不論是非、一概容隱之謂，言不妄發，足不妄動，即是涵養。

出言行事，雜一毫私意於其中，人必生疑，己必後悔。

人皆可以爲聖賢，人不能皆可以爲卿相。以爲聖賢之權在己，而爲卿相之權在人也。胡紛紛然求在人者而不求在己者乎？

因玩好而奪吾讀書之樂，是吾讀書之樂尚不能敵玩好也；因富貴而奪吾讀書之樂，是吾讀書之樂尚不能敵富貴也；因窮困而奪吾讀書之樂，是吾讀書之樂尚不能敵窮困也。必也玩好不能奪，富貴不能奪，窮困不能奪，則其樂爲真樂，而其得爲真得。

學者不知發憤，亦由於無志。有志之士嘗恨德業之不進，故憤；恨德業之不進而不甘於不進，故發憤。

學問之端緒，綦繁矣，必也挈其領要。如樹木然千枝萬葉，根本一也。培其根，握其本，枝葉自有條理。

日來因感懷世變，誠恐所學之無成，貪多務得，日無暇晷，心境匆忙，意緒促迫，不免時生煩惱。忽讀朱子"嚴立課程，寬著意思，久之自當有味，不可求欲速之功"語，不覺爽然自失，始知欲速之心皆私心也。

偶一失言，愧悔於心，累日不能擺脫，可知人萬不可作愧心事。身外之物，一切有命，外雖安之，而求之之心總不免觸之而動，可謂之真知命乎？

射不知的，終身習射不能中鵠；學不知止，終身爲學不能入道。所欲爲之事，夢中爲之，是不爲之意尚不誠也，亦可見不自欺之難。

人之能耐煩、耐勞者，其成就必不可量！後世之人，自孩提時放縱嬉戲，略無範圍；及其長也，心氣飛揚不能收歛，形骸放浪，難以自由，又烏能精研義理、擴充事業乎？今試告人以古者教人之法，自能知能言，即使之習灑掃應對、進退之節、禮樂射禦、書數之文，恐不免迂而笑之，以爲不可行矣！豈知古者人才之由教而成者無不基於小學。自小學廢，而世之人才半由於天授，人才所以不古若歟？然則欲人才之盛，非反古之道而有他術哉？

世之人論古之有學問經濟者動曰"此皆天授，非人力也！"豈知即生有孔孟之資，而無孔孟之學，亦不得爲孔孟。後世偉人傑士雖未必皆由小學而入，然氣質純粹，生來即知向學，非不學而即爲偉人傑士；其氣質稍駁，必待人誘掖而成者正自不少，可不求教之之術乎？

爲學貴有所得，尤貴忘其所得。

不求自得而求人知，爲學之大患也。有爲人之念者無自得之趣。

心氣飛揚而欲讀書，不惟不入，且不勝其苦。是猶執野鳥於籠中，一刻不能安也。若養之有素，如已馴之鳥，隨吾用之，觸處有怡然自適之樂，不復飛騰向外矣，故養心如養鳥。

時時檢點，不使心放，是謂存養。

靜時之養易，動時之養難；靜時易昏，動時易忘。

形骸所爲，心皆察之，即是存心。

時局安危之感擾擾於中，日用間殊覺心神慌亂。獨坐沈思，仍是爲禍福利害所動，然想聖人當此，亦恐不能如常也。

學聖賢之道而不得聖賢之精蘊，徒襲聖賢之皮毛，膠固不化，誤國殃民，遂使輕薄書生交嘲互詬，專侮理學。後生小子於是群焉相戒，不敢居理學之名，並不敢讀理學之書，天下所以無真學術,而士林愈無卓識矣!是塞聖賢之道者學聖賢之道而不至者也,輕薄書生又何責哉?

聖賢之言皆有實境,讀者須如身至其境,閲歷一番,則親切而易有得矣!

言動之失,失於見不到者少,失於心不存者多。

君子之處事也,但求是非於理,不問毁譽於人,雜以名心,處之不能盡當矣!

匠氏之爲屋也,雖一梁一棟、一柱一椽,必須一一分理始能成屋。然不統會全局,識其尺寸,亦不能冒冒焉分理其梁棟椽柱,而使之皆不失乎規矩也。學者之作人也,雖爲孝爲弟、爲忠爲信,必一一各盡始能成人。然不講求斯理、得其會通,縱殷殷焉勉求之孝弟忠信,亦未必即合乎聖賢之道而無毫髮之遺憾也。世之責學人者往往曰"不能讀一句行一句",豈知讀書不能貫通,即讀一句行一句,又何異匠氏之見一椽而爲一椽、見一棟而爲一棟乎?故讀書之道,必能貫通於心,方能致用於事。

貫通之説,蓋爲學者推其究竟耳!若初學用力,又須從一言一動求日積之功,未聞大匠誨人,即使之經營廈屋而不從一椽一柱授之矩度也。

閻西澗《困勉齋私記》有曰:"春秋賢大夫,各國人才國勢無不籌度在胸中,故必能識周天下全勢,方可以治一國。"至哉言乎!謀國者當書之座右。

同一書也,古人讀之將以明理也,後人讀之只以爲文也。自唐宋以來以詩文取士,學校多能文之士,天下少明理之人。故文章愈巧,世道愈衰。

不以人事之修廢爲準,不以此理之是非爲憑,動輒諉之於命曰氣數，是無聊之託詞，亦卸過之遁語。聖人惟恐天下萬世之託而遁者之多也，故言理不言數。

流俗稱道之人，大抵無所短長之人，不然即矯激於小節而不合大中之道者也。故君子之拔俗自立者每不諧俗。

無剛斷果決之意，不足以成大事；無慈祥和厚之心，不足以體天德，故仁也、義也，如車之有兩輪，如鳥之有兩翼，不可偏廢也。

自一身以至於家國、天下，皆有理，皆有學；自一言一動以至於出處進退、辭受取與，皆有道，皆有學。不以此身及家國、天下之理爲學，則其學也隘而不宏；不以言動及出處進退、辭受取與之道爲學，則其學也泛而不切。去其隘而求其宏，去其泛而求其切，則爲有用之學。

學也者，所以學修己之道、治人之方也。《大學》言"明德""親民""止於至善"，猶言修己治人，皆到恰好耳！《論語》千言萬語而冠之以學，蓋不學則處無以修己，出無以治人。古之君子所以汲汲於學者，豈徒矜記誦之多、詞章之富哉？自記誦詞章之習勝，而學之名存，學之實廢矣！

不允人非義之干，當時雖怫然於意，過後則坦然於心。委曲徇人，焉能立己？

折群花而供之瓶，非不美觀，一轉瞬而蔫萎矣，無本故也。汲汲於富貴而不講求品學，遑遑於功名而不講求經濟，皆供瓶花者也。

出處進退之際亦難言矣！古之君子所以難進易退、處而不出者，志之所存者大而不屑苟就也。出之所濟者小，處之所成者大，則不屑以小易大也。若夫時值承平，爭取通顯，國家多事，皆欲退休，是畏難也，是好逸也，是遠害全身之計也，趨避也，非高蹈也。

言不妄發，明理者能然也，明道者能然也；行不妄動，明理者能然也，明道者能然也。然苟不學，則又何以明理明道而言不妄發、行不妄動哉？故古之言理言道者必濟以學，曰"理學"，曰"道學"。欲人之盡力於學，以求言行之不妄也，理豈遠乎哉？道豈高乎哉？

朝而經營於米鹽，夕而講求於柴炭，英雄之氣縮矣！壯士之志灰矣！不必縮也，不必灰也。其始也，米鹽中有學，柴炭中有學；其既也，經營於米鹽者見吾之所學，講求於柴炭者見吾之所學。若必置其身於寂寞寬閒之地，朝而言心，夕而言性，試以米鹽之極細、柴炭之極瑣者，竟不能經營講求而使之悉當，又能任廊廟之煩、軍國之劇乎？噫！廊廟之煩，軍國之劇，皆米鹽柴炭細瑣之所積而成者也，故善言心性者不略於米鹽柴炭，即不累於米鹽柴炭。

讀書之法，其於古人之言理也，須反身以求之；其於古人之言事也，須設身以處之。如《大學》言"明德""新民"，"明德"屬理，"新民"屬事，反其身而試爲修德之士，日用行習間果能明乎？抑果如何而後能明乎？設其身而試爲臨民之官，條教號令間果能新乎？抑果如何而後能新乎？體之既久，察之既熟，則古人之言無在不示我以修己之道、治人之方矣！

不反身而求，不知此理之真，則其窮理也難透；不設身以處，不知此事之難，則其應事也易差。

五行非土不生，五常非信不行，故五倫非朋友不盡。朋友者所以講明君臣、父子、夫婦、昆弟之道而相與盡其分、救其偏者也。五倫無師,蓋統於朋友矣!朋友之道廢而師道亦亡。

誦讀也,講解也,功貴乎勇猛;思索也,玩味也,道在乎從容。誦讀之既熟,講解之既透,平吾心,歛吾氣,徐以思之,優遊以玩味之,不必強信,亦不可強疑,讀書之法如此。

富貴不足念也,功名不足念也,惟此無以自給之心有觸斯動。許魯齋謂"學者首在治生",良有以哉!不能治生,不能遂志。

因無以自給之心而生妄念,因妄念而有妄動,持守不堅也,知命不真也。每一委曲,每一遷就,於事無絲毫之濟,此心增無窮之悔。與其悔之於後,不若忍之於先。

真知命者不以饑餓爲憂;能耐苦者不以貧困爲憂。既不耐苦,又不知命,品之立也難矣!

長於人者,寸計之有餘,尺計之不足,而竟欲自見,何其淺也!

風俗之誘人,甚於教化,故維持教化,莫先於挽回風俗。

不以富貴奪志也易,不以貧困奪志也難。

事後方知其失言,出方覺其非,未行之先何以不致察乎?未發之際何以不致思乎?析義之不精也,用心之未熟也。

其事爲平日未嘗致思之事,則其處之也每易差,言之也每不當。

因人不己知而欲言己之志,淺哉!

"求"之一字,當如父祖之名,雖瀕於死,不可出諸口也。因饑寒而求人,尚何品之可言乎?故立品自不妄求人始。

居今日而喜言天下事者皆妄人也。無包羅宇宙之胸襟,無囊括四海之識度,學不足以通經,才不足以達變,未有不僨事者。

史法之善者,據事直書而已。直書,即褒貶也。聖人之作

《春秋》,豈故爲褒貶哉?

不得志,可憂耶?因不得志而鬱鬱於心,是仍不知命也,知命者安命,安命者不憂。

無"不知不慍"之量,無窮餓不悔之志,何以自立於今之世而不搖奪哉?

窮巷之婦且有甘心窮餓而不再嫁者,因貧困而奪吾所守,是丈夫而不如巾幗也。可遊移哉?可遊移哉?

撐起脊骨死挨,咬着牙齒死忍,莫對人言,但求自信。

苦處挨不過,此志搖矣;難處忍不過,此心違矣。危乎哉!危乎哉!

識解有差,不但出言多錯,即設心亦非。

散漫無聊時,欲眠不安,欲遊不樂,惟澄心靜坐,歛氣讀書,神自漸旺,體亦不衰,可知"莊敬日強"之言不我欺也。

三代之文,何其渾穆也,世愈降愈分明矣!分明之極,薄斯甚矣!

天下之患,莫大於屈指無人。破成格以用人,破成例以作事,今日急務也。不破成格,人才不出;不破成例,人之才無所施。

憂時之念擺脫不開,心常鬱鬱,氣不克伸,何其餒也!窮究其源,無非畏死耳!而虛生浪死之恨,尤膠擾於魂夢,百計不能自釋。日讀莊生曠達之言,殊自憐,亦殊自愧。

世俗之見之中人者可勝言哉?以名位自高而不屑考究於下寮,以年齒自尊而不屑咨詢於後進,此其大者也。洗滌蕩除,可與有爲矣!

必先求我之所以不敗,而後可以勝人,用兵之要也。

行兵之道，有以戰勝者，有以不戰勝者，有以急戰勝者，有以緩戰勝者。不悉敵情，不能應敵。

行軍之難，難在得人。主帥難矣，將領次之。無堅固不搖之節，無忠誠自矢之心，不感之以真誠，不濟之以權術，將領不和，同室而敵國矣，是主帥之難也；將領則有勇者易驕、易姤、易於無謀，多謀者易怯、易葸、易旁皇、易搖惑、易於不勇。各取所長已不多得，況求全乎？

生嚴冬之時而欲不改其操、不變其節，霜雪之摧侮弗能免矣！耐之哉！

餓死事小，因窮困而或奪吾之志，茲足悲也！

讀書不專，皆由貪多務得、徇外爲人之念所致也。數年以來以此爲戒，而至今如故，良可愧恨！

天下有苦境焉，有難境焉，數年以來所處之境苦矣，而未敢以爲真苦也！惟所處之難，有非他人所能盡知者，然亦何必求他人之知哉？然不必求他人之知，而此心若隱隱然惟恐人之不我知也，是則余學道之不至也！是則余之陋也！

饑則當食也，渴則當飲也，人則當學也。學以盡人，猶食以免饑，飲以解渴也，求吾之不饑而已，求吾之不渴而已。爲學而中以爲人之念，是以食飲夸人矣！淺何如乎？

交淺者不可言深。《易》曰：“‘浚恒’之凶，始求深也。”戒之哉？

少言，所以寡過也；少惱怒，所以葆身也；少遊思妄想，所以存養此心也。守此三少，切己之實修也。

君子之於境遇也，於不足中求至足焉；君子之於道德也，於至足中求不足焉。

神、韻、機、趣四者，爲文之所必講者也。然無實理實事、真情真景，則四者亦易蹈於虛而不能言之有味，故理、事、情、景所以蘊味者也，神、韻、機、趣所以發味者也。發味者可虛，而蘊味者必實；發味者可幻，而蘊味者必真。

於極困觀人之骨，於驟貴觀人之器，於遇變觀人之才，於盛怒觀人之量，於酒醉觀人之性情，於群遊觀人之志趣，於談忠孝、論時事觀人之胸襟，於共利害、同患難觀人之心術，可以得其真矣！

道德，天事也；富貴，人事也。三代而上重天事，三代而下重人事。重天事者道德與富貴合；重人事者富貴與道德分。

君子之因人有道焉，人以爲其人有寸長之可取而取之，則君子因之。人以爲其人之所長者雖不足以悅我，而其言動趨蹌之不拂吾意者可悅也而取之；人以爲其人所長者雖不足以悅我，而我之勢利足以振拔斯人，俾斯人之德我也而取之，是皆君子所羞也。

古之禍天下蒼生者小人也，今之禍天下蒼生者好人也。今之所謂好人，古之所謂鄉原也。

爲他人代抱不平，亦意氣之不化者也。意氣之化，難於窒欲。

與其求致富之方，莫如講處貧之道，是亦立己之一端也。

君子有立己之功三：曰鍊骨，曰鍊心，曰鍊識。

於理甚正，於事則乖，君子於是有權焉！泥理者迂儒也。泥於理，債於事矣！

讀書矣而不養氣，以聖賢繩人，以知解矜己，何其陋也！切己工夫從養氣始，養氣工夫從懲忿始。

佛家有菩薩、羅漢之別，李文貞嘗言："羅漢見惡人有嗔怒意，菩薩見惡人有悲憫意。"每憶斯言，愧於菩薩多矣！

方以懲忿自矢，志於養氣，而奚奴小過竟不免以厲聲加之，何其不自由耶！何其不自克耶！

因憤俗而發矯激之談，亦此心之不平也，其氣之不得所養也。

雜念未除，夜眠更甚；客氣未化，應物則知。宵以養心，晝以養氣，庶幾其有瘳乎？

魯通甫有言："三代而下有無欲之君子，無無意之君子。"噫！意氣不化，終不免爲小人之歸。此古之人所以讀書必濟以養氣也。氣不克平，可愧也哉？

心有不平，則辭氣顔色皆不平矣！平心者養氣之源也。

於反躬自責之中隱雜一是己非人之念，理欲之途不清，人禽之界終混。自欺欺天，莫斯爲甚！

悶哉！杞人之憂何其有極？數十年來任人自強，聽己自弱，其小人逞小忿而釀大亂，其君子務虛名而受實禍，無一人不昌言公憤，無一人能實力振作。事機迫矣！將如之何？

一念理矣，又一念欲；一念欲矣，又轉念理。膠膠擾擾，竟日徘徊，出入於人禽之界，徇欲不忍，純理未能，苦哉交戰也。

無英氣者不足與有爲也；無拙氣者不足與有爲也。

光緒辛丑(1901年)

急於自立，惟恐人之浼我，意氣因而不化，何其褊也！

既過矣，既悔過矣，不求改過之方，暗伏文過之念，小人哉？

心術也。

喜不中節則氣輕，氣輕則言動皆妄。"遲重"二字，尤當加意於喜時也！

德者爲政之本，禮者爲政之具。自禮教失而雜霸刑名之治起，聖人之治荒矣！

凡文章、道德、學術、識量之過於人者，求諸己可也，炫於人不可也。炫於君子則貽笑，炫於小人則招忌。

學必自得，方能有用。讀有用書而不能自得，未必真能有用也。

客臘度歲時作一聯云："綿綿密密，肅肅雍雍，於淡定中尋至樂；渾渾淪淪，活活潑潑，無知識處是元春。"上則爲學之方也，下則存心之要也。月餘以來，撫躬循省，爲學則未能敬一，存心則難免計較。言不克踐，愧恧何如？

志雖超乎溫飽之外，心常累於溫飽之中。志不勝氣，學不貞境，可恥也哉？

楊龜山謂王荆公"經世之務，皆私智之鑿。"可知天下大事固在人爲，然亦不可勉強造作於其間。因天順人，行所無事，古之聖人所以垂拱而治歟！

王荆公亦奇才乎？恃才不學，遂誤蒼生。

見理雖明，體認不切，學非己有，何以應事？

有無趣之人，有無味之人，有無道理之人。惟其無道理是以無趣味，孳孳焉惟利是圖；否則悠悠忽忽，形骸無所寄託，心志無所安排，虛生浪死，曷勝浩歎？

讀書之道，非靜不入。因求靜而欲離俗遠囂，過矣！不求之心而求之境，末矣！

每念所學無成，心境不免拂鬱，是天理中之人欲也。若純是天理，何拂鬱之有？

學不貞境，境乃累心，戚戚哉小人也！予滋愧矣！

奴婢竊食以食之，不能恣飽也。不察其不飽，但責其竊食，胡弗思均是人也，獨爲人子女而不竊食者，何哉？

事之至也，必再四圖，維始有定見，多方忍耐，始不計利。認理未真，由義未熟，於茲驗矣！

少有拂意，憂形於色矣！少有稱心，喜動於顏矣！學無所養，器小氣輕，可與任艱鉅乎？

責己當求理之極，責人當得情之平。

資可樂之人而樂，資可樂之境而樂，皆非真樂也。真樂者，樂之得於心者也。

人之惑於利欲也，猶魚之惑於餌、鳥之惑於媒也，小則毀行，大則喪生。

能自柔者天下之至剛也；能自小者天下之至大也。自剛者不剛，自大者不大。

以君子之道處小人而受小人之累，待人雖厚，應事則疏。古人云："防人之心不可無。"有以哉！

血氣浮動，心志每易於外越，斂之又斂，凝乃吾根。

利欲之念，憂悶之源也。日在憂悶中，是日在利欲中也，愧恨何如？

每因衣食而動功名之念，內力之不堅可知矣！

農工商賈之事，生人養命之源也，古聖人汲汲焉重之矣！後世不問民之勤惰而徵其賦、歛其稅而已。邇來西法盛行，富國強兵專賴農工商賈，相形之下，中國庶民半遊手矣！艷彼之新奇者遂以爲巧不可及；安我之固陋者乃以爲末不足爲，二者皆非也。無君子莫治小人，無小人莫養君子。君子務本，小人務末，治國之權衡歟？

有所不爲，便難諧俗；無所不爲，何以立己？不能諧俗，則動輒滯礙，謀生之術窮矣。不能立己，則與世浮沈，持躬之道歉矣。諧俗乎？立己乎？二者可得兼乎？噫！謀生有命焉，持躬有性焉，君子盡性以聽命。

自書契肇興，文字之用神矣、廣矣，其關於國計民生者大矣。然初未嘗求工於點畫也。晉唐以降，學士文人競言書法，"六書"旨義未必深求，而徒以有用之精神作無益之點畫，供人玩好，弊也，何如愚！少不自立，志趣卑凡，日事臨池，有荒正業。數年以來，人之見役者日益多，己之愧恨者日益甚。盡如人意，則廢時勞力，殊覺不安；少拂人意，則速謗召譏，更屬無謂。後之學者但求端楷，莫問妍媸，斯則化無益而歸有用者也。

論近日中外強弱之故，新學、舊學得失之分，最足驗人識見之高下、閱歷之淺深。

自堯舜以來之聖人所治，皆海內之天下，而非天下之天下。五洲合一，是真所謂天下也。後有聖神，其功化之廣大，有令人不可思議者，吾於是而信天地之大矣！

當世之競談時務也，藉以爲進取之資者多矣！亦有豪傑志士感時發憤、力圖自強者。然靜觀默察，非我中國人人有卓識，人人有遠志，人人有堅苦之心，人人有強忍之力，則空談無補，前路茫茫。噫！果操何術以卓天下之識，遠天下之志，堅苦其天下之心，強忍其天下之力哉？

知命不真，不能自守。

學文習字，小道耳！有間則荒。故聖人之法天也，無他道，不息而已。

從欲之事難斷，從理之念難續。從理如從欲，人盡聖賢矣！

動護己短，護短即大短也；動炫己長，炫長乃無長也。

觀學校之趨向，可以卜國勢之盛衰。青衿濟濟，非無絃誦之聲，而窺其志向，無非博取青紫耳！有以修己治人之實學勖者便格格不入。嘗觀趙宋以來，當江海橫流，正學日晦，每有君子儒者伏處草茅，維繫薪傳於一綫，而聲應氣求，群焉翕合，足徵好善有誠根於心性，不以患難阻，不以名利趨，今何落落也！亦可以觀世變矣！

古之治天下也，立法疏，故不重法而重人，得人則治，其弊也法因人壞；後世之治天下也，立法密，故不重人而重法，守法則治，其弊也人爲法困。

"器莫大於不矜，學莫善於自下，害莫深於侮物，福莫盛於與天下爲親。"是姚姬傳贈孔撝約語也，讀之滋愧。蓋日間與友人論時政變法之得失，彼專守舊，予則兼主維新，不覺矜矣，不能自下矣，不免侮物而與人不親矣！亟書之以自警云。

維持世教，正人尚已，撥亂反正，必也通人。

甚矣！才之難養也。有才而無學，其得志也，每猖狂以自恣，其不偶也，或侘傺以夭生，反不若容容者之無皂白、無是非而富厚以終其天年也。故天下所最難得者才，所最難成者亦才。

性情之純駁，心力之沈浮，精神之強弱，識量之高卑，得之於天者也，命也。然學焉，則駁者可純，浮者可沈，弱者可強，卑者可高，故君子之學貴乎立命。

名心太重，難與共事。古之誠心爲國者，不恤世俗之毀譽也。徇俗者易於得名，徇名者易於償事，故君子不求千萬流俗之是，惟恐一二有道之非。

天下無不近情之理，無不近情之學。理學而不近情，其於理於學之遠近何如哉？

持大義而責人以苟難，人孰不愧？愧而激，激而償事，是誰之過歟？故君子之責人也，不以苟難。

讀書將以致用也。徇俗者無用，泥古者無用。雖讀萬卷，猶書簏耳！

其爲人也，要世俗人道好，必是鄉原；其作事也，要世俗人稱奇，必近雜霸。

讀聖賢言理之書，不難於通而難於得，得則人與書一矣！

天地之大，物理之無窮，古人言其理，至今日而徵諸事矣！學人所學，有盡期哉？

世運之盛衰，人才之盛衰爲之也；人才之盛衰，天地之盛衰爲之也。

人才難，用人之才更難。以喜怒爲進退，則諂曲逢迎之士進，其弊也私而不公。其力矯其私者又往往取性情才識之類己者而用之，不己類者不悦也，公矣而又不免於隘。君子用人，不拘一格，弗私弗隘，相臣之器也。

法弊易變，時弊難除。

氣質之純駁，福命之大小關焉！言動有不近人情之處，即氣質有不純之處。氣質不純之人，雖當富厚不能享也，況往往不得富厚乎？故氣質即是天命。

出與人接，毫無真味，一話一言，皆浮偽也，令人累日不懌。

天下之不可動以廉恥者，未必不可動以富貴，故帝王之治天下，不誘人以富貴，而求人以廉恥，則世之求富貴者皆趨於廉恥矣！

既知其不合於義矣，而有便於我，每欲爲之。苟於欲爲、未爲之際而致思焉，則計義之心勝而便安之意淡矣！故懲忿窒欲，莫要於思。

學者苟得《論語》首章之意，可以爲學人矣！編《論語》者以此居首，有意也。夫阮芸臺曰："此孔子教人之語，實即孔子生平學行之始末也。"然則讀書萬卷，下筆千言，而無"悦""樂""不愠"之趣，可謂吾儒之學乎？

利害得失之場，無計較心，可與言誠矣！可與有爲矣！

君子不怒直言而愧婉諷。使人不敢直言而婉諷者庸人也。

天下無一事一物不有理有學，不獨讀孔孟、程朱之書之爲理學也。孔孟、程朱之書之所言者修身以至平天下，皆有理，皆當學，不獨言心言性之爲理學也。自爲天子以至於爲工、爲商、爲農、爲賈、爲婦人女子皆有理，皆當學，不獨學校士子之當爲理學也。自天下以理學獨推之於學校之士，學校之士又獨推之於習周、程、張、朱，習周、程、張、朱者又獨以言心、言性爲理學，而天下之人於是皆無理無學矣！

卷　　三

光緒壬寅（1902 年）

天陽也，地陰也，天動而動者也，地靜而運者也，天地皆流行也；神明陽也，形骸陰也，神明動而動者也，形骸靜而運者也，神明形骸皆活潑也。天地相含而爲一者，生化之本也；神明形骸相含而爲一者，神聖之基也。

治天下之道，莫急於變化人心、轉移風俗。趨利避害，人心如故也，苟且因循，風俗依然也。朝下一令曰"自强"，暮下一令曰"自强"，責之者徒以跡，應之者不以心，庸有濟哉？

富貴者，古聖王所挾以變化人心、轉移風俗者也。鼓動之以廉恥，人未有不趨之者。

任事者百無一二，解事者千無一二，人才難得，天下事將安望乎？

孔子之學莫要於求仁，至孟子而仁義兼舉，時爲之也。周子之靜，程子、朱子之敬，張子之禮，陽明以來之良知，皆可以入聖，皆可以救時。若當機詐相尚、虛僞成風之日，仁義禮智而外，救天下者其在信乎？《中庸》言"達德""達道"而歸宿於誠。不誠無物，人不人、國不國矣！故"誠"之一字，尤今日所當標舉者。

明儒之學偏於明體，略於致用。

靜身易，靜心難，身靜而心不靜者有矣，未有心靜而身不靜者。

學到無憂，便是至樂。

事不切近於身心，學不關於政教，君子不以爲當務之急也。

願望心、勝負心、得失心、爾我心，煩惱之根也。坦蕩寬平，心境如光風霽月，何樂如之？

古昔聖賢之進退人才也，以才德爲利祿之媒。天下之人營營焉相勉相勖於才德者，非此不能博利祿也。若上以利祿誘，下以奔競求，天下事無可爲矣！

巧於就逸而不耐勞，巧於作僞而不存誠，巧於求近功而不謀遠圖，巧於爲身家而不急國計，是人心風俗之大患也。欲圖自強，莫如崇拙。

學莫貴於崇實。天文家推步履實，占驗蹈虛，故儒者言推步，不言占驗。西人用數處處履實，是其所長。

化去己見，日有新得，學問之所以無止境也。故智自封，實自畫耳！

心虛而明，乃與天通；自私用智，閉厥性靈。

歛氣凝神，百脈俱融，乃見聖言與我心通。

聖人於道曰"志"，於德曰"據"，於仁曰"依"，於藝曰"遊"，字字耐人體貼，是示下學以用力之方也。若聖人則不待志而自與道合，不待據而自與德合，不待依而自與仁合，惟藝則不分安勉，皆遊之耳！

讀書不能得聖賢之本意，而徒託聖賢之言以爲名高，經術之誤人家國更甚於庸妄矣！

饑莫切於覓食，渴莫切於覓飲，德薄才疏莫切於向學。憂才德之不進而不向學，猶憂饑渴而不知覓食飲也。

未發以前之境界虛靈圓活，非枯寂也。

見解既透而躬行不力者，患猶小；躬行甚力而見解不透者，患甚大。

學不厭易，教不倦難。有萬物一體之量，而後可以教不倦。

異端之學，事事異於常人。孔子之所以爲至聖者，事事不異於常人而實不同於常人。

念慮之動不能即動即知，是存察之功有間也。不能即知即絕，是克治之力尚弱也。

性至實也，心至虛也。虛則善惡皆能入，實則後起者不得而雜矣！

一本有定也，而發於用者無定；萬殊無定也，而歸於體者有定。知無定之有定，而後可以識體；知有定之無定，而後可以達用。

志趣不超，胸襟不闊，魄力不大，器識不宏，雖有才藝未足以成大業也。故人才以志趣、胸襟、魄力、器識爲重，而學問者所以藥之使超、拓之使闊、養之使大、鍊之使宏者也。

參一分獲報心，則學問低一分；參一分要譽心，則事業小一分。

學者之志貴大，而貴之中又有虛實之分、真妄之辨。孔子崇效卑法，其志大矣，而生平自言爲學之功，則曰"憤"，曰"樂"，曰"好古"，曰"敏求"，字字切近，大而實也。悲天憫人，其志大矣，而爲委吏則曰"會計當而已"，爲乘田則曰"牛羊茁壯長而已"。事事盡道，不忽近小大而真也。若高談性命而不求日用親切之功，大而虛矣！高語治平而竟抱當前分内之憾，大而妄矣！

國家得千百人用之人，不如得一二用人之人，得用人之人而人才出、萬事舉矣！

反之己者未堪自信,而欲著書以傳世,是因好名之私,動自欺欺人之念。誠意之難也如是。

其學也,有格、致、誠、正之實功;其處也,有身修、家齊之實效;其出也,有國治、天下平之實用。有一於此,皆真儒也,況兼之乎?若學無當於身心,事無濟於家國,功業無補於天下,雖高談心性,妄語經綸,未足爲君子儒也。

君子之爲學也,格、致、誠、正、修、齊、治、平,無偏廢也。偏於心性者寡用,寡用者心性亦空;偏於事實者無體,無體者事功不大。

君子不必有治、平之實事,不可無治、平之實學。治、平之實學於修、齊驗之,於身、家推之。

天地以不息而不朽,息則乾坤毀矣!故至誠無息,聖人之所以體天地也。

以君子自處,以小人待人,心術之病也。

辨前古聖賢豪傑言行之是非,將以定己之從違,非以計人之得失也。

不能耐人所不能耐之苦,不能忍人所不能忍之辱,烏足以立品?烏足以安命?

禍福利害之際無人我之見,可以爲君子矣!與聖賢較是非,與流俗爭勝負,皆能自立者也,而從理從欲界隔仙凡矣!

任人任法,治亂之機也。任人者勞,勞則治;任法者逸,逸則亂。任人者有法,任法者無人。避勞就逸,奉法而行,必致人爲法拘;法因人壞,賢才束手,胥吏弄權矣!

不能使天下之人以賢能自勵,而使天下之人以富貴相期;不能使天下之人以廉恥自奮,而使天下之人以機詐相傾,維持風化者之憂也。

君相之心思、念慮、言語、動作，天下風化之的也。

心思念慮間嘗以義理培壅，而身世之感偶然觸動，如光天化日中忽來陰翳也。

心體之虛靈活潑不可執捉也。不用力者蕩其機，過於用力者梏其機，敬而勿失，在勿忘勿助之間。

"古人三不朽，今我一無成"，夜來夢中句也，醒而志之，良用浩歎！

余之於天也，三十以前如嬰兒之依慈母，燥濕寒煖無不得宜，而茫然不知其誰之力；三十以後如順婦之事嚴姑，懍懍焉百計承歡、百方引咎而終不克適厥旨。然三十以前之所得者得於天者也，三十以後之所得者得於我，得於心，是所以自得者也。然後知慈母之恩深，而嚴姑之教之為尤切也，雖然其受教亦不易矣！十年之中，疾病之挫折幾幾乎有不克自振者矣，憂患之頻仍幾幾乎有不克自持者矣，隱微之際，窹寐之中，嘗我以利欲，試我以怨尤者幾幾乎有不克自勝者矣。噫！順境之君子易，逆境之君子難，過此以往，嚴姑之變而為慈母與否正未可知，而吾年已四十矣！精神日衰，智慧日短，恐求如前此之自振、自持而自勝者亦不可得。嗚呼！少壯之工夫易，遲暮之工夫難。書至此，不禁浩然太息，而歎吾儒之事天也，一息尚存，一息可危！

光緒癸卯(1903年)

心中別無所得，而欲不動心於富貴、升沉，是猶不食而欲免饑，不飲而思解渴也。

善出於理，惡生於氣。

出於性之自然者皆道也，去其氣質物欲之害性者即盡道也。故君子之處事有一分氣質之累，有一分物欲之蔽，即於道有一分缺憾。

學堂爲求實學設耳，爲致用耳。即以算術一門言，算之爲用，千條萬緒，畢世不能究，窮年莫能殫，當分類習之，如工者習工，商算者習商算，各求一端，不惟省力，且有實用。否則皓首没齒，極深研幾，徒務算理之精而究於實際無當，又何益乎？

王伯厚言："君子不因小人而求福，蓋福不可必得而持身已不正矣！"後世功名之路，科第而外往往資乎援引，不求之平昔里黨之品題，而求之一二達人之薦拔。其有薦拔人之責者又不能明理去私，賞鑒於牝牡驪黄而外，徒寄耳目於左右近習而輕信之，少不自愛，則登進之術遂不可告人矣！

君子之少所許可，識解超卓也，小人則嫉妬之心害之耳！

嗜好愈多，持品愈難。

於時事艱難之際而崇正學，猶於疾病危篤之時而養元氣，人未有不迂之者。然試思舍此迂者，果有不迂之術而有濟於事者乎？

理之缺欠者能修，氣之缺欠者難補。

濂溪、康節之胸襟，明道之氣度，伊川之骨，橫渠之力，紫陽之識，廬陵、高平之性情，得之於天歟？成之於學歟？不可及已。

貪讀雜書，仍是縱欲，故義理悦心之時少，見聞競勝之意多。

曾文正公之立言精實切近而無講學家習氣，是善學聖人者。

治天下，大事也，盛業也，而其基甚微，其道甚邇，不外乎人君之心思、念慮、言語、動作也。

天下之至拙者,能爲天下之至巧。聰明有餘而專一不足者,百事無成者也。

嗜欲愈紛,神志愈散。爲學之要,莫要於凝。

天地以積微而成變,聖人以積微而成化,此天地之所以常新,聖人之所以不朽。微乎！微乎！可不慎乎？

苦志研求又必坦懷默會,古人所以貴遜志也。讀書體道,莫要於此。

光緒甲辰(1904年)

必不怕死,方能立品。

聰明人説糊塗話、作糊塗事,更甚於糊塗人者。聰明愈甚,偏私亦愈甚。

不經患難之人,是未經鑪錘之鐵。

平時見到十分,臨時未必能行五六分。

數十百里之山,舉頭便見,若欲至之,非一步步行去不可。此亦見道易、至道難之一證。

姚鏡塘曰:"人生獨知之地,鮮無愧者。"讀之慨然。

自省日來懶散時多,儆惕勤勞時少。不能莊敬,何以日強？知之而不能行,罪大於不知者也。

小學、大學之分,有淺深無彼此也。古者教人之法,小學習其所當然,大學求其所以然。

小學所讀之書,即他日明理致用之基本,慎不可以村説坊書虛廢時日,妄耗精力。

秦漢以來之學術,至趙宋而一變。後之人妄分漢宋,各闢徑涂，入主出奴，互相詬病。豈知風會所趨，時有通塞，前賢未嘗有意於立異也。粵自祖龍御世，禍起焚坑。承其後者守殘抱闕，掇拾燼餘。不有證據，何以使古聖人典章經制存十一於千百乎？故注疏尚以許、鄭爲宗，迨濂、洛、關、閩諸儒出，遺經大備，無事考求，循往哲之全書，會聖賢之精義。元明代闡，世有偉人，雖門戶紛争，不無遺憾，而其大者精詣純修合於鄒魯，顧可忽諸學者甄綜流派。考究師承，梨州謝山之學案，夫固其源匯也。

聲音訓詁之學，國朝盛矣！顧、王、嚴、段諸家之卓著者精深浩博，冠絶一時；士生今日而欲踵武前修，不惟不易，亦且不遑。惟是六藝之關鍵在兹，門戶不循，何以入室？擇要以從，合形、音、義而皆能通者，其惟許氏書乎？日識篆文數字，闚先王制作之原，因形以知聲，因聲以知義，則古人之正義、餘義、引伸之義，轉注、假借之義，觸類旁通而經籍可讀矣！

辭章，末事也。大而系國運之盛衰，小而係人品之高下。班馬而降，爲韓、爲柳、爲歐曾、爲蘇王，曠世一遇，不可多得。大抵用心於内、根心而出者爲正派；神光發越，外有餘而内不足，是後世欺人之詒，豈君子立言之道而若是哉？姚姬傳氏之學，雖自歉才弱而識則純，海内知言君子嘗推爲文章正宗。循其徑涂以窺其用心，僞體旁門不致涴於向往矣！

經世之學之切要者時政得失。朝報登焉，當代掌故典章在焉，皆有志之士所當究心者也。而沿其流者必溯其源，宜於今者貴合於古。先王陳跡，載在三通。曾文正謂杜馬優劣伯仲之間而鄭非其倫，學者考覽三家，徧知義例，專崇杜、馬以竟厥功。

揚子有言："通天地人曰儒。"唐虞以來，七政載於《虞書》，九州島詳於《禹貢》。古之知道者未嘗不汲汲焉以爲儒者所當有事也。天元、四元之術，宋元之際講貫有人，迨明季而我法漸疏，彼法因而相勝。地動天靜之說，理既可憑，數尤精密，雖業屬專家，造微不易而粗知梗概，以見宇宙之大，來者無窮。古聖前賢所揆之以理、寄諸想像者，今皆證諸實測矣！烏知不可化拘墟之見而擴乾坤之量也哉？

光緒乙巳(1905年)

徐仲車曰："同官之和，莫若分過而不掠美。"

孫明復曰："仁義不行，禮樂不作，儒者之辱與？"

歐陽公曰："文學止於潤身，政事可以及物。"

劉原父爲廬陵門人，而責廬陵以"不讀書"，廬陵不敢怨之。師若弟皆不可及也。

在歲寒時，自是松柏從天外望，可有鳳凰。

李似之曰："無我，方能爲大事。"

計字讀經之法始於鄭穀叔耕老，歐陽公門人也，蓋本於歐陽公。

王儒志曰："凝目於鼻，遊心於帶，是制心者也，非治心者也。坐則見其存於室，行則見其立於輿，是治心者也，非養心者也。"

邵康節許司馬溫公爲"腳踏實地人"，又稱爲"九分人"。

劉漫堂《麻城學記》云："溫公之學始於不妄語，而成於腳踏實地。"

劉道原言："王荊公面帶妖氣！"

邵康節曰："人必內重，內重則外輕，苟內輕，必外重，好名好利，無所不至。"

程伊川先生曰:"夢寐顛倒,是心志不定,操守不固。"

又曰:"一切事皆所當爲,不待着意做才着意做,便有個私心。"

又曰:"窮理亦多端,或讀書講明義理,或論古今人物別其是非,或應接事物而處其當然,皆窮理也。"

《韓詩外傳》曰:"上主以師爲佐,中主以友爲佐,下主以吏爲佐,亡主以隸爲佐。"

朱、陸異同之辨,極紛紜矣！讀黎州諸先生之論,亦可以爽然自失,不必是丹非素,枉爲古人存門户之見於胸中也。然先儒爲學之程途,固各因其資性之殊而不能强合,而後生從學之門徑亦當就其資性之所近而不可强同。朱、陸皆知尊德性,皆知道問學。非陸僅尊德性,朱僅道問學也。惟陸子天資高曠,故其用力也往往注重於尊德性;朱子賦性沈潛,故其用力也往往注重於道問學。後之學者欲以先儒爲師法,不可不自揣其根器,以定從違之準焉！同一明儒也,陽明之學則尚陸,河津之學則類朱者;陽明之根器近陸,河津之根器近朱也。隨所近而循焉以入聖人之門,何者非吾道之干城、斯人之命脈？又烏庸沾沾焉存彼此人我之分哉？

光緒丙午(1906年)

今年爲邑文社建兩等學堂,土木之工擾擾者半載,不得潛心讀書,深以爲憾。

余自三十志學後,晝夜六時中親書卷者爲多。近來人事日繁,不能專精讀書,良用愧憾。嘗默擬定程,以期不入於荒怠,兹書之以自警,云:"早飯前、晚飯後讀書工夫,三時要夠。早飯後、晚飯前應作之事，私後公先。"守此定程，天不變，萬事紛來，吾志莫亂。只此不能守，人乎？抑猪狗？

作事要受命，時會不來，勉強無益。爲學要不受命，雖曰"愚""柔"，必要"明""強"。

陳白沙云："心地要寬平，識見要超卓，規模要闊遠，踐履要篤實。"此四語當時時體貼之。

今日之爲學，須時時爲國家思，不可依舊爲身家計。

古之偉人傑士有大學問、大經濟者，大抵由於志趣異人，識見超卓，而其致於用也，則心無私曲。學者私心少一分，則人品高一分，事業大一分。故爲學以治心爲第一要務，而志趣、識見亦宜講求。

其存心也須使鬼神亦怕，其用志也須要金石能開。

不去其陋氣、俗氣、依違氣，不能爲學；不去其名心、利心、嫉妒心，不能作事。

時時要思振拔，處處要有道理。

人不從困苦艱難處閱歷一番，不但不能作事，即讀書亦不能深入。

朝廷不以聖賢之道責天下，而以一技一能求人才，風俗愈降而愈非，人才愈求而愈遠，可勝慨哉？

書不在所讀之多不多，而在所得之真不真。有真得者，《論語》半部致太平而有餘；無真得者，萬卷羅胸修一身而不足。

有有人之衰世，有無人之衰世。有人之衰世衰於無用人之人，無人之衰世衰於無可用之人。爲國者至無可用之人，是孟子所謂"空虛"之國也。噫嘻！危已！

辱之以愧恥之事，即能鑿喪其愧恥之心；拂亂其和順之氣，即能變易其和順之性。故教小童不可輕用恥辱，所以葆其恥也；不可妄事夏楚，所以順其性也。

天地之心，父母之心，君師之心，一也，仁而已矣！熱腸而已矣！故爲師範生者不可不知熱腸爲教人之本。熱腸而後教不倦，讀《西銘》可悟此意。

聖人之教人也以道，後世之教人也以藝。

讀"二南"當以《召南》與《周南》比看，如《鵲巢》比《關雎》之類，則文王當日德化之遠近、感人之淺深，及一時太平無事之景象，與夫周之所以興，殷之所以亡者，皆當於言外見之。

日記之法，所以寫胸中所見，簡編所得，以驗其人之志趣何如，見解何如，非徒求文字之工也。兩年以來爲諸生數數言之，而總不能變虛文爲實事，余滋愧矣！

欲挽今日之頹風，振興中國之庶務，當以耐煩、耐苦爲第一義，不然守舊、維新兩無當也。

不知古音古義，不能讀秦漢以上之古書，故讀《詩經》宜留心詁訓與聲音。

中國之盛衰，關乎全球之治亂。

義理、辭章二者，中國之命脈也，有志之士當極力維持。

堯、舜、孔、孟之道，布帛菽粟也。飲食如何變更，而不能離乎菽粟；衣服如何變更，而不能離乎布帛；政教如何變更，而不能離乎堯、舜、孔、孟之道。

人品之高下，事業之大小，皆視乎其人之能耐苦與否。古之聖賢豪傑皆受常人所不能受之苦者也。

古人爲學，皆於二三十歲以前謝絕外務，專心致志者數年，以立其基，方能有成。若不於此時作一番破釜沈舟工夫，則一生悠忽，便無問津之日矣！

今日學者病痛只是不切實。人人從切實處求，中國自有轉機。

豪氣、俠氣、浩氣、正氣、迂拙氣，皆吾國粹也，不可不保。

《書》曰"節性"，性而曰節，則其性之不善可知。性果有不善，則告子以來荀、揚諸儒之言性者未可厚非矣，何獨以孟子"性善"之説爲至當乎？蓋天地之間理未有不純，氣未有不駁。告子以來諸儒之説之不概於後世者，以其認氣爲理，而非言性之過。程子曰："善固性也，惡亦不可不謂之性。"（此處疑缺"張子曰"三字。點校者注）"善反之則天地之性存焉。"心苦爲分明矣！

"格致""誠意"，《大學》之樞要也。非誠意則學無所成，非格致則學無從入。然程子有言："行之不力，仍是知之不真。"則格致尤爲學者之急務。朱子《補傳》謂："當接連誠意，看是所以醖釀誠意也。"此語不可忽。

作學問、作事功，皆須時時運以精心，振其果力，方能有成。余自問：一日之間閒散時多，嚴整時少，不覺滋愧？

曾文正官居極品，每日應作之事常有定程，若嚴師之戒生徒。余散漫如此，何以成人？

光緒丁未（1907年）

《大學》古本，首章而下即接"誠意"。今以朱子之意逆之，則後之儒者所謂"古本自完，無待《補傳》"者似亦當矣！蓋首章所謂"本末始終"云者非即《補傳》之精粗表裏乎？是"格致"之説，首章固已包藴。特古人文筆簡質，向非朱子創通，其旨究亦未易窺尋耳！然則朱子者洵能抉《大學》之奥者也，其文字先後之序，或不無千慮之一失,亦時爲之也。

誠意所以致正心之功,心正所以收誠意之效。心正之極詣,《大易》所謂"无妄"者也。

如雞伏卵,如貓捕鼠,雜念皆消,而心有專向。朱子言:"主一無適之爲敬。"誠意工夫當自敬始。

《大學》之釋八條目也,層層上溯,曰平天下在治其國,治國在齊其家,齊家在修其身,修身在正其心,自正心以上則無。所謂"正心在誠意,誠意在致知,致知在格物"之釋,蓋自正心以後其效有必如此而後能如彼者。心不正則身必不修,身不修則家必不齊,家不齊則國必不治,國不治則天下必不平。若正心以前首章雖亦言物格,而後知至,知至而後意誠,意誠而後心正,是行文語勢不得不然。其實格物致知之時,即有誠意正心之事,非必待已格、已致之後始用力於誠正也。此先儒所謂知行並進者歟?至格物即所以致知,誠意即所以正心,尤不得截然有先後之分。觀此則古本自完、無待《補傳》益曉然矣!

"身有所忿懥"八句,上四句指身而言,下四句指心而言。謂"身之有所忿懥、恐懼、好樂、憂患",皆心之不得其正也,所以承明上文之意也。朱子以"身有"之"身"作心,則此八句者皆指心而言;李文貞謂"當依古本作'身',而以'不得其正'之'正'爲説身",則此八句者又皆指身而言,似皆非承修身必在正心之意,書以存疑。

老子之學非無所見,異於聖人者以其專尚陰柔也。《陰符經》其亦老子之流歟?

其始也自無而有,其既也由有而無。有者氣之偶聚者也,無者氣之偶散者也。偶聚偶散,以氣言也,以人之所見者言也,故曰"有生於無",若以理而言,則人之所見者謂之"有",人之所不見者亦不得即謂之"無"。

氣可見也,理不可見也,是氣有而理無也,故曰"有生於無",猶言氣生於理耳!然無者豈真無哉?《大易》所以不言有、無。

朱子謂"魂載魄,動守靜也"。學者苟能以動守靜,則老氏之術亦何不可爲存養之一助?

莊子筆墨超矣!見解超矣!其學蓋工於自適其適者,其流弊必至爲我。

王會之云:"帝王之事不出於聖人之經者皆妄也。學者不當信而惑之,反引以證聖人之經。"斯言也,讀經者當以爲例。

天下億萬人所非者未必真非,天下億萬人所是者未必真是。析義不精,研理不透,有以士大夫而徇世俗之見者。

流俗之毀我,不知我也;流俗之譽我,亦未必知我。以流俗之毀譽爲得失,其不能超乎流俗也可知。

教人之法,古今異宜,原不能一成而不變。三代以上,草昧初開,無教則近於禽獸,故《孟子》言:"夏商周皆以明倫。"是明倫固當時所急者。至孔子則已有德行、言語、政事、文學四科,而孝弟諸端只責之弟子,其論士則以"行己有恥,使四方不辱君命"爲重,此固因時立教,聖人之所以爲聖也。

古人如葛、陸、范、馬諸公,功勳事業異於常人者,非必無所不知、無所不能也。世之無所不知、無所不能者,究未必建奇勳、恢壯烈。此等偉人大抵志趣異人,識見超卓,而心無私曲耳!私心少一分,人品高一分,事業大一分。故學者以心學爲第一要務,而志趣、識見亟宜講求。

卷　　四

光緒戊申—宣統庚戌（1908—1910年）

　　孔、孟、曾、思之言性也，曰"相近"，曰"性善"，曰"明德"，曰"天命"，皆端於人而言之也。濂溪"太極""無極"之説，並天之性而亦窮其源矣！非有天之不可易者，何以禀於人者皆能如是之一乎？此天人之所以一貫而盡人之所以能合天歟？

　　無極以形言也，太極以理言也。朱子所謂"無形而有理"者盡之矣！劉念臺曰："無善而至善，心之體也。"蓋人心之靜而未發也，謂之爲有善；固無善之可名，謂之爲無善，而善之理固在。然則無善而至善，即此心之無極而太極乎？

　　難莫難於言理。曰動而生陽，曰靜而生陰，生陰生陽者不已緩乎？曰動極而靜，曰靜極復動，動靜不又有間乎？是皆當以意逆志，而不可以詞害意者。朱子引程子之説曰："動靜無端，陰陽無始。"得濂溪之志矣！

　　太極不可見也，可見者動靜陰陽，胡然而能動靜，胡然而能陰陽，則非有太極不可；性不可見也，可見者喜怒哀樂，胡然而能喜怒，胡然而能哀樂，則非有性不可。

　　二、五不能生萬物也，生萬物者，理之具於二、五者也。

　　此理充滿天地，磅礴彌綸，無間隔也，無停頓也。絪緼含育，無處不生，無時不長。《易》曰："天地之大德曰生"。太極者生生者也。

斯道之源，一而已矣！繼善之後，萬變紛紜，不可窮測。人物於此而分，人事亦因之而起。

不以此心之寂然無欲爲主，烏能定之以中正仁義哉？定之以中正仁義者，達用之學發皆中節也。主靜則立，體之事涵養於未發以前者也，故以靜爲中正仁義之主，則主靜之功仍是直内之旨。捨中正仁義而言靜，何以異於釋氏乎？

原其始而知自無而有，則反其終而知自有而無，如循環然，始終一也。釋氏輪回之説，似亦窺見髣髴。然造化陰陽之理無方無體，以爲無定而實有定，以爲有定而實無定。彼雲之上於天也，醖釀而爲雨；雨之降於地也，蒸鬱而爲雲，固循環矣！若謂今日之雲必是昨日之雨，昨日之雨必爲今日之雲，則造化之理有窮而天地亦呆而不活。

斯理之在天下，廣求之則千萬言而不厭其多，約舉之則一二言而不嫌其少。太極圖説二百餘字耳，天人合一之旨更無剩義。然試約而精之，又不外無極、太極之一言，是以學者貴由博反約。不博不明，不約不精。

存養於未發之前，誠無爲也。審察於已發之初，審其幾之善惡也。中節則有善無惡矣！

春生之氣，貫乎四時，故萬物生生之意雖隆冬而不息。仁厚之德，貫乎五常，故人之動靜云爲有渾融和緩之意者爲生道不息。

造化發育之理無跡可見，而日月星辰、風霜雨露忽然而來、忽然而往，是氣之可見而發育之理之乘於跡者也。

鬼神者氣也，造化者理也。理無形，氣有象。氣載理而行，理因氣而見，故氣爲理之跡。

程子既言動靜無端矣，何以又言動之端乃天地之心乎？蓋理固無始無終，而以人之所能見者言之，則又何嘗無始終乎？當其未動，動之理固在，然隱而未見，天地之心亦無從而知，一發露而天地之心見矣！

人性皆善，而氣質不同。上焉者安焉者也，由仁義行者也；次焉者勉焉者也，行仁義者也；又其次則畏威而寡罪，文中子所謂"不激、不厲、不見利、不勸"者也；下此，則至愚不肖矣！

雖至愚不肖之人，其偶爾之萌本心之發，亦有與堯舜同者，此性之所以爲善也。

仁者以天地萬物爲一體；與天地萬物有毫髮之不相關、不相通，仁之量即有虧矣！欲立立人，欲達達人，以其相關、相通也。故伊川云："仁者天下之公。"

氣質之累，即爲天理之累。澄也，治也，所以變化氣質也。若天理則潔淨精微，何煩澄治？

渾融和緩、生生不已者，天地之性情也。暴風迅雷，則陰陽五行之錯雜而出者，是天地亦不能外此氣質。既有氣質，即不能無乖謬差忒之失，故學者造詣不在乎求性情之正，而在乎化氣質之偏。偏者化，正者葆矣！

天地乖戾之氣，固陰陽五行中變化錯綜而出者，然出之者天地，而感之者人，人不感，天地不應。不見夫人之喜怒乎？喜者心之用，怒者肝之用，是喜出於心而怒出於肝也，然未有略無觸而喜、略無犯而怒者。人之於天也，可不慎所感乎？

夭壽窮通之別、聖凡之等，命爲之，實氣爲之，故氣質即天命也。氣質之清濁厚薄，萬有不齊，人之爲修爲短、爲貴爲賤、爲貧爲富、爲賢智爲愚不肖，亦萬有不齊，性則一而已矣！一者命也，萬有不齊者亦命也。一者，命之出於理者也；萬有不齊者，命之成於氣者也。出於理者有主，則成於氣者無權，故君子造命、立命而不委命。

天地者人之大者也，人者天地之小者也。滿天地是生生之意，故滿腔子是惻隱之心。天德王道之本原，其在斯乎？

敬而無失，即《中庸》之戒慎恐懼，所以存中之工夫也；然戒慎恐懼立言殆微重乎？不若敬而無失，在無忘無助之間。

理不雜乎形氣，故物必有本末；理不離乎形氣，故本末不可分爲兩段。

其時其事，當拔一毛不爲也，則拔一毛不爲者亦中也；其時其事，當摩頂放踵爲之也，則摩頂放踵爲之者亦中也。中不在己而在時與事。如曰不必拔一毛不爲，亦不必摩頂放踵爲之，第權其二者而取中焉，則是子墨之"執中"，而非大舜之"用中"、孔子之"時中"。

无妄，誠者也；不欺，思誠者也。《大學》之言誠意，亦教人思誠也。故曰"毋自欺也"。

愛之未發，仁也；仁之已發，愛也。朱子謂："仁者愛之理。"苟無此理，何以能愛？

心，統性情者也。性則有善無不善，情則有善有不善，故學者之治心，治其情而已。

天地之化，理與氣而已。氣之力常處於強，理之力每處於弱，故其運也治日少而亂日多，其生才也賢智少而愚不肖多，是天地亦有理不勝氣之憾，而況人乎？聖賢者，兢兢焉以理敵氣者也。

氣有終始，理無終始。此又氣之所以必屈，理之所以常伸者也。

天地之化，無一息不運，故無一息不生。運處即是生處。

天地之道無間斷也，無虧缺也。渾淪圓滿，人與物皆在其中，無出入也。

儒者之學，亟亟於言心、言性者，以心者應事接物之本源，而性又心之本體也。不明乎此，何以立天下之大本，盡天下之大道哉？《中庸》推中和之極致，至於天地位萬物育，其用可謂廣大矣！若終日言心、言性，而應事接物不能各得其宜，又何貴此心性乎？

明儒吳霞舟之言曰："有伊尹之志則可仕，否則貪利慕祿之鄙夫而已。有顏子之學則可處，否則飽食無用之小人而已。"旨哉言乎！學者欲無愧於出處而免鄙夫小人之歸，志伊學顏之訓，可不銘諸心府乎？

為學之要，莫先於辨志。志之不辨，雖日讀聖賢之書，究無當於實用。朱子編《近思錄》，首卷既言道體矣！次卷論為學大要，而以濂谿"志伊學顏"之語、伊川"顏子所好何學"論冠之，蓋欲學者辨志也。

擴然而大公，物來而順應，庶幾无妄矣！然非有精義之學，則應之不得其當，亦不得謂之為无妄。故无妄乃以人合天之極致，而精義又為學之首務。

雜念，皆妄念也，必至不雜，方為无妄。

性者心之主宰，心者性之匡廓。存其心、養其心，可以葆其性矣！此明道《定性書》所以皆言心也。至其擾吾存養之力者又在於情，故以怒時觀理，為用力之方。

聖門之學，課之己者愈密則愈真，反之身者愈近則愈切，故當以顔子爲準。

不役於物者,聖人之心也。學者之心,每爲物役,外事之紛乘,適以擾吾明善之功,誠心之進,故且省外事,是求道初基。然且之云者非不事事之謂,不過以省事爲居敬之端。心存,則學有入處耳。至理明誠存,泛應曲當,不着意於省事,而事自不爲心累,不然一意於避煩就寂,不免絶人逃世、離俗遠囂之弊,豈明道教人之旨哉?

所守不約,泛濫無功,當以天地萬物之理、"四書""五經"之旨一一反之身心,方能有益。

義理栽培,所以固吾之得也。讀聖賢之書,時時有悦心之趣,可以據德矣!不然雖有所得,終不免離而二之。

凡人之樂,皆有所以樂者在。如樂功名者則樂在功名,樂富貴者則樂在富貴,以至聲色玩好莫不皆然。孔、顔之樂只是胸中無不樂處,非有所樂於外也。指之爲樂道且不可,則又指爲何樂乎?故周子、程子但令學者深思而自得之,朱子亦曰:"且就聖賢着實用功處求之。"

功名,樂事也,世之有功名者未必盡樂;富貴,樂境也,世之處富貴者未必盡樂;山林泉石,樂之幽者也,世之居山林泉石者未必盡樂;絃管笙歌,樂之艷者也,世之對絃歌笙歌者未必盡樂。樂不在心而在境,樂之所以不永也。孔顔之樂,樂之真者也,不以境奪者也。

凡人於身外之物,偶有所得尚愉悦於心,況有得於道,能不融融洩洩乎?故學者欲求真樂,莫如體道。此朱子所謂"就聖賢着實用功處求之"者也。

所見所期不可不遠大,然行之必須從近小處用力。近小處無工夫，遽欲任夫遠者、大者，恐基本不立，強力烏能持久？

利禄之念輕一分，心境大一分。人己之見化一分，心境大一分。役志於溫飽，溺情於己私，烏足與語堯舜之道哉？

開闊與疏略有間矣！莊周之放曠，阮籍之猖狂，疏略也，非開闊也。精於格物而不爲物累，密於應事而不爲事牽。《中庸》所謂"戒懼"者也，義以方外，省察於已發之時，《中庸》言"致廣大而即繼之以盡精微"，所以救其偏也。

人家子弟但有聰明伶俐、無所不知氣象，便終身一無所成。

能見大意，則功夫有着力處，便可精進不已。

學術者治術之本根，治術者學術之枝葉。根本不深，枝葉胡茂？治不識體者，學不明理者也。故記問之學不足以從政。

見道雖聖與賢同，而體道之功有淺深，造道之境有高下。曾點、漆雕開之能見大意，是見道也。其層累曲折以入聖人之室，尤須精進不已。

能見大意，如射者之知的，是《大學》所謂"知止"候也。

無論作何項工夫，皆須以心身爲根本，故必先涵養持敬以培壅之。

心者萬事之根本，非涵養持敬不能培壅者也。學者之先務，莫要於斯。

旨哉！夾持之説乎？人之醉也，一人扶之，而顛者兩人扶之而立，是夾持之謂也。人心危而易傾，甚於醉人。敬以直內，涵養於未發之前，《中庸》所謂"慎獨"者也。內外夾持，有不上達天德者乎？

自暴自棄，未有不老而衰者。學則雖老而不衰，心道不息也。天所以不老者，以其無頃刻之息耳！

無一刻忘，無一息間，一日如此，終身如此，是爲大勇。

學者日日閒散，卻日日無暇作工夫，不歸咎於俗累之多，便歸咎於衣食不給，要之，只是志在温飽耳！若志不在温飽，則舜發於畎畝之中，傅説舉於版築之間，膠鬲舉於魚鹽之中；管夷吾舉於士，孫叔敖舉於海，百里奚舉於市，又何嘗衣食之必給，俗累之不我擾哉？程子曰："學者爲氣所勝，習所奪，只可責志。"

終日欽欽如對大敵，小心也；及其臨陣，意思安閒，如不欲戰，膽大也。朱子曰："戰戰兢兢，方能爲赳赳武夫、公侯干城之事。"此聖人所以與"臨事而懼""好謀而成"之旨也夫！

爲學之道，方其苦志研求，偶有開悟，覺聖賢之言句句可驚可愛，觸處有矜炫自喜之意；及其久久熟後，反覺平淡無奇，而胸中有悦心之趣，不可以言喻者自得之候也。

忿懥恐懼，好樂憂患，若不得其正，皆是渣滓。喜怒哀樂未發之前，有莊敬持養工夫，渣滓庶能渾化。

賢人之守而未化者，以水譬之，雖極澄澈，渣滓尚未盡去，不若聖人之渣滓渾化，萬變攪擾而不濁也。

懲忿窒欲，遷善改過，是學者着力之端也；忿懲欲窒，善遷過改，是學者得力之驗也。着力貴勇，得力貴真。

居敬窮理，是學者着力之要也。身心之有寄托，酬應之能合宜，是學者得力之漸也。

量大者無所不容而和易於流，宏而不毅者有矣！志果者有所不爲而器易於隘，毅而不宏者有矣！大其心胸，堅其志趣，其庶幾乎？

知之真，自能行之力。苟知之不真而徒勉强行之，勉强者不能持久。

《書》曰："非知之艱，行之維艱。"是就已知者而勉以力行，非偏重行而知可廢也。世之責人者動曰"力行"，豈知知之不真，行之必不力。盲於目者必不喜五色，不知五色也；聾於耳者必不好五聲，不知五聲也。況不格致而求誠意，誠意亦差矣！不明善而求誠身，誠身亦誤矣！異學旁門之謬，非謬於知乎？

今使語人曰饑不須食，別有可以解饑者；渴不須飲，別有可以解渴者，雖愚夫、愚婦亦不之信者。知之真也，聖人之知道，猶常人之知食飲。故聖人之行道，猶常人之饑而食、渴而飲也。

義理、辭章、考據三者，爲學之大凡也。姚姬傳曰："必以義理爲主，而後辭章有所附、考據有所歸。"可謂知要矣！學者日力不同，心力各異，苟不能合三者而兼之，則伊川所云"儒者之學固當以義理爲宗也"。世之一無所得者大抵貪多務得者也，可不慎哉！

敬貫動靜，成始成終者也。故無止境、無歇時者涵養之功也，致知則隨在用力耳！

學以道爲的，而遠求夫道者不能得道；人以聖爲的，而高視夫聖者不能希聖。性命，固道之極致，而學者不可空言性命；神化，固聖之極致，而學者不可妄語神化。喜也、怒也、哀也、樂也，進退也、出處也、辭受也、取與也、言語動作也、飲食男女也，是道之近在身心而由之以達性命之源者也；憤也、樂也、信古也、好古也、敏求也、下學也、爲不厭、誨不倦也，是聖之顯有跡象而由之以窺神化之妙者也，是皆有志者所當汲汲者也。昔者象山陸氏之學，有"仰視霄漢"之譏，學者當知所戒矣！

學者之立志，猶農夫之下種。世未有種豆得瓜者，又安有志小而成就大者乎？夫子七十從心之境，即根於十五之志學。伊川曰："言學便以道爲志，言人便以聖爲志。"蓋道者學之的，聖者人之的。離道言學，學無的矣！離聖言人，人無的矣！

《孟子》言"集義"，猶《大學》之首"格物"也；伊川言"主敬"，猶《中庸》之先"戒懼"也，言各有當，略舉一端耳！夫子翼《易》之"坤"卦曰："敬以直內，義以方外"，則內外交修之功，具示學者矣！

爲己、爲人之辨，學者人鬼關也。不剖晰於立志、存心之始，是伊川所謂"大本已失者"，可不於癏寐隱微之地自問而自課之乎？

人之言曰："三代而下，惟恐不好名。"此蓋爲中人以下涉於功利之途者言耳！若有志於聖賢大學之道，則伊川固云"名之與利，清濁雖不同，利心則一也"。

"學貴日新"之説，非第謂聞見日廣、知解日富也。玩索之意趣不同，振作之精神漸異。如服藥然，疾病日消而元氣日復者，是能取益於藥者也；參苓日進，故我依然，雖口談《靈》《素》，手握刀圭，又何異庸醫之抱病呻吟而詡青囊中多祕術哉？

學者不先識得性善，則志無所向，工夫亦無歸宿；既識得矣，而不立誠以爲性善之基本，則好善不真，去惡不力，悠悠忽忽，萬事作不得。故明道程子曰："知性善以忠信爲本。"

教人最難。必先去其胸中成見，平素習染，使其心漸漸信服，漸漸自知其非，方可與之深語。若遽以聖賢大道語之，不惟不入，彼且輕視之矣！

聖人之處萬事、應萬物也，洞明乎當然之理，事至物來，如見姜、桂而知其辣，遇芩、連而知其苦，何待於思？何待於慮？如窮格之工夫未盡而遽言"何思"、"何慮"？恐因物付物之學流而爲遺物絕物之心，貌周、孔而實莊、列矣！

義理之性存於神明者多，氣質之性動於形骸者多。以神明馭形骸，則氣質聽命於義理。

張子之言曰："死生修夭，氣之不可變者也。"朱子以爲不然。朱子蓋授權於理，而張子則授權於氣。《中庸》之言大德曰"必得其壽"，推之栽培、傾覆，而引《詩》以繼之曰"自天申之"。"申之"云者重之謂也。人苟爲德動天，天必重降之命，是氣之可以理變者。然顏不得壽，理亦難憑。張子之意，其在是歟？特聖賢立教，願人立命，不願人委命。學者可委於有定之氣數而惰修爲乎？

《易》坤卦《彖辭》曰："乃順承天。"坤者地道而必言承天者，以見陰之必順乎陽也。自天地之大以至一身之小，其間若夷狄之侵中國，小人之陵君子，下之犯上，耳目手足之不聽命於心，皆陰不從陽之過，張子曰："莫非天也"。陽明勝則德性用，陰濁勝則物欲行。領惡而全好者其必由學乎？然則君子之學亦惟使陽之能統乎陰，陰之必順乎陽而已。

"大其心則能體天下之物。"張子此言即《西銘》之旨。讀《西銘》，則視天下無一物之非我。

讀《西銘》，便令人純是天理，無絲毫人欲。

時時居敬，則可以無戲言、戲動；若過言、過動，非察理明、析義精，不能知之真、改之力也。

不遜志者心不虛，不時敏者力不果。心不虛者不能受道，力不果者不能進道。故學者之於心也，貴寬平，又貴剛健。

理者禮之無形者也，禮者理之有形者也。故朱子謂"禮爲天理之節文"。張子以禮教人，亦制外養中之道耳！學者不求天理之自然，而只習節文之當然，安排造作，反失橫渠灑脱之旨矣！

朱子謂居敬則執持在此，才動便忘此語，乃學人初作工夫之通患。敬貫動静，不獨當於静時執持，動時亦須有涵養之意在。然才動便忘之弊，便是執持不熟之過。初學只合從執持入手。

事事物物之來，見道之地也；應事接物之際，爲學之時也。致力於書策，而心不存於酬應者；詞章之俗學，非求道之實功也。

離開書策，處處是學，方爲實學。

理不明，義不精，而言從權，自便其私而已，烏能反經合道哉？

役志於外者必疏於內修，用心於人者必略於自治。

苦心極力以求之，寬裕温厚以養之，爲學之大要也。道義之悦心，猶滋味之悦口。庖人之治庖也，熟之以武火，而煨之以文火，其滋味可以悦口。學者欲道義之悦心，當亦觀於庖人而得其術矣！

學有悦心之趣，自無歇手之時，顔子所謂"欲罷不能"者也。

因學而致心疾者，必非爲己之學。爲己之學勿忘勿助，所以完養此心者也。雜一爲人之念，則必急於求知，忙迫强探，心境因而勞耗矣！

梨園之演劇也，有扮鬼物者，有扮虎豹惡獸者，孩提見之而懼，成童以往則不懼者，知之真與不真也。學者之觀理，苟如成童以往之觀劇，又烏能摇奪於鬼怪異說哉？

學力之淺深，視乎所得之淺深。所得之淺深，視乎此心意味之淺深。意味之淺深，既別聖賢之氣象迥殊，正不徒以知解判低昂也。

學者能日見所讀之書日益親切、日益有味，即是工夫日進，即是所得日深。

致知之學到豁然貫通，觸處見理，則行之自然動容，周旋中禮。若知有不盡，第學古人之一言一行，倣而爲之，終有滯礙難通處。

朱子《〈大學〉補傳》即本伊川"積習貫通"之説，是格物之的解，不可移易者也。且即讀書言之，其始必講求一字一句之理，而後可通一章一部，未有字句不講、驟通章部者，亦未有只通一章一句、遂謂全部無疑者。到積久貫通時，則全部之理可悟於一句一句之理，可通於全部，又於日用行習間觸處體會，則應事接物可以求至當之歸矣！

善思者善疑，善疑者善悟。

性者天與人一者也。學不知性，雖讀盡千聖以來之書，亦不能造道之極致、識事理之當然。秦漢以來儒術之純駁深淺，皆於此乎斷之。繼孔孟而起者千餘年間，董、韓偉矣！趙宋諸子，義理氣質之説出，剖千古之蔀，發萬世之蒙，何其盛也！後之學者，誠篤信焉以致其博學、審問、慎思、明辨之功，其亦易於古人矣！

物之輕重無定也，而權有定；物之常變無定也，而理有定。學者必先知有定，而後可以識無定。

學者之觀聖言也，當於深遠中求淺近，不當於淺近中求深遠。不明其淺者、近者，難得其深者、遠者。

學者之讀書也，不以書爲聖賢之空談，而以書爲聖賢之實事；不以書爲詞章考據之資，而以書爲立身行事之準則。疑之也必切，悟之也必真。

李文貞有言："陶靖節之'不求甚解'，諸葛武侯之'略觀大意'，非疏略之謂也，蓋求其精要耳！"伊川告尹和靖曰："書不必多，要知其約。"亦是此旨。學者須知約與寡陋不同，考之貴博，守之貴約，不瑣瑣於一字一句，而汲汲於聖人立言之旨，可謂知要矣！

玩味書理，涵養氣質，非二事也，玩味即涵養也。

千谿萬壑而必以海爲宗者，水之有歸宿者也；千支萬派而必以嶽爲主者，山之有來歷者也；千言萬語而必以道爲宗者，學之有淵源者也。"六經"之旨，無二道，實千聖之學只一心。博觀泛覽不能窺聖人之心，是猶終日操舟而不達於海也，終身選勝而不通於嶽也，烏能融會貫通、心源冥合而不滯於章句哉？

《易》之爲書，自漢以來如焦、京之徒皆言象數，王輔嗣始開言理之門，然多雜黄老之説。至伊川則專言義理，而不謬聖人之旨；朱子兼象數、義理，而《易》之道備矣！

解經之難莫難於《易》。朱子言"伊川之解《易》三百八十四爻，不免作三百八十四事"。然逐爻求理，證以實事，似亦不能不就一端以明之也。學者玩《程傳》之實，而後參《本義》之空，《易》之道，思過半矣！

張子言："無許大心胸包羅，不能讀太宰之職。"竊謂讀羣書皆然。心境愈大，包羅愈廣，則見理愈透。作事亦然，能周知天下事，方能爲天下事。

人之一心必有所寄託，不在於此則在於彼。讀書則寄託此心於書策之中，讀之既久，離開書策，胸中亦時時有書味。涵泳此道，問學之功，亦即尊德性之法。張子曰："書以維持此心，一時放下，則一時德性有懈。"旨哉言乎！

讀書必返之身心，見諸實事，則能於不疑處生疑。

無欲則静，虛動直是就效驗説耳！若求下工夫處，仍當從

"敬"字入。

朱子言"知求則心便在"，此語最妙。非放者一心，收之者又一心也。

爲學之道莫先於收心。收此心於形骸之内，以體會聖賢所言。真別有天地、身在其中之樂。

學問之道，皆所以求放心，吾儒之學也；學問只有求放心一事，釋氏之學也。

學者作涵養工夫，其初每覺靜時有力，稍動便忘，久之又覺遇事有着力處，靜時反無主宰，此皆敬字之功未熟故也。須知敬貫動靜，無時或息，持之既熟，則動靜如一。

明道言："中有主，則外患不能入。"須思中之有主者是何物。

高忠憲言："大聖賢必有大精神。"故愛養精神亦學者要務。然精神貴大，尤貴歛，不爾便成粗豪。王姚江曰："絕飲酒，薄滋味，則氣自清；寡思慮，屏嗜欲，則精自明；定心氣，少眠睡，則神自澄。君子未有不如此而能致力於學問者。"諒哉斯言！

學者未到理明義精之候，遇事烏能盡當？但隨自己見到處應之，只求理之是，不雜己之私，則應事時即是格物時。

爲學而急迫以求者，欲以所學見知於人也，是爲人之念也。有爲人之念者，無自得之趣。

"敬"字工夫，只常常記在心不忘，久便能熟。

司馬子微之坐忘，明道以爲坐馳者。蓋不求心之存，而求心之忘，則其靜也虛而空空，則並本體而亦失之矣！本體者，喜怒哀樂未發之中也，是天下之大本也，而可失哉？

遇事不苟，事過不留，主敬之方也。人大抵事來時心不能一，事過時心不能忘。

致知乃窮理之事，然必須心境虛明，方能窮理。故曰：未有能致知而不在敬者。

喜事者心不静，厭事者亦心之不静也。

萬物自然皆有春意，即所謂生物氣象也，純是一團天理。静則在己之天理存，故萬物之天理可見。明道詩云："萬物静觀皆自得。"無一物不在天理中矣！

高忠憲言："心不專在方寸，渾身是心。"故《大學》曰："心不在焉，視而不見，聽而不聞，食而不知其味。"即心不在腔子裏也。求放心之法，但知求則心便在，先儒所以每言"觀心"。

天下之靈動變化而不可測者莫妙於心。求靈動變幻之主宰而不失靈動變幻之本體，存心之學也。

"敬以直內，義以方外"之時即是仁體，非謂"敬以直內，義以方外"是仁也。猶敬而無失即是中之意。

"敬以直內"，非"以敬直內"也；"義以方外"，非"以義方外"也。學者但敬而已、義而已，直內、方外是自然之效。

静之時無動之理，頑然而不活，釋氏之心也；動之時無静之體，雜然而不一，常人之心也。

養知莫過於寡欲，是養其致知之源也，非即以養爲致知。

諸葛武侯曰："才須學，學須静。"周子曰："主静，立人極。"古之知道者，未有不言静者也。至程朱而以敬教人，貫動静，合體用，愈無所偏矣！然敬者戒懼之心之存乎己，非嚴厲之貌施之於人。主敬而使人畏憚，威而猛，恭而不安，殆又誤於爲人之念乎？

四體坦然舒適而不放縱者，敬之得於心者也。

張子言"進道在勇"，勇豈血氣之謂乎？世之悠悠不自立者，大抵無志者也。無志即無勇也。匹夫不可奪志，可與入道矣！

敦篤其體，虛靜其心，求仁之方也。敦篤之功自寡言始，虛靜之功自寡欲始。

聖門言學，最忌高遠。孔子與門弟子未數數講天人、談心性也。顏淵問"仁"，以"視聽言動"告之；樊遲問"仁"，以"居處執事與人"告之。其他問答如此類者不一而足。曾子，傳道者也，其省身亦不過忠信、傳習之事，是可以見聖賢用力之端矣！周子曰："君子乾乾，不息於誠。"然必懲忿窒欲，遷善改過，而後至懲窒遷改，其示人何親切如是乎？學者不此之求，而徒口誦夫無極、太極之真，陰陽五行之變，以爲周子之道盡在是焉！果足以知周子、學周子哉？

伊川程子之作"四箴"也，皆推原於心性，可知存心養性之學，其工夫即在"視聽言動"。捨"視聽言動"而求心性，是猶捨車而就陸、捨舟而就水也，烏能自達哉？

昔在都門，聞友人論寫字，謂"去盡字之不好處，即是好字"。因悟凡事皆然，即作人亦如是。明道先生曰："義理客氣消長分數之多少，爲君子、小人之別。客氣消散盡者是大賢。"可知聖人人倫之至，亦只是無不好處耳！故學者工夫，不求有功，但求無過。

以志勝氣之學，存於靜時者易，持於動時者難。動則氣勝，而志之力有不克敵者矣！故喜怒哀樂之際，最足驗人學力。

凡人之易怒者，莫易於毀其所短；凡人之易懼者，莫易於怵之以死。不問己之有短與無短，而惟短之是怒，則怒不可治矣！不問理之當死與不當死，而惟死之是懼，則懼不可治矣！明道先生曰："克己可以治怒，明理可以治懼。"至言哉！

捨己從人，是克己第一工夫。然又須知非陪奉世情之說，乃捨己之非、從人之是也。捨己，猶去私也。

甚矣！改過之難也。必此心本源之地有真悔、有毅力，則言語動作不張惶圖改而自改矣！矜持於外而不拔本塞源，周子所謂"一旦萌動，復如其初"者豈能免乎？

凡人之有不樂者皆己也，克己則樂。

世未有無所得而自矜者，一得自矜，得之淺者也；所得日深，矜心自化。

拭垢汙之鏡者不必增光，但求去垢，去垢即增光也；爲自治之學者不必復初，但求明善，明善即復初也。

學者之進德也，省察其心者日密，防檢其身者日嚴，朱子所謂"毫髮不可放過"者也。人之不進德者只善於自宥耳！

己所獨知之地，守吾剛果；人所共見之地，守吾謙和，則外無矜高之病，內無頹惰之虞，剛不暴，和不流矣！

性命者萬事之源，即斯道之源也。學不窺源，雖躬行孝弟而不著不察，無由造道；窺其源矣，而日用行習無切近之實功，渺冥恍惚，亦不足以造道。由而不知，氣之偏於厚者也；知而不由，氣之偏於清者也。清且厚，荷道之躬乎？

伊川《狀太中及侯夫人事》皆人倫日用中極平極淡者，而太中之事尤減於侯夫人。學者之修辭，莫貴立誠。李安谿有言："聖賢雖於父母亦不虛加一語。加以虛譽，人必指而笑之，是貽父母羞辱也。"知此可以識伊川之旨矣！梅伯言書《吳南屛先考行狀》後曰："不虛美，不繁稱，能信其親於人者也。"然則世之虛美繁稱者，其不能信於人也可知。

不責人之所當報，但盡己之所當施，則爲兄者必友，爲弟者必恭。文王之"爲君臣父子而各得其止"者，亦盡己之所當盡也。

人才之盛衰，視乎在上位者有可學、無可學耳！張子曰："入治朝則德日進，入亂朝則德日退。"諒哉！使天下無才無學之人視上之人無異乎己，則徼倖之心生。不以庸碌爲羞，而以貧賤爲恥；不以德業相勉，而以利禄相期。風俗且日偷矣！世之盛也，朝無倖位，其君子足以折服乎小人，其小人不敢妄希夫高位。入仕愈難，人才愈盛。

天下得失之途，委之於命者無憑，權之以義者有據。義之所可得當得而終不得，義之所可失當失而終不失，命之謂也。故言命不若精義，精義方能知命。

不能精義者，不能盡人事之當然，不能知命者，不能聽天數之自然。

伊川云："殺身成仁，只是成就一個'是'。"竊謂學者工夫不難於求是，而難於辨似是之是。如衛孔悝之難，柴也出，由也死，是柴之心以出爲是，由之心以死爲是，所以各行其是也。夫天下無皆是之理，此是者彼必不是，彼是者此必不是。朱子言："子路之死也，没緊要。"則是孟子所謂"可以死，可以無死"者也。子路其傷於"勇"乎？其不能辨似是之是乎？故《大學》之要，格致在誠意之先，《七篇》之要，知言在養氣之先。

禍之招也，招以機心。《大易》所謂"習坎，入坎"者歟！君子不計夫事之利不利，惟視夫義之可不可，而无妄之往，無所不利。无妄者，機心之净盡者也。

伊川論邢恕謂"義理不勝利欲之心"。斯言也，蓋萬世小人之定評。人性皆善，豈其初即樂於爲惡？惟生質之純駁不齊，而學力又微，無以自克。其始也，或不能勝一事之私，或不能勝一念之私；其繼也，不善之跡著於外，羞惡之良鑿於中，大奸、大惡皆由此而充之矣！故學者之自立，莫要於慎之於初，防之於微。千聖之功，基於蒙養；萬里之隄，潰於蟻穴。危乎哉！

天下之言命也，孰不曰"患難不必避"？而臨患難則必避；孰不曰"得喪不必動"？而臨得喪則必動。譏之者曰："是知之而不能行之也。"非也，知之不真也，世未有言水火不可蹈而竟蹈者。知水火也真矣！

凡事求之於末者，似有近功，究無實效；求之於本者，似無近效，究有實功。故聖賢論事必從源頭說起，如伊川進說當世之務，以立志、責任、求賢爲本，三者又以立志爲本。他人觀之，鮮不以爲迂矣！然捨此以求，只是苟道，斷難臻於上理。故《孟子》七篇中告列邦之君者，亦處處不外格心之旨。

春氣之來也，鳥送和聲，聞者悅豫；秋風之起也，蛩音淒切，聞者悲傷。是天地之聲教而聖人象之以作樂者。故樂之肖人也至奇，《韶》之肖舜，舜不自知；《武》之肖武，武不自知，猶鳥之肖春，春不自知；蛩之肖秋，秋不自知也。樂之感人也至神，聞《韶》者如見舜，聞《武》者如見武，猶聞鳥而嬉春，聞蛩而悲秋也。君子觀於此而知絃管笙歌之關於人心風俗豈細故哉？優柔促數雖動以天，而周子所謂"淡而不傷，和而不流"者，亦可以教化訓戒而維持於人乎？

甚矣，以言取人之無善策也！懸以詩賦之的，天下之聰明材力皆孳孳焉貌詩賦矣！懸以經策之的，天下之聰明材力皆孳孳焉貌經策矣！經策固有用於詩賦。然有用者經策之實，而非經策之貌也。使天下之爲學者不求之貌而求之實，莫如緩於取士，急於造士。造士也貴乎多，取士也貴乎少。利禄之途不使無實學者倖焉，則聰明材力有不日趨於實學者乎？

紛紜於人事者，心固不静，厭棄人事者亦心之不静也。百感在前，處之而咸宜，應之而不亂，平日之養可知矣！

捨人我之得失而惟論道理之是非，則見識不陋而量可養矣！

營求奔競，世道之憂，士大夫之恥也。乃往往大庭之上、廣衆之中動輒言求，恬不爲怪，人才何從而出乎？必使上之人求下，勿使下之人求上，人才庶可興乎？

水不避險，所以能通於海；人不避險，自然能達於道。

學者之出仕也，猶將士之臨陣，不歷其境，己志之可奪與不可奪，能自信乎？

世之奪人志者莫如利害。官場，利害場也。無精義之學，而有幾微趨避之心，其不奪志者鮮矣！

孔、孟、程、朱之學，所以推之齊家而準、推之治人而準、推之四海而準、推之千萬世而準者，以其源於性善也。

秦漢以來，爲學而不達天德，圖治而不明王道，其受病也，皆不外乎謀利計功。此明道程子所以亟稱"董子之言以爲度越諸子"也。

卷　　五

民國五年（1916年）

知解非學問也。無定識、定力者知解愈多愈誤事。

人類之知識愈開，人群之殃禍愈烈，何以救之？厥惟道德。道德之隄防潰，而世界之生機息矣！

充生存競爭之學說，又濟之以器械之精、戰術之巧，人類其滅絶乎？世界之憂曷其有極？

"以義爲利，不以利爲利"；"所欲有甚於生，所惡有甚於死"。此等言語，保全人類之無等咒也。

亡國之恨小，亡種之恨大。種不必盡族類而滅絶之也，事他人之事，心他人之心，便是無我，便是亡種。

孔子之德，天德也；孔子之道，王道也。天德、王道皆無一毫人欲之私者也。故無論爲一身、爲一家、爲一國，非有天理流行之機而孔子之教不顯。其在一身，憂患迭更，而後《詩》《書》之言有味，安樂時之心志不屬也；其在一家，艱難共濟，而後父兄之令易行，温飽時之子弟不受也；其在一國，創鉅痛深，而後人心還醇，風俗返樸，艱苦之大業易成，歌舞之江山難保也。《語》曰"人窮返本"，孔子之道，其濟天下之窮者乎？

靈芝無種，蓬蒿易滋。人才之難，如是！如是！

有關於君臣上下之志節，有關於古今中外之志節。關於君臣上下者小，關於古今中外者大。

奢靡之風日甚，廉恥之道日亡。

嗜欲之途日廣，禮教之防日替。羲軒以來數千年神聖之苗裔，豈終淪於禽獸而不知返乎？

習非勝是，顧可忽諸。習億萬流俗之非，即能勝千古神聖之是。神聖少而短，流俗多而長。

有高尚之道德，有堅固之志氣，有精進不已之事業，有一定不移之法則，然後可以講自由。否則，非自由也，藉以逞自私自利之心也，是自由之蟊賊也。

有高尚之道德，有堅固之志氣，有精進不已之事業，有一定不移之法則，則他人又豈能侵犯我、壓制我乎？是不言自由而自然自由也。反是則欲自由而人來侵犯之，欲自由而人來壓制之，欲自由實不自由也。

人之心思志趣，不可一日不進，不進則老而衰。

得意之人每言人，失意之人每言天，亦古今中外之通例乎？今歐洲盛矣，其國人精神意氣往往專尊人力，幾疑天命之無權。世之驕子，大抵如是。中國衰矣，其國人心思言論往往動歸天命，幾疑人力之無用。世之敗子，大抵如是。噫！皆非知道者也。

歐洲人論治，專重法，若忘其行法之必須得人也者，國運盛，教育興，人才多故也。

無人欲之天德發於至性，但為人類，無不愛此、敬此、折服此者。

天渾淪圓滿，旋轉運行。一活物也，孰生之乎？孰主宰之乎？抑果置之何所乎？其大也，有止境乎？無止境乎？無止境，非理也；有止境，則止境以外又何物耶？

人能測天以内，而不能測天以外。

天爲活物，將有死時乎？噫！活便有死。

天以内之物皆有生滅，皆有始終。

出言之本旨在此，而聽言者則悟爲彼，毫釐之差，千里之謬。孟子重"知言"，良有以哉！

尼父心傳惟喻義，歐洲學説只争强。

教人貴因材，尤貴因時，尤貴因機。

隨氣質而來之天然性，最易害道，須精察嚴防，常使聽命於義理。

因人事之得失無定，遂謂是非亦無定，是猶未得真理之所在也。認得真理，則隨處有真是真非。

於朋友之過有背毀、無面折者，小人也；不背毀、亦不面折者，以小人待人者也；於己之過，任人背毀而不受人面折者，以小人自待者也。

友道之衰也，非相求即相忮。不相忮者，相求者也；不相求，則相忮矣！若夫外求而内忮，前求而後忮，則又不忍言矣！

地方苟無大聖賢、大英雄以志節、行義、言論、丰采爲末俗之模範，而士大夫反隨末俗爲轉移，人才凡陋，習尚卑庸，將何術以振之？

入其户，案頭無書，有則小説也；聽其言，不外市井，否則戲謔也。人才之興也難矣！

隱惡揚善是謂美德，然使爲惡者無所忌憚，而論人者無公是公非，末流之弊，所關亦不小。

同人道於馬牛，世變之憂，曷其有極？

讀《孟子》"所欲有甚於生，所惡有甚於死"諸説，覺古今中外之學説能言以義爲利、不以利爲利者未有若《孟子》之直截、痛快者也。泰西諸學説之宗旨，尤與此相反。

以利言學，非率世界之人盡入於禽獸之域不止。

富厚勢利能使君不君、臣不臣、父不父、子不子、兄不兄、弟不弟、夫不夫、婦不婦。率天下之人皆不人而相忘於禽獸之域者，富厚勢利爲之也。

隱惡揚善是聖人取人之善也，非代人護短也。自末俗以代人護短爲長厚，而人與人遂無真意矣！

以姑息愛君子，君子不樂也；以德愛小人，小人亦不樂。

有轉移學術之世運，無轉移世運之學術，人類之禍曷能自已？

同一富貴之境，同一患難之境，而遭之者之眼光不一，心境各殊，是則人類分量之所由差者也。

計己利、便己私，喪品辱身之媒也，亡國敗家之利器也，而人往往犯之。蛾撲燄，猩貪酒，動於欲也，思之可憐可慟。

政體隨國勢而變者也，立一定之政體，永久無弊，斷無是理。

國勢之變，原因甚雜，有非人所能逆料者。

君子之爲官也，苦己而樂人；小人之爲官也，苦人而樂己。君子之苦，小人不能也；小人之樂，君子不爲也。

辦事要知餘於事，力餘於事，神餘於事。知不足，力不足，神不足，事斯荒矣！

純是天理，方無計較，稍稍近人，便有得失。

世愈降，氣愈薄。嗜欲日以長，廉恥日以消。人道幾亡，天心難復，可勝慨哉！

天下之禍莫大於人無忌憚，然後知古聖人禮義之大防所以維持世運者大也。

遇事不能鎮定、手忙腳亂者難與濟事。

近今之人，軀幹日以小，禀氣日以薄，往往百人中不得一沈厚有精魄者，天下事可危哉！

世界之學術、治術，皆因時因地而推遷演繹、自然迭變者也。惟人心固有之良，終古不二，到處皆同。

凡立一法，必有利，亦必有弊，弊出而又立一法以防之，此法之弊既防，彼法之弊又生，相因迭闡，未有已時。此世變之所以日異月新、不可以逆測也。

責善則離，盡人皆然，不獨父子之間也。《孟子》只就所問者言之耳！

治人之人，不盡聖賢也，故不能不立法以防治人之人。至治人之人不可防，則法壞，法壞則亂，亂極則新法出。新法者時勢所生者也。

議事時開口便動聲色者，其人無內力。

任事而不解事者必僨事。

爲姑息一人之私而害大局之公，世之辦公家事者往往如是，相習成風。君子以姑息人爲慈悲之盛德，小人以徼倖人之姑息而不忘營私舞弊之心，天下事尚可問乎？

處人人競利之世界而獨崇尚仁義，使人知人之所以異於禽獸者在道德不在權利。此其學豈不超萬物之表也乎？

不以公理爲主，而以公意爲主，意或容有不理者矣！烏乎可？

有一定不移之理，無一成不變之法。

安樂者由泰入否之兆也；憂患者傾否轉泰之機也。

安樂則嗜欲日增，憂患則天良或現，常人大抵然也。

講釋氏之學者，不空其聲、色、貨、利，而空其禮、義、廉、恥，人也不如禽獸矣！

無論世運如何而不易吾謀利之心者，流俗所同也；無論世運如何而不奪吾守道之志者，君子所獨也。

天下群趨於營利，則天下事不可爲；天下群趨於假公濟私，則天下事尚可問乎？

人民無公德心，而言共和，是速之亡也。

絲毫無補於人世而惟營耳目百體之安樂者，國之蠹也。

慈善養濟之事，施之老弱疾病則可，若曰救貧，是驅之爲遊手也，是姑息之愛也。

各國近世之學術，皆當博覽研究以定其是非；當世人才之學術，皆當詳細考求以明其得失。惜乎？得書甚難！

事事傍人門户，拾人唾餘，能自立乎？

常人必經憂患，而始識聖人之言爲有味。故不到人窮返本時，聖賢之道終不行。

在一國之中則分之曰"我省"，在一省之中則分之曰"我縣"，在一縣之中則分之曰"我里"，在一里之中則分之曰"我家"，在一家之中則分之曰"我室"，是爲一室之人。聖賢之心在天下，故聖賢爲天下之人。

能十人之所不能者，則雄於十人；能百人之所不能者，則雄於百人；能千萬人之所不能者，則雄於千萬人。匹夫且然，而況國乎？故一國之中道德藝術勝他國者雄國也，反是則亡無日矣！

談己之短者必曰限於天資，是己不任咎也；談己之長者必曰由於人力，是功必歸己也。

人人有及時行樂之意，憂將至矣！

能勞人所不能勞之心，而後可以當官；能勞人所不能勞之力，而後可以當兵。以官爲娛樂之地，則天下不惟無官，而且受官之害矣！以兵爲縱欲之資，則天下不惟無兵，而且受兵之害矣！

神明、氣體皆有盛衰。程子謂"人不學則老而衰"，是指神明言者爲多。世俗之人神明先衰，氣體次之，故百體之欲猶是也，而心之官已頹然不能自振矣！

似是之是，非是也；似非之非，非非也。以似是之是爲是，以似非之非爲非，認理不真也。

人欲無所施，則天理自見。

地之大小變則勢變，勢變則事變，事變則學術變。惟學術之變要有不變者存，知不變而後可以語變，否則變之禍烈矣！

學不日進，自畫可恥。

顧亭林先生曰："愚所謂聖人之道者如之何？曰'博學於文'，曰'行己有恥'"。自一身以至於天下國家，皆學之事也。自子臣弟友以至於出入往來、辭受取與之間，皆有恥之事也。恥之於人大矣，不恥惡衣惡食，而恥匹夫匹婦之不被其澤，故曰"萬物皆備於我"矣！反身而誠。

《孟子》當戰國時提倡仁義，所以救天下功利之見也。今之天下自私自利之見也，將以何術救之乎？宜專救之以"義"。

是蠶便吐絲，是蜂便釀蜜。責蠶以蜜，不惟蜜不可得，而蠶失其能矣！責蜂以絲，不惟絲不可得，而蜂失其能矣！用人者知之。

感人而人不動者，誠未至也。

小人不獨不願己爲君子，尤不願人爲君子也；君子不獨不願己爲小人，亦不願人爲小人也。

有計較心，有得失心，還是名心未淨。

學無進境，將老而衰乎？可恥！

詐者能欺，誠者不能欺。

酬酢煩囂，神智淆亂，須以凝靜爲萬事根本。

人人無專精之職業，大者求縱欲，小者只謀生，國之不亡，幸也！

夢中作違心事，氣質駁雜，神明不清，可恥孰甚！

明道程子之言曰："一命之士，苟存心於愛物，於人必有所濟。"

以一己一日之私，害公家百年之利，比比然也，國之不亡，得乎？

同一人也，所處之地不同，則一地有一地之義；同一地也，所處之時不同，則一時有一時之義。君子精義之學，求宜而已。

以道德才能一無所長之人處此學術相競之世界，免死已幸矣！

每作一事，必須以全力防私弊。私弊無窮，精神有限。防閑偶懈，則私弊中之，而事不可爲矣！噫！

每作一事，用精神於作事者少，用精神於周旋世故者多。

庸人無難事。

言學不宜過高，過高則與人事懸絕，不適於用。

知識，天然者也；道德，勉然者也。常人皆然。若以勉然者爲僞，則常人之道德難矣！

學人之長，美德也。被人所化，竟以喪我，君子恥之。

人之知能原於根器，根器所無者不能強有也。

一落形骸，雖聖人不能無氣質之偏。不偏者其惟造化乎？

得意之人喜言人，失意之人喜言天。

上等人不以形骸之樂爲樂。其次，樂之而亦欲人之樂之也。不顧人之樂不樂，而惟逞一己形骸之欲者，民斯下矣！

世界吾知之矣！太空不得而測之也，天王、海王仍就人所能見者言耳！人所不見之處，果何極乎？果有窮期乎？抑無窮期乎？日之火何所麗乎？何從來乎？有起滅時乎？

世界有終始，太空亦不免。

學以爲己也，無論世運如何，吾自有吾所當修之業、當進之德，一息尚存，不容少懈。

不能超出乎萬物之表者，形骸軛之也。脫此形骸，乃與天合。

患暍病者崇芩、連爲神丹，而斥姜、附爲殺人品；患寒疾者崇姜、附爲聖藥，而斥芩、連爲潰腸物。皆藥也，病不同耳！勿是丹非素也。

中國不能自造機器、精研理化以廣興實業，則無收回利權之望；利權不能收回，則無從言富，不富無從言強，保教保種，議法議政，皆空談耳！

有護短之言者無進德之志。

五穀之勝於莨稗，夫人而知之矣！然不盡耕穫菑畬之力，以求五穀之熟，則反不如莨稗。世之尊孔而不行孔道者何以異於是？

託聖人之言以濟其奸，爲害更烈。

事之成敗，時會也，天也，任事者但求無愧於心而已。

每作一事，成之數十有三，敗之數十有七，幸底於成，而任事者之心志不知幾經挫折、幾費躊躇矣！輕言事者不知事者也。聰明者解事而不任事；篤實者任事而不解事。人才之難得，如此。

時地限人，雖英雄不能作事，强作必貽後悔。

無論大事小事，無一能勝任愉快者，人才至此，又復何望？

資外境之樂而樂，余其無真樂乎？可恥！

讀《曾文正公日記》，開卷便有靜穆氣象。吾國先正學術之近裏着己者大抵如是。浮光發洩，學便不誠。

有新事，即有新理，理因事而見者也。

余生平憤我國人事不修，因持人定勝天之説。作事必以人力勝，期於必成，以此不免忿怒傷身。矯强乖俗之處，平心察之，是又不知天矣！

今年於温經之餘，有志捃討西人學説，將欲融會貫通，鑄中西爲一冶。而西國開化以來，其時、其地、其風俗政教與中國決不相同，故其學説之因其時、就其地以釀成風俗政教者與中國亦決不相類，而藝術之精又抉前古未有之祕，縱橫馳驟，我中國無立足地矣！蓋以藝術挾其學説，政教以行，有不徧全球不止之勢。獨恨精力已衰、老將至矣！不能遂中西一冶之志，納世界於無争，進人群於相善，其待諸後世之人乎！

民國六年（1917年）

滿地是黃金，人自不善拾耳！

非改造人類，中國斷難自立。改造人類，惟學而已。

年復一年，學不日進，撫躬循省，憼愧何如！

精力漸衰，學不日進，與世浮沈，可恥孰甚！

倘能於人欲橫流之際，耽悅天理，日與造化同遊，當有心超世表、俯視全球之樂。

時習而説，朋來而樂，凡學之所同。不知不愠，孔學之所獨。

當死而死，死便是中庸。不論當不當，但爭死不死，世之借明哲保身之説以偷生苟活者仍是小人喻利也。

因學無所進，終日悶損，仍是利欲之念也。

人大抵爲世俗之見所囿，斷送此生，可憐可惜！

中國號稱四萬萬人，而時流之以學顯者屈指計之，蓋無幾焉！豈將爲空虛之國歟？危乎哉！

孳孳求名利而終身不得者多矣！若真心學聖賢，未有不成者。何也？其權在我。

辦大事者必神餘於事、才餘於事，而後事之成也易，猶舉重物者必力餘於物，而後物之舉也輕。成之易者事無遺憾，猶舉之輕者物不損傷也。趣屠夫以移禹鼎，識者爲之憂矣！

日月五星各循軌道而大成，一淩亂則乾坤毀矣！故言語動作之不循軌道者，其人爲亂人；家人婦子之不循軌道者，其家爲亂家；爲士、爲軍、爲商賈、爲農工之不循軌道者，其國爲亂國。

古今中外之言治者無不求之於法，惟孔孟重人，故所言大抵皆變化人之術也。

一形骸也，有一體之不循軌道則人病；一工作也，有一端之不循軌道則業敗；一官署也，有一人之不循軌道則事廢。

軌道孰爲立之哉？出於自然而不得不然者是也。世之善循軌道者莫如天。

融和之意少，剛正之意多。遇事忿怒，傷我傷人，其病根在事求可功。求成須淡其心，超其胸襟，庶可有瀟然物外之樂。

無學無行之士，不如農工商。

逞一時快心之論，潰天下萬世之防，文人弄筆勝於率獸食人。

援天下必以道。左右前後皆害道之人，則天下不可援矣！

宇宙之間無火不生，無火不滅。

生萬物者火也，化萬物者亦火也，生生化化而火不斷，斷火則乾坤毀矣！其治己也能敵人欲，則其治人也方能敵私情。不能戰勝人欲、戰勝私情，天下事無從說起。

大丈夫不能自貴而欲被貴於人，賤之至也。

人生到黃種欲滅之時，學講到孔教將亡之日，亦萬古之奇遇，而身世之奇悲也。

道德過於高尚，不以人事之得失爲得失者，不容於戰爭世界也。

庸醫之治病也，病雖日深，而處方下藥之志不衰。

以孔教爲宗教，與他教平列，他教日推日廣，孔教不日縮日微乎？孔子之道，範圍人類而不遺，何教之人能外孔道？

尊孔不若尊經，立教不如立學。

教育以"六經""四子"爲根本，則孔不尊而自尊。

真理不死。

真理合天地萬物而一者也。

有形骸之快樂，有神明之快樂。流俗之所謂快樂者，以形骸言耳！神明之快樂，惟聖賢有之，如《孟子》所謂"仰不愧""俯不怍"之類是也。

有此事而後有此理，有此理而後有此學。事變理殊，學亦異向矣！古今中外，大抵如斯。

理因事而見者也，理有定而事無定。以無定之事淆有定之理，淺者遂謂有定者亦無定矣！是之謂無定見。

激宕之詞，當時稱快，流弊無窮，立言者愼之。

西人之所以縱橫世界者，其伎藝眞能抉千古未有之祕，能人之所不能。中國不此之求，徒以政治空言，自亡其形，又以支離學說自喪，其神、黃、農、虞、夏之子孫蓋無克家者矣！耗矣！哀哉！可恥也夫！

常人每以求樂而招大苦。君子刻苦，常有至樂。

小人得志，不惜以億萬人生命財產易一己身家之樂，視君子之殺身成仁、捨生取義，不天地懸絕乎？故均是人也，其高下貴賤往往不可以道里計。

理欲之念，須察其微、審其幾，克者克，存者存，使本原之地無一毫夾雜，則發於言行，自然處處是道。

見性於行，便處處合天。

即利害切身，亦不當欺人以避，昧己以趨，況無利害之關乎？

庸醫之治病也，藥既誤投，又復以藥解藥，藥毒未去，病已不支。天下事能經得幾個一誤再誤乎？

舉頭天外，高出世表，另起鑪竃，從新鼓鑄，方足以救今日之中國。

每日所作之事須有常程，終身如此，便是大勇，便有大業。

太空如此之大，形骸如此之小，歲月如此之長，百年如此之短。大小長短不可以道里計也，而人竟能配天者，精神也，智慧也，心性也。精神、智慧、心性之不葆，與草木同朽矣！

強權競爭之學說愈張，而世界之禍愈烈。噫！天理無斷絕時，此吾儒舊說也。然乎？否耶？吾將於世界戰爭中驗之。

地在天中亦滄海之一粟耳，況人在地上乎？然人能超萬物之表而上與天通者，形骸小而神明大也。喪失神明，便同草木。

求己者昌，求人者亡。

靜乃萬事之根。

掃除物欲易，變化氣質難。

只論壓制不壓制，而不論壓制之是與非；只論自由不自由，而不論自由之是與非，大亂之道也。

無論何藥，皆須投症。與症相反，雖神丹亦足殺人。天下事類此者多矣！

盛德，容貌若愚，容貌不愚，是德不盛也。予滋愧矣！

勸善於粥廠中易，勸善於戲園中難。今之欲以講學轉移世運，動援曾文正以爲先例者，志固可嘉，而究不得謂之知時也。曾之時雖海內糜爛，而紀綱未壞，人無歧途，痛苦之餘良心易見，故一呼而天下響應。今則綱淪法斁，愈恣肆則愈榮，愈猖獗則愈利。興高采烈，方夢夢然認賊作子，群欣欣然以爲得計。雷霆震之不爲功，而謂能大聲呼之乎？

愚柔之質，欲近強明。人一己百之功，不可少也。

必勢均力敵而後有公法、公理之可言。

不以不仁不義爲憂，只以不富不強爲恥。戰爭無已時，人道不滅絕乎？物極必反，而後孔孟之說勝。

即十年讀書，十年養氣，而閱歷未深，亦不可輕發言論、妄議世事，恐毫釐之差惑世誤民，其禍無窮也。

窮莫窮於無道德，苦莫苦於無可談道德之人。

納小人於肆無忌憚之途，而使君子無容身之地，新法之淪胥,世界將何所底止乎？

盧、孟"民約""民權"之説,霍胥黎"適者生存"之旨,不善用之,其流弊能使世界無人類。

麟鳳寧自絶於人世而不爲雞犬者,性不可移也。

君子之所憑依者,仁義道德耳！舉世無仁義道德,則君子如失水之魚。

一真百真,絲毫無僞,是處末俗之聖藥。

凡事之迂回曲折、不得循軌道者,從欲而行者也。欲屈理伸,則直截了當矣！

意氣用事,便入迷途,日與世俗人較量得失而不自知,哀哉！

營營焉日求致富之方,而致富之本日以喪失,世之人往往如是。

今日之以爲非者,安知明日不又以爲是；明日之是者,安知他日不又以爲非。天下之事無定而是非亦無定。有定見者認真理而已。

業莫大於造天,事莫小於利己。

血氣不凝定,遇事浮動,當以神鎮之。

不爲而後可以有爲。有爲之力小,不爲之力大。

"葵丘振矜,叛者九國",故戒懼是立命之要道。

純以天行,不雜世故,居上得權位可以致太平,而不可以居下。

是非、得失、治亂、興衰,氣爲之也。離氣則無是非、得失、治亂、興衰之可言。故超然物表,是爲至樂。

物質愈文明,則去天愈遠。去天愈遠,則人禍愈烈。

知識是愛根,愛根是禍根。超然於萬物之表者,其唯天乎？

得意之人喜言人，失意之人喜言天。

觀其人之性情，即可以卜其人之福命。

少有利害得失之關係，則其人之性情、心術、器量、才智無不畢露。平日之言論，不足以見人之真。

凡人事業之成敗，其末在才智，其本在性情。

大事當前，平情任理以處之，成敗得失之念不攪擾於中，則過人遠矣！

血氣用事，萬事不成。

誤用《詩》《書》者抱迂說以自腐；借用《詩》《書》者假經術以濟奸，儒效如此，《詩》《書》焉得不廢？

事當極細時須謹小慎微，事到萬難時要委心任運。

須視天下無可忽之事，尤須視天下無可戀之事。

我國無來復之機，復之機其在亡後乎？

天理好生、好成，天氣好殺、好損。

視天下無細事者可以言事功，視天下皆細事者可以談道德。

天道無一息之停，亦無一絲之亂。人之法天者，須從勤敏而有條理處入手。

萬事紛來，一絲不亂，便是致太平手段。

一几一榻，一筆一硯，安置得所，便是經綸。

天之於萬物也，即一草一木皆有條理，天下之亂出於人。

不能殺人者不能生人。

不能知小人之情狀，不能防小人之機詐，不能破小人之逢迎，作事必為小人所累；不惟事不成，而且有辱身喪名之害。

小人不可與為緣。

試之以利而動者，其人不可與有為。

天下之至詐,天下之至愚也;天下之至拙,天下之至巧也。

事理不通,無遠見者往往以愛人者害人,以任事者僨事。

孔子之道不囿於一偏,能渾淪,能涵蓋。

無人見,無我見,超然高出乎形骸氣質之表,以真理衡天下之是非、得失,則人類皆兒戲矣!

處形氣之中,而超出乎形氣之外,至哉尼山乎!

超出乎形氣之外,而不離乎形氣之中,至哉尼山乎!

驚天動地之事業,皆偶然事。

貪目前之小福而忘將來之奇禍,智者不爲。

凡遊藝之事,往往有祕訣、有真傳,如書家之有書法之類,不得真訣,藝不能精。

藉爲官以自營,視藉爲官以治人者相去甚遠,至藉爲官以害人,盜賊不如矣!

《孟子》以擴充四端爲保四海之具。其在先天,四端皆根於惻隱;其在後天,四端皆根於羞惡。羞惡之心之日少,則無惻隱、辭讓、是非之可言,故人心羞惡之良之多寡,實關天下之安危。

鏖喪廉恥,是敗壞名教之利器;敗壞名教,是敗壞治安之利器。

有猷、有爲、有守,大智、大勇、大仁,要作人須要如此。

盛世多吃苦人,衰世多耽樂人。

凡事皆有天然一定、不得不如此之勢,是謂真理所在。識此則聖,違此則愚。

世界,一濁區也,神遊於萬物之表則樂。

人生第一至寶莫如良心,人類第一大事莫如擴充良心。

有人欲而後有人事。人欲縱恣,人事不平,而大亂作矣!制天下之人欲,則天下爲樂國。

常人活一日退一日,聖人活一日進一日。

不動聲色而能使人就範圍者,神勇也。

以言飾非者,良心之未泯者也。然知其爲非而不能内愧,不能自改,反欲以言語勝人,一若言語能勝人,則己遂無可非之處,斯則愚人之愚也。

天只有天之性而已,人得之而爲人,物得之而爲物,極無量數、不可思議之人人物物發育於一時,而力未有不足,神未有不周,整齊畫一,各如其分,大哉天乎！何其簡而易也！

非常之事,必須非常之人得非常之時方能做。

志要大,器量要大,見識要大,而世人偏不大；話不要大,神氣不要大,排場不要大,而世人偏大。

利之外,天下無大事,充此見解,人相殺矣！消此殺運,莫如輕利而重義。

所當重者,雖毫釐而不苟；所當輕者,雖萬億而不顧。君子之於財如此。

心境之潔淨與否,於夢寐驗之。

孔子言："中人以上,可以語上；中人以下,不可以語上。"至哉言乎！不獨論學爲然,即治國亦何獨不然？擾擾萬衆,大率皆中才耳,必可以語上之人日多,而國事方能日起,國家之程度原視國人之程度爲低昂也。

於人事得失無所欣戚,則魂夢自清。

吾友王建侯之亡,吾不復得聞己過,思之惘然。

人之聰明才智隨精神爲大小。精神者,聰明材智之所從出者也。

風雲變色，吾志不變；天地動搖，吾心不動。打破生死關頭，方不愧鬚眉男子。

處亂世須時時閉目想捨生取義之樂，到用着處便可從容就義。否則降志辱身，神明之痛苦甚於無間地獄。

《孟子》"捨生取義"一章，要熟讀，要深思。

臨難工夫，要練習於平日。

萬物成之終，便是毁之始。

天一也，而人各一天。

天之體不變，天之用極變。人須有不變之德、極變之才。

有以不欺欺人者而人情愈險。

不愧恥到背上有汗、枕上有淚，則不爲近裹切己之學。

人無專長，生計便拙，生計拙則爲庸流矣！

無古今、無中外含生負氣之儔，擾擾者皆爲利耳！窮天地、亘萬世，獨超出乎塵界之表而不以利爲利者，孔孟之學、人道之極致乎？

神明不能馭形骸，則身不修；君子不能制小人，則國家天下無由理。天地之道，陰從陽，陽統陰，盡之矣！

吾愁苦之時，以爲天地萬物皆愁苦境也，而不知笙歌絃管而樂者正自無窮；吾喜樂之時，以爲天地萬物皆喜樂境也，而不知刀兵水火而憂者又復不少。憂樂同時而不相妨者世界之大也。故人之胸襟不可不大，大則無不容也、無不包也。

一身之陰陽不能自調，一身之造化不能自主，而欲參贊天地乎？

置金臂銀牙於土偶，土偶如故也。故學問之得力在乎全體變化，矜一端之知解者，土偶之金臂銀牙耳！

作事須留些小疵被人謗議，乃所以全其天也。

天道惡盈，人情妬善。

陰不能驟陽，陽不能驟陰，皆積漸而然也。人事之盛衰，亦是如此，故智者慎其機。

宛轉遷就以徇私情，而天理遂無容身之地，而萬事無真是非矣！故天下萬事只敗壞於一個"私"字。

走肉行尸，雖生猶死；丹心浩氣，雖死猶生。

學力到純熟、充足時從心所欲，無不如志，稍有不純熟、不充足處，便有形跡，便不自然，作出來便難恰好。

哀莫哀於鑿其天。

聖賢者，天地之精華、國家之元氣、生人之命脈也。精華竭，元氣衰，生人之禍至矣！

先天而天弗違，後天而順天時，惟至聖至誠者能之，此外學說家皆隨世運爲轉移，是聽造物低昂者也。

造化只是整齊專一。

都是被世運轉移者，誰是轉移世運者？

朋友不得人，則交遊無樂趣，而況國家天下之中皆不得人乎？家國天下之不得人，則世界無樂趣矣！

釋、道、雜家以及近世學說亦皆言之成理、持之有故，然致遠恐泥君子不爲，要治天下非孔道不可。

桀紂時之麟鳳不因桀紂而爲雞犬，孔孟時之雞犬不因孔孟而成麟鳳，物各有定分也。

受天之性以爲人，猶領人之本以爲商，臨終算帳，各各賒本，可懼哉？

專心思才力以娛樂氣體，不暇顧神明，而神明喪失矣！人皆曰"予知",誰其信之？

氣體者神明之舍也。娛其氣體，是剝削神明之舍也。

有形質，便有毀壞。日月山川，天地之有形質者也，故亦有毀壞時。不毀壞者，所以爲天地者也。

天事一絲不苟，人事苟焉而已。

眼底風雲誰能造命，心頭造化可以配天。

毀紀綱，敗壞法度，使君子無以制小人。君子之不幸而小人之受禍亦不遠矣！《易》曰："小人剝廬。"

人事無十分圓滿者，做到七八分便已出類拔萃、非人所及。作人亦然。

君子貴神志之暢適，小人貴形骸之暢適。神志之暢適須理得而心安，形骸之暢適必縱欲而敗度。

君子求神志之暢適，而形骸可捨；小人求形骸之暢適，而神志全亡。

任事者不當言天命。

地球，亦太虛中之一彈丸耳！彈丸上一人一家之憂樂，在太虛中爲有事乎？

時俗習染中，於不知不覺之中發於不知不覺之候，害道傷性莫此爲甚，可歟！

近天者遠人，近人者遠天。近天而不遠人、近人而不遠天者，孔子也。

細檢生平所讀之書，多未卒業，而年齒已衰，殊覺愧憾！

生平於各種學術亦能略識徑途，粗窺堂奧，但恨不能至之，可恥孰甚！

使人畏，不若使人愧；使人愧，不若使人感。

操持之鬆懈，何時不入於泥塗？念慮之離奇，頃刻便成爲禽獸。人生數十年，亦至危之境也。

莊子曰："喪己於物，失性於俗者，謂之倒置之民。"

人之心境能通天澈地，大之至也，故與天地配而稱"三才"。

任天而動，任理而行，不必趨避，而自無利害之可言。

生財固難，用財尤不易，用財亦有從理從欲之分。世之用財者大抵從欲者也。

無論處富貴貧賤、夷狄患難，而以隨處盡道爲自得者，孔孟之學如是！如是！非老莊"曠達任運"之説也。

遇事之小小利己或小小不利己者，心雖不動，然與平時不同，不同即動之根也。可愧！可愧！

卷　　六

民國七年（1918年）

求隱反顯，求闇反彰。虛名誤人，塵心未净。思之可憐、可笑！

言理過高，出語必奇，學術之患，誤盡蒼生。

事天之學，問心而已。人世之是非、毀譽，後焉者也。

浩然之氣，從問心無愧生來，故曰是集義所生者。

慎言語，寡交遊，處亂世尤當如此。

往者以明道《定性書》"怒時遽忘其怒，而觀理之是非"爲切中己病，引爲良藥，以求無過。今忽忽二十餘年，人老學荒，回首捫心，了無進境，足以見體道之難，而此生之不免於虛度也，可哀也夫？

無愧於神明，此樂不可以言喻。

姑息之愛，害我者也；求全之毁，愛我者也。

君子反躬之學，雖處憂患、遭侮辱，亦莫非進德之地。

有所未善則改之，無歉於心則加勉。進德之法，莫要於此。

血氣之怒不可有，義理之怒不可無。

翻徧聖經賢傳，千言萬語而不能化意念之妄、氣質之偏，更從何處説學問乎？愧煞！愧煞！

氣不可輕，時時要歛。

侮辱之來，是天之所以教我也，不得怨人。

出言不當，由於心放。

吾輩百般病痛皆由心放。心放則妄，妄是萬惡之根。

人須規模大，須有含天蓋地氣象。

道理移步換形，各有所宜，無精義之學，便難得當。

因閱歷經驗而會悟之書，勝讀箋注萬萬。

難得直、諒、多聞之益友，莫如尚友古人。尚友古人，莫如讀書。

以言行之是非卜躬行之得失，猶外焉者也，當以此心之是非卜此心之得失。

日用間，言語動作、處事接人，在在存心，一一留意，使之皆得其當，便是學問。

讀倭文端《日記》，以"反身修德"之語撫躬循省，覺疵病百出，始知近年來務外徇人，於省身克己之功殊疏懈也，可懼！可恥！

夫子言："樂驕樂，樂佚遊，樂宴樂，損矣！"前歲閏歡雅集之設，回頭猛省，適犯夫子之訓，德之不修，其以此歟？

重公事如重私情，事未有不濟；徇公理如徇私欲，德未有不成。

精神不能內斂，心氣虛浮，讀書弗克深入，是程子所謂"老而衰"者也，可恥！

心中常有戒懼意，便是敬也。

我不自愛，而欲人之愛我乎？我不自重，而欲人之重我乎？君子之學，責己而已。

時時伺吾之隙，攻吾之短，使吾不敢妄言、不敢妄動，夾持進德之效捷於讀書十年，敵人怨家即是嚴師畏友。

老不足悲，老而衰可悲；老不足恥，老而衰可恥。悲其不學，恥其不學也。

倭文端言："只一個畏窮怕死心，遂令氣節不振。"讀之令人悚然汗下。

近來從新警惕，加意研窮，始知數年來德之不修、業之不進，皆由於工夫鬆懈，仍是在世俗人窠臼中虛度光陰也，慙愧欲死！

心放便輕喜輕怒。

歲云暮矣，於道無所見，於業無所成。回首半生，直是悠悠忽忽作得個俗人耳！及今晚，蓋須要有惟日不足之志方可。

如貓捕鼠，如雞伏卵，此意須念念不忘，所謂"必有事焉"者也！

窅寐隱微之地，有自喜自是之心便是驕，不待形於容貌、辭氣間也。

陳文恭公言："橫逆之來，正可以此爲熟察人情、克治身心之地。"諒哉斯言！此君子之學所以無入不自得也。

學不歸源於心性，即讀書萬卷，於己何涉！

倭文端公言："此道無如雞伏卵、如貓捕鼠，洞洞屬屬，一番真精神焉能湊泊？"斯言也，今知之矣！悠忽度日，道自道，人自人，終日言學，豈非口頭禪耶？刻刻不可忘，處處不可懈，予滋愧矣！

"是非審之於己，毀譽聽之於人，得失安之於命。"此陳文恭公之名言也，須時時誦之。

血氣之衰，足爲神明之累。少年不學，老大傷悲。嗟何及已！

如惡惡臭，如好好色，務決去求必得。學道之人必要有此意。

一部《禮記》，開口便言"毋不敬，儼若思，安定辭"，學者之爲學，可以知所從事矣！而堯舜以來，孔、孟、曾、思一脈相傳之要，亦於此而見，其更無二道也。

時時有畏懼心，是立命要道。

不敬則與道爲二。

予三十後始識爲學門徑，忽忽十餘年，回頭循省，只是務外徇人，若不及今努力，則虛生浪死矣！

有一毫怨尤之心，便不能責己。不能責己，烏能下學？不能下學，烏能上達？

一時見到者，十年做不到。

劉念臺先生，人譜其學，自與程朱不同。其《類記》不知何人所編，多雜因果報應之說，不似儒家語。

教忠堂刻本謂《類記》亦念臺先生甄錄者，可疑。

念頭愈出愈奇，此所謂妄也。離了"敬"字，別無治妄念之法。敬之工夫嚴密則妄念少；疏懈則妄念多。

妄念不僅動於欲，有發之最無因而最奇、最可笑、最可惻、最可駭愕者，如道家所謂魔是也，似有意嘗我、試我而破壞我也者。此魔不死，我便亡矣，危哉！

人事日繁，工夫便易忘。總以省人事、多讀書爲要。

芮城薛仁齋先生《靈峽學則》《養正俚吟》二種，朱子嫡派也，亦是奉小學如神明者，可佩！可佩！

小學之益人，全是一"敬"字工夫。

近日體察"莊敬日強、安肆日偷"之說，覺"敬"字工夫不獨益人神智，亦能強人筋骨。篤信其言，而身體之勝於求醫服藥。

氣質之不善，每於喜時怒時見之，故化氣質當從不輕喜、輕怒始。

收斂、凝定最要。

做"敬"字工夫不得力，不如存恐懼心。

道無止境，學無歇時。

氣體不厚，難於凝道。

生機所到之處，便是有氣質之處，無氣質便無生機矣！故天亦不外乎氣質。

性猶火也，氣猶薪也。無薪，火無從附，即無從見薪燃火發；光焰不同，猶性之發而爲情也，是薪之不齊，非火之不一也。

天以陰陽五行化生萬物，天又是何物化生乎？

不到剝窮，不能來復。

學問愈有聲色愈不真。程朱之聲色不如陸王，《論語》之聲色不如《孟子》。

近世之言學者動引佛書，似不如此不足動人也，亦可以見人情未有不好奇者。噫！《中庸》不可能也！

人數十年不能做成一事，即做成，畢竟多缺憾，不能盡善。天頃刻便生萬物、成萬物，整齊畫一，絲毫不亂，其相去尚可以道里計耶？知此可悟聖人之所以配天者不在事功，不在才智。

父母之於子也，雖至庸劣，未有不愛之者。世之人皆吾乾父坤母之子，而與我爲兄弟者也。遇庸劣之人而惡之、賤之，謂能體父母之心乎？

父母之於子也，無不望之爲賢才。庸劣敗家，豈父母之心哉？造物之於人也，無不望之爲賢知，愚頑混世，豈造物之心哉？知此則知造物非不願生人才，而人才往往缺乏者天地精華之氣亦有限耳！

老者安之，朋友信之，少者懷之，聖人之志無非令人人得所耳！故學者必須有濟物之心，方是聖門嫡派。

不自柔者不剛，不自小者不大。

恐懼心不可一刻忘，然遇恐懼事卻要不恐懼。

人人以太平望天下，不知一身之內亦日日不太平。天理，主也，人欲，賊也。主賊交戰，主勝則賊退，賊進則主亡。惟上知與下愚不戰，上知無賊也，下愚無主也。

有生機便有氣質，有氣質便有污濁。污濁亦與生俱來者也。

合六合內之陽氣而生太陽，無極而太極也。有太陽而後有太陰，分而爲陰陽也。有陰陽而四時行、百物生，生生化化，無窮期矣！所不可解者，未生太陽之前，六合內之陽氣從何而來乎？

人有慫恿爲地方作久遠事業者，雖不承認，卻有喜心。喜事之性不改，是不能自晦之病根也。

聖賢無不能立己而能成人者，立己工夫須從隱微處嚴密課之。

邪氣所生之物，喜邪惡正。

義理之性，即在氣質之中，非離氣質而言也，離氣質而言，則二之矣！二之，則不是。

同在氣質之中，義理之性，本然者也；氣質之性，後起者也。

性無形，乘於氣而著，猶火無形，麗於物而見。物之質不同，故火之發有異。猶氣之體各異，故性之發不同，然不同者情也，非性也。猶各異者燄也，非火也。

躬行仍在於心，非外面義襲之謂也。

天之內是団圇一個生氣，故無處不生。所生之物萬有不齊者，稟於地之氣者不同也。

有聖人出，納物質文明於仁義道德之中，鼓鑄一中外一家、前古未有之天下，亦盛業也。

讀程朱書，得其敬毅之致；讀陸王書，得其超曠之致，皆受用不盡；然超曠非盡人所能學也。

天之內之囫圇一個氣，即是囫圇一個性。氣之中生一物，物之中即有一性，故性無不在。

太元中無時不生、無處不生，蓋有不得不然者在。以一個不得不然分無量數之不得不然，無量數之不得不然亦各有一不得不然者在。

在世俗口中討一"好"字易，在聖賢心上求一"是"字難。

同一達觀也，君子則輕禍福利害之念，可以隨遇而安；小人則無是非善惡之心，必至毫無忌憚。

薛文清言："物無有大於理者，天地雖大，亦一物耳！"是固然矣！所不可解者天之外亦理乎？理又從何來乎？

生天生地者理也。理何從生乎？生於自然。

讀書半生，志在希古。回頭猛省，於古人道德、文章、事功、節義無一可企及者。虛生浪死，憝憾何如！

不致力於書策，則無沈潛之功；專致力於書策，又無超脫之致。

尤悔之來，勿在尤悔處着意，所以致尤悔者言行也，須於言行上求之。

近來讀書，始覺有門徑，惜乎老矣，不能竟其業。

言貌間渾拙不如人者往往成大事。聰明伶俐、處處勝人者不如人者也。

能好善，能服善，是絕大美德。

於先進之善而服之，於後進之善而好之，猶非德之盛也，必也於同等同名位者之善而好之、服之，則德量之過人遠矣！

理麗於氣而行。氣有駁雜，而理之行者亦不純；氣苟衰弱，而理之行者亦不强，氣顧可忽哉？成性而後，全要在氣上做工夫。

道德藉勢利而行者也。勢利薄弱，道德之行也難矣！

有可賀之死，有可吊之壽。

悔過之心太甚，心境激蕩不平，將不免過上加過。故程子言"亦不當長留在心胸爲悔"。

《孟子》"勿忘勿助"，勿助尚易，勿忘甚難。

欲勿忘便不免於助，欲勿助又不免於忘，故曰："敬而勿失，在勿忘勿助之間。"

靜時易助，動時易忘。

格致之精，器械之巧，造世界最便之福，即釀世界最奇之禍，將來恐福不敵禍，莫能測其所以救之法。

不可以語上而語上，失人失言，謂之智乎？

天下無理外之物，無理外之事，故君子無衆寡、無小大、無敢慢。

不動心於毀譽者，是真務實者也，是真爲己者也。

人不自愧、自恨，工夫便鬆懈，故聖人言"發憤"，"憤"字要體帖。

不發憤便自寬矣！自寬是下達之基、萬惡之根。

世故日深，遇事不免用智。俗情進一分，真性退一分，可恥！

《中庸》言"不誠無物。"誠者所以成己、成物之本也，用智則喪本矣！

義理要爛熟於胸中，方能左右逢源、觀其會通，不能爛熟，只是居敬窮理之工夫歉也。

總覺得內外兩截，不能合一。

從身心推勘病痛，當愧悔時，忽憶聖人之言與自家病痛切合者，其親切不可言喻，是爲人與書合才算明白，不如此便是滑口讀過。

另鑄乾坤，別成風會，機器之力，世界前後一大關鍵也。

內外合一、動靜合一、體用合一，總之要理氣合一。

理一也，而施之於用、見之於事，則百千萬億移步換形至不一矣！此處見以爲是，至彼處則又見以爲非，欲處處求一至當之歸，至中至正之準，而使之皆是，豈易言哉？此致知之所以先於誠意、博文之所以先於約禮。

自古聖賢惟孔子門弟子最盛，得其傳者多。

行所無事而皆是者天也；但是人，雖孔子亦要勉強。

但是圓顱方趾之儔，孔子視之皆人也，皆有使之得所之意。

萬物一體之量，非孔子之學而能然乎？

莫公於天，惟孔子能體之。

孔子之學，可以主持世界。

讀書之樂，莫如義理悅心。

爲學無堅忍刻苦之意，便無入路。

人在天之中，猶魚在水之中。魚之腹中腹外皆水也，猶人之腹中腹外皆天也。

今年雨澤應時日，昨出城，高高下下，滿地黃雲，大有年也。因口占曰："還是天公大業多，偶然樂利滿山河；翔風膏雨渾閒事，任爾蒼生鼓腹歌。"大哉天乎！人之所以能配天者果安在耶？

以形骸言，人至小也；然在一室之中，便能頂天立地。

荒年食量大，亂世壽命長。形骸之害爲心害矣，危乎哉！

有富得可憐的，有窮得可愛的。

理氣合一者聖人也，理能敵氣者賢人也，其次則役於氣而已。

不可自信，不可不自信。自信者自是也，必自畫也。不自信者不自知也，將不能自立也。

自問亦在當罵之列，而罵世乎？

程明道有句云："道通天地有形外，思入風雲變態中。"薛文清《長沙道中》云："忽悟天無際，方知道不窮。"學者不可不有此胸襟。

超然於形骸之外，便可配天。

曾文正《養晦堂記》曰："君子之道，自得於中，而外無所求。饑凍不足於事畜而無怨，舉世不見是而無悶。"推勘吾儒之學到至極處。此孔子之嫡傳也，讀之憮然自愧！

相近之善不敵相遠之習，天下之性之善者遂微矣！

人到得意時無恐懼心、無憂危意，便有禍災，天道惡盈也。

我之軀殼內，心也、肝也、脾肺也、腎也、大小腸也，各有界址，各有微蟲。其微蟲之各據界址，各爭得失者，擾擾焉忽喜忽怒，忽憂忽懼，而不知其生機之所從來者以有我也。我亡，則彼無世界矣！我又不知我是大元軀殼內誰家之微蟲也，思之不覺失笑。

五臟六腑中微蟲失序，能喪我軀殼，故人能擾亂天紀。

以世俗人說聖賢，將聖賢說成俗人，不然便說成鬼怪。

氣者萬禍之源，理者消禍之本。

大元之中無氣不生，與之俱生者即所以爲禍者也。

有可欽可敬之貧賤，有可羞可辱之富貴。

置身過高，立志過大，而居下位，斷難諧俗，倘不矜慎，且不免召忌取禍。

莊子言："古之至人，入獸不亂群，入鳥不亂行。"是遵何道哉？

要斬釘截鐵作個大丈夫，藕斷絲連最誤人、最害事。

優柔不斷處仍是欲，純理則斷。

人於外物無不愛，惟不愛自家身心。

小人之利人，仍是利己。

天之生才，往往阨之，使不能竟其才，諸葛武侯亦英雄之小試者。

三代以上，封建之天下也；秦漢至清，郡縣之天下也；過此以往，將爲世界之天下矣！世界之天下，將何以治之？

師道不立，友道亦亡。

以責人者省己，未有不成聖賢者也。

世人説話，句句言利。

稍任氣，欲便長，須時時從理。

名心即是利心，爲己真切者只求自得，仰不愧、俯不怍而已，何有於名？

至人之言在臍，故深沈而詞寡；庸人之言在喉，故淺露而詞多。

盤鬱幽憂中此志不磨，便有真得。

百歲光陰，零星過去，如用錢。然無一用得其當者是謂虛生。

人以爲萬古不朽者有時而亦朽，此天地之所以爲大，來者之所以無窮也。

"逝者如斯夫，不舍晝夜。"無一息之停，無一刻之懈。萬古遷流，無一物不由此而生，無一物不由此而化，即生即化。即化即生，何物不生？何物不化？

被生者生，被化者化，雖天地亦不免。

吾夫子能知天而不言天，以人事勉人而已。

世界之人禍烈矣！非有頂天立地之人，焉能爲世界造福？集古今聖哲之大成者，其頂天立地之人乎？微斯人，吾誰與歸？

下者謀溫飽，上者縱嗜欲。在家國之中，誰是務正道者？

常人一日之中營正業者無一二時，大抵閒談虛度之光陰爲多也。能於一日之中用心於正業者有三四時，則六十年中便已較常人多活一半矣！

神餘於形，便是偉人。

能代四萬萬人降伏其魔力，方能爲四萬萬人造福。

以天觀之，地球之成毀亦旦暮間事耳！人生數十寒暑，何足道哉？

淪聖賢於塵俗而不能得志行道，是天因也。

在人世須要做人事，高言天事者凶。

老子言："天地所以能長且久者，以其不自生，故能長生。"是以聖人後其身而身先，外其身而身存。知此意者可以言公德，可以謀公益。

不知公益之益者，其國不能存。

君子之應務也，見天則喜，見人則悲。

時時存戒懼心，可以養德，可以免禍。

真金愈鍊而愈粹，真麝愈磨而愈香。

樂則生悲，悲則生樂。熱則生冷，冷則生熱。

前歲慕少堂以所著《尊孔論》問序於予，予爲之書曰："癡心子遊於烏何有之鄉，見夫芸芸者相與擲機毀梭，拔苗燔種，日以布帛之束我形軀者爲可厭，菽粟之養吾口體者爲甚庸，必欲斷絕，使不復見於人間而後快。癡心子愕然驚、戚然憂，大聲疾呼，騰口説以與芸芸者争，脣焦舌敝，訖不見聽。居亡何，其鄉之人死於饑寒者日有所聞，久之以凍餒死者相枕藉。其父老子弟憶癡心子之言，瞿然而起，一絲一粟必貴、必珍，不百數十年，其鄉之重布帛菽粟更甚於他鄉，而癡心子不及見矣！少堂殆癡心子之流亞歟？"

天無私覆，地無私載，聖人以之。

不能去人之私，不能治天下。

聖人知天而不知地，天道一也，地道不一也。

天事尚真，人事尚僞。君子近天，小人近人。

受小人之私情，藉公事以酬報，公事日以壞，而己之法令亦不能行。所受者幾何，而誤公誤己至於如此？即以得失言，得不償失者亦甚大矣！世之爲人上者乃甘心犯之，可慟也！

人最怕無胸襟，無胸襟則無人品、無事業，一無所有矣！

不能制一己之官骸，休言作人；不能治天下之群倫，休言治國。溺職貪黷之官，遊手獵食之民，盜賊之母也。故天下非亂於盜賊，實亂於盜賊之母。

人，地之蜉蝣；地，天之蜉蝣；天，道之蜉蝣。惟道無息，道生於自然。自然者，不得不然者也。不得不然之所以然，不可思議矣！

溫飽爲豪傑以上之士所不屑道，而世之人終身營營於衣食而不得入於溫飽之途者比比然也。人之度量相越，爲何如哉？

子弟無專長，便是家之累，亦是國之蠹。

大抵是擾亂乾坤者，整頓乾坤者曠世而不一遇，天地之平成也難矣！

當富貴可恥之時，餓死榮於苟活。

愈貴愈辱、愈賤愈榮者，時也。

勤敏者之一日便勝因循者之百年，故才智兼人者是歲月不虛度者也。

賢聖之爲官也，爲閭閻伸天理；流俗之爲官也，爲形骸縱人欲。

政治有國界，學術無國界。

事有人我，道無人我。

陸務觀言：“天下本無事，庸人自擾之。”吾爲之下一轉語曰：“當下便有事，庸人自廢之。”

富貴濫，天下亂。人能窮，天下平。

有轉移天下之心，無轉移天下之力；有轉移天下之力，無轉移天下之道，皆不足以轉移天下。轉移天下者，力餘於天下、道餘於天下者也。

不能制怒，非自勝者。

世之人何其惡榮而好辱也，求己則榮，求人則辱。不求己而求人，非惡榮而好辱乎？

有絲毫利己心，事業便不能大。故曰無所爲而爲者乃可以不朽。

聞言便知言，遇事便解事，方是大人物。

眼光要遠，胸襟要闊，見識要明通，腳根要堅定，言語要切近平實。

超此心於萬物之外,而後可以理萬物;遊此心於天地之外,而後可以觀天地。

爭出於無理無法,理明法行,何爭之有?

精神内斂者強人也,民志下定者強國也。民志上騰之國,猶虛陽上越之人。

常人之所樂,君子不以爲樂也。君子之所樂者,使萬物得所而已。

常人之心在形骸,君子之心在天下。故常人之欲私,君子之欲公。

温飽而外無心情,嗜欲而外無志趣,爲民且不可,而爲士大夫乎?

觀理終是不熟,奈何? 奈何?

德威不足以服一國,權位不足以持一國,則力不能勝一國也,不必言治國。力能勝一國者,治一邑而有餘;力能勝一邑者,治一家而有餘。所最可痛者,力不足言有餘。

無一時一處不是見道之地,而往往不能與之湊泊者,何也?

國之人無貴無賤,一日之中用心力於應作之事者踰六時,其國必昌;若不及二時,則國不成爲國矣!

大元中一消化機也,無時無物不在消化中。

事到艱難時要耐得住,事到爛漫時要收得住。

入其國不見有大業,便知其國無人。

制氣莫如恐懼,此聖人之所以明刑也。氣不克制,理無從伸。

勝不矜己,敗不尤人,惟知道者能之。

知道者善柔,善柔者以理勝;昧道者逞強,逞強者以氣勝。

氣無終勝之理,理有必勝之時。

人事之數十百年,在天如頃刻耳!故曰:"堯舜事業,過眼浮雲。"

非常之時不得非常之人,不可言事業;非常之人遇非常之時,而不能乘非常之勢,亦不可以言事業。

道至高,事至卑;道至遠,事至近。求高遠於卑近中方能得之。

大元內無靜物,都在流行轉運中。流行轉運處即是生處,即是化處。

以顯晦爲榮辱,以富貴升沈爲得失,其人可知矣!

將有益於修齊治平之事視若閒事,將有損於修齊治平之事視若要事,如是者十人而十、百人而百,危乎哉身、家、國、天下!

勢之來也,合全世界之人拒之而無力;勢之去也,合全世界之人挽之而無功。故作事不循天道者不知天者也。

聖人知人之不能超然於形骸之外也,故多就形骸以言學。

事之不得其正,由於作事之人性情不得其正,故學莫要於理性情。

人無大小,貴乎能獨立,獨立者,不與世浮沈之謂也;事無大小,貴乎能自由,自由者,不受人牽掣之謂也。世之言獨立、自由者能若是乎?

着一點世俗見解,人品便卑,事業便小。

孩提之啼笑,動以天者也;世故之周旋,動以人者也。動以天則眞,動以人則僞。人無有不僞,天無有不眞。

凡人意念之偏私根於形骸,超形骸而立極,便是聖神。

大元之運行,世界之公轉也。公轉無歇時,故萬事無止境。

世界之治亂,國家之盛衰,身體之強弱,雖曰"天命",豈非人事哉？鑿喪之身體易弱也，洩沓之國家易衰也，競爭之世界易亂也。

被大化運行之驅使，雖合全世界之人，亦不見爲智。

世界濁區也，形骸濁物也。拋此形骸，離此世界，又從何處着我？此是第一難事。

又何必着我，着我之念，仍是形骸之俗見，世界之陋觀。

貧富貴賤，人之得失；賢否智愚，天之得失，不以人之得失爲得失者，事天者也。

以姑息鑿天下之生機，君子不爲也；以嚴毅養天下之生機，君子爲之而不樂也。君子之所樂者，萬物各遂其生、各順其性，而如魚之相忘於江湖也。

天無有不樂，人無有不哀。

人爲萬物之靈，亦爲萬禍之本。

人之殉形骸而求生者不如草木鳥獸！

道無定形，隨處而在。認不眞，見不的，便與之相左。

談人之短則色舞眉飛，聞人之長則意消言阻，世之人大抵如是，當尋究其病根所在。

與人近一分，去天遠一分。

凡人與人疏則相尊，親則相褻，褻則慢，慢則侮，故君子之於交遊也貴乎淡，所以養其尊也。

相親不褻，莫如寡言。

民國八年（1919年）

天之道無遮飾、無表襮，該如何便如何，一日如此，萬古如此，豈有他哉？一"誠"而已矣！

《中庸》言："誠者物之終始，不誠無物。""誠"之一字，體用皆離不得，須時時默察之。

天之道處於有餘，人之道處於不足，故天之發育萬物也。洋洋乎圓滿充實，不見有力不足者。人則修一業、精一藝、成一德，時時在兢兢業業中，不見有餘，即幸抵於成，亦是勉強，亦是徼倖，烏有寬裕優遊之致哉？故人之自滿自是、自處於有餘者，是犯天也，烏得不敗？

道法自然，自然者不得不然者也，有所以使之不得不然者在。

天地相成者也，形神相益者也。

貴不忌賤，長不忌卑，工不忌商，農不忌士。相忌之害，莫甚於同類、同等。

身外之物不足重，須時時覓原來物。

有一時之聖人，有百世之聖人，有千世萬世之聖人，有顯而復晦之聖人，有晦而復顯之聖人。

世運有轉移，故聖人有升降。

蓬蒿與芝草同區，雖萬年而兩不相化。

神會之境大，氣接之境小。

個個求財，珠玉在前而不察；時時談道，周孔在座而不知。人之蔽於自識也如此。

氣當盛時，理不能驟勝，理所到處，氣不能終違，畢竟是理勝也。見不遠，知不真，則淆於氣、奪於氣，亡國、喪家、失身皆由於此。

不能使形體循軌道者，不可以言修身；不能使家人父子循軌道者，不可以言齊家；不能使官民循軌道者，不可以言治國。

須有其人，方有其事。無其人而求其事，是猶未得騏驥而思致千里也。

人者事之根本；事者人之枝葉。有甚麼根本便發甚麼枝葉，故觀天下國家之事，便可以知天下國家之人。

聖人自卑而實尊，庸人自抗而實卑。

功則歸天、過則歸己者，聖人也。下此則功必歸己、過必歸天。

天之道至一，人之情至不一，此天人之所以相遠也。

試之以微利微害，而人之百病叢生。

億萬人非之而不以爲非，億萬人是之而不以爲是者，有真知卓見者也；億萬人譽之而不以爲榮，億萬人毀之而不以爲侮者，有實修、有真得者也。

有行一不義、殺一不辜而得天下不爲者，有行萬不義、殺萬不辜而利一己爲之者，人之相去何如是之懸絕耶？

誠者似愚而實智，詐者似智而實愚。

純乎理者全是生意，屬乎氣者便有殺機。

人愈大愈謙，愈小愈傲。

能造風氣者爲大人。

澄心息慮，可以進學，亦可以永年。

上知之從欲仍是理，下愚之循理仍是欲。

但修人事，不雜私情，則人事即是天理。

爲政不知大體，愛人之法皆足以害人。

失意時防惰氣，得意時防驕氣。

倘無氣質原無我，不見形骸便見天。

無可行之道而得權位，蒼生之不幸也；有可行之道而不得權位，亦蒼生之不幸也。

得權得位而不得勢，道仍不能行。甚矣，行道之難也！

世間事原來如此，局外人其奈之何？

生存競争之學説中於世界之人心者深矣！造因甚大，結果必奇。人類之禍方興未艾，世界之和平托諸夢想而已。

無端倪處，雖絕世聰明不能推測。世間神聖所言、英傑所悟，皆有端倪者也。

世間真學問、真道德、真事業、真文章皆人心天然固有之物，只在我能否見得到、守得定、發揮得出耳！

世間大事，多成於能静坐之人。

心静反生魔，是"敬"字工夫未作到誠處。

禍亂之未已，由於人心之不同；人心之不同，由於氣質之萬殊。禮、樂、刑、政，所以齊萬殊之氣質者也。

一則治，萬則亂；從於氣則萬，從於理則一。

病之中人也，有經累年之醫藥而不能已者，及病已而元氣大傷，人遂不起。故世有養病即以養人之説，小人之憑城附社亦如是。

到投鼠忌器時，器亦危矣！

有護短之言者無改過之望。

常人之護短，幾成天性。

隨處有仙境，何處有仙人？

隨處有至寶，舉世無得寶之人。

無孔顔道德，作不得堯舜事功。後世只兒戲耳！任縱橫世界、馳驟乾坤，外面薄堯舜而不爲，心頭對孔顔而可恥，是猶奴隸富貴、婢妾榮華，何足道哉？何足道哉？

誰是不自欺者？誰是自知其自欺者？自知其自欺，而後可望不自欺。

聖人之心，常思令萬物得所。

人事之强弱，由於天事之知愚。

衆人所知者利，君子所知者義。義之所在，利便隨之，而衆人只見君子之跡，不見君子之心，遂以君子爲爲利矣！同行異情，如是！如是！見仁見知，分量各殊。

使人人能盡職，在家家富，在國國强。

用精神才力於無用之地而自荒本業者十人而九。

激懦夫以舉九鼎，懦夫之不幸，亦九鼎之不幸也。

不得人樂則尋天樂，天樂之樂，非人所知。

此心須空空洞洞，一無所着，有所着便是私，私便言行有尤悔。

有絲毫爲名爲利之心，便難自立。

名利是喪德敗行之媒。

自人觀之，天常有餘，人常不足，其實天道亦處於不足也。

日月星辰、雲霞煙靄、山川木石、花草蟲魚，何處不可以娛人？何物不可以樂我？是天地固自然之園囿，俯仰即勝境之娛遊，而人顧忽之而不覺者何哉？

機械萬能之時，是地球將毀之始。

人類有駁點之分，而其所以異於禽獸者皆幾希耳！駁者不能存此幾希則等於禽獸，點者不能存此幾希則不如禽獸。

無大富、大貴、大權位而欲移風易俗，雖聖人亦徒託之空談耳！

天無有不真，人無有不假。

日統於天者也，故屬陽；月統於地者也，故屬陰。

道德以有用爲貴，無用之道德不能容於大通之世界。

何爲有用之道德？修身見於世也，己立立人、己達達人也。

何爲無用之道德？隨人俯仰而自以爲謙也，與世浮沈而自以爲和也，求爲自了漢不得而自以爲安分也。

世界之學説、意向因時變遷，皆爲天然之運行所驅使，順之則易爲功，逆之則難爲力。

國際之不能無彼此者，情也；不能無强弱者，勢也。以彼此之情處强弱之勢，而争端之出於不自已者，時也、幾也。萬國和平之説，託諸夢想而已。

然則萬國竟不能和平乎？曰：天然之運行未到，吾又烏得其端倪哉？

人謀之和平，和平而不和平也；天然之和平，不和平而和平也。

自五霸假仁義以來，數千年聖經賢傳之至言，志士偉人之奇節、異行、粹美之名稱中外，經邦定國之大法，皆被奸人盗賊假之以行其私，至今日而幾無一真者矣！嗚呼！不誠無物，世界豈將毀乎？

名節自上而隳，元氣由下而損。

處事須無我，立身須有我。

人之知愚賢否、才不才，與所生之地確有所關，故曰"培塿無松柏"。

談天演學者動曰"物競天擇，適者生存"。夫靈芝不適於蓬蒿之地，故蓬蒿滿目而靈芝無種也，將爲靈芝乎？抑爲蓬蒿乎？鸞鳳不適於雞鶩之場，故雞鶩成群而鸞鳳絶響也，將爲鸞鳳乎？

抑爲雞鶩乎？只論生存而不論貴賤，此西人之學所以只知言利歟？

知靈芝、鸞鳳之不適於生存也，則君子之不容於斯世者亦天演之公理歟？

有一毫勢利心，不足與言孔子之學，則孔學之不行於濁世，濁世之不適於孔學亦固其所。苟有人焉，於不行、不適之時有獨信、獨樂之志，則人也而與天近矣！

形骸之樂濁，神明之樂清；形骸之樂小，神明之樂大。形骸之樂，人樂也；神明之樂，天樂也。

超然於火之外，而後可以救火；超然於水之外，而後可以治水；超然於人之外，而後可以治人。

富貴有可恥時，壽考有可悲時。

不信人之長者，己無所長者也；不服人之善者，己不爲善者也。

丈夫生斯世，不能遏抑羣陰，使萬物得所，斯遊戲人間已耳，又有何事之可言？

羣陰日長而日盛，眞陽日消而日微，人類之禍，世界之沈淪，不知何所底止？學說之爲患，更甚於洪水猛獸！

從欲者遠天，從理者遠人。

人無事做，事無人做，人荒事廢，國不能國矣！

君子有未顯之才，小人有未彰之惡，限於遭際也。

天地之精英鍾於少數人，近世之大事決於多數人，此新法之違乎天然、公則者也。

天然之公則不能違，違則殃。

天之生人，賢智之數少，愚不肖之數多。以多數持世，則賢智無噍類矣！賢智無噍類，則生人之禍無窮期矣！

第十九世紀而後，世界之文明機器成之，人類之慘禍亦機器造之也。

齊、治、平之本只是一個"公"字，格、致、誠、正、修只是爲"公"字做工夫耳！

君子之欲公，小人之欲私。

任有如何奇勳偉烈，要過而輒忘，絲毫不留於方寸，所謂"堯舜事業，過眼浮雲"者也，如是則能超然於人事得失之外，可以言眞樂，可以出塵網。

電力、汽力、機械力，劃古今爲兩界。前世界，人力世界也，後世界，器力世界也。

同一才能，而胸襟識量遠大者，才能亦因之而遠大；胸襟識量卑凡者，才能亦因之而卑凡。

天以陰陽生萬物，人以喜怒成萬事。陰陽乖則宇宙之剛柔變化、進退運行皆失其序，而萬物不能生；喜怒乖則一身之剛柔變化、進退運行皆失其序，而萬事不成。

造化生生之力，全注於星球。宇宙事業之大，莫大於星球。星球可測，宇宙不可測，大哉造化乎！

渾淪圓轉而無已時者，天也。圓轉不已之時，即生生不已之時。

以一圓而生無量數之圓，生者無已時，滅者無已時，大哉天乎！不可思擬矣！

不以孔子之學主持世界，則所謂人道主義者無從說起。孔子之學，人道主義之極致也。

精神不能貫注一家者，不能治一家；不能貫注一國者，不能治一國。

才識不周於一家者，不足以治家；才識不周於一國者，不足以治國。

宇宙，一天然機器也，太陽爲鍋鑪，鍋鑪無歇時，制造無已時。

明心上之道易，合事上之道難。

處處是見道之地，刻刻是行道之時。

便溺，至濁也，遺之犬豕則喜；珠玉，至寶也，投之禽獸則驚。

朝朝暮暮，斷送流光，多活了一日，是多消了一日。道無所明，業無所成，徒抱此血肉之軀，在塵網中作數十年拘囚，可哀也夫！

邵康節詩云："美酒飲教微醉後，好花看到半開時。"是見道之言。世之知進不知退、知存不知亡、知得不知喪者，皆不解微醉、半開之妙者也。

人人以爲世界之平和在歐戰告終之日，不圖歐戰告終，仍伏世界大亂之機。天演之不可以人測如此。

以機器萬能之力，萃百千萬人之群，而又濟之以生存競爭、平等自由諸學說，世界有寧日乎？

遇一事一物不能處之恰好，便是見道未真、體道未熟之驗。故學者不可高談性道、輕視事功，須於事功上求性道則性道真，於性道中發事功則事功正。

泰西自强之法，中國用之，皆爲自取滅亡之道，是不可不求其故。

非道不可見，是私不能去，去私則人人能見道。

聖人之治天下，有一定之軌轍，其威德能合天下之人，驅而納之於軌轍中，則天下一家、萬物得所矣！出入軌轍之人愈多，則天下愈亂。

立法易，行法難；行法易，守法難。

大化流行，生機鼓蕩，觸處皆成血氣之倫。成世界者此血氣，誤世界者亦此血氣也。

近人論世界學術，以哲理、倫理、物理分爲三大綱，頗能得其要領。

學莫要於即事即道。即事即道則道不涉於空虛，事不誤於人欲，事未有不理，道未有不行。

卷　　七

民國九年(1920年)

須時時觀古人之高於我者，則愧憤之心不忘，而德業可進。在流俗中爭得失，便日退矣！

宙合之內，惟星球爲最多。

大莫大於天，多莫多於星球。生不可思擬，無量數之星球於太虛之中忽消忽長，或短或修。一球一久暫也，一球一升沈也。

人巧所成之物，因時地之程度以爲優劣。人力有故劣，而不能强優。

能盡爲人之道，是謂聖人。

孔子之道不行，人群之禍未已。

聖人不過能盡人道而已，非有餘於人也。

凡人之議論，便是天然之賞罰。自鄉愿成風，而天下無公是非；自歐學競化，而天下無眞是非。是非不明，賞罰斯廢，天下遂入於肆無忌憚之途，而人類之禍將日演日進，已有不忍言者矣！況又是非倒置乎？

"六經"所言皆人道耳！人道滅絶，孔教自亡。扶持孔教，不若尊重人道。今世界所言人道主義，皆戕喪人道者也，謂之何哉？

心血日耗，不能專志讀書、精研義理，老而衰矣！可恥孰甚！

"從心所欲不踰矩"是内外合一、動静合一、理氣合一之候。

胸中有一毫之間、一刻之頃被世情俗見來攪擾，則此一毫之間、一刻之頃便爲天理斷絕之時。

世味不減，道味不增。

當以身殉道之時，要有守死善道之志。

與道不相屬處，只是不熟。

凡處事不奪於私，不搖於欲，便是盡道。

處事不奪於私，不搖於欲，便不能諧俗，不能諧俗，則不便身圖，然諧俗則家國天下無由而理。故貴乎以身殉道。

不離器以言道，則事事物物皆見道之地，朝朝暮暮皆行道之時。

大化中萬物無不得所，無不有天然之樂。參以人事，便作出許多不好來。

物質文明發達之地，其富強之進步非人所能逆料。一旦衰退，其敗壞不可收拾，亦非人所能逆料。

寧人而亡，不禽獸而存。

自歐洲科學發明釀成機械乾坤，淺者以爲奇，識者以爲憂。蓋人道將逐漸滅亡，而血氣之倫將從此無樂趣矣！

仁讓降而爲勢利，勢利降而爲機械，機械成而人道息矣！

天未有不公，人未有不私。

新法之淪胥世界，盡人能知之，而當其事者無不揚波逐流，何也？便於營私也！便於肥己也！

雖云物極必返，然極之時甚遥，返之時斯遠。

見解須全體透徹，無論何時，無論何事，觸處洞達，皆是這個道理。此所謂一以貫之也。

格物窮理到純熟處，便頭頭是道，左右逢源，是即所謂一貫也。惟聖人有聖人之一貫,賢人有賢人之一貫,身分不同,境界斯異。

見道易,行道難,其故安在?在有害道者。不當喜而喜,喜便害道;不當怒而怒,怒便害道;不當憂而憂,不當懼而懼,憂懼便害道。害道之端,多出於情之不得其正。

得意之人多任氣,失意之人多任理。

聖人有不用世之時,無不用世之心。

少有私意,言行便乖。

學莫要於變化氣質,亦莫難於變化氣質,去其太甚可也,純然變化幾無是理。

章實齋言:"必習於事,而後可以言學。諸子百家之言,起於徒思而不學。"自爲卓見。蓋必習於事而後可以言學,則無空談心性之弊,亦無輕視事功之弊。心性與事功合一,而心性不涉於虛無,事功不同於雜霸。

以事之廢弛言,則事無人作;以人之遊手言,則人又無事作矣!謂之何哉?

當春和時,雲容山色,鳥語花香,無一非天機洋溢、天理流行。俯仰之間,觸處皆有至樂,是大元之內固天然一樂境也。而爭奪相尋,竟釀成愁苦之境,是誰之過歟?

自立之貧賤,榮於因人之富貴。

機器製造興而群學成,群學成而團體結,而世之人不復有賢否、知愚之等。賢否、知愚之無等,而世界之大禍成。

不能自識其天然之人惡者,不可與言天道。

天常處於有餘,人常處於不足。

巧者敗,拙者不敗;詐者敗,誠者不敗。捨不敗之道,循必敗之途，擾擾焉自以爲知者天下之大愚也。

挾奇捷之利器以逞雄於宇内，知進不知退，知存不知亡，知得不知喪，以視夫大行不加、窮居不損者，不罘隔仙凡乎？

道真要喪，學真要絕，正在"剥"之始，看不出來"復"之機。

人世之禍亂，皆出於人類氣質之偏。

腐朽化爲神奇，神奇化爲腐朽，天之道只是一個循環。

即事見心，即物見性，則心性爲有用而不蹈於空談。

無以身殉道之志，決不能自立於君子道消之世。《易》曰："致命遂志。"

人事無論如何變遷，而天然之公則、不得不然之軌道斷不可違，違則必敗。

變世界爲汙池行潦，則適於生存者爲蛙蟆之類耳，蛟龍不適，將絕種矣！貴蛙蟆乎？貴蛟龍乎？貴適者乎？貴不適者乎？

聖賢之不世出，猶麟鳳之不常有，是世界最不適於聖賢、麟鳳之生存，適於生存者莫如濁物。將崇濁物乎？抑崇聖賢、麟鳳乎？

天下事壞於小人者十之二三，壞於常人者十之七八。

私欲不可有，公欲不可無。無公欲之人是無志之人。

太空之中無氣不濁，無濁不凝，凝則生。地球，濁而凝者也。故生於地球之上者必氣優而濁勝，則類於地球而生生不已。氣不優，濁不勝，往往不能存在。此麒麟、鳳凰、聖賢、豪傑之稀有，亦地球上天然之公則也。

言利學説日進不已，致使世界人類真性滅亡，真情鑿喪，圓顱方趾之儔反不如禽獸之有天趣。嗚呼！人禍之烈，竟至是哉？

孔學盡人以合天，佛學捨人而言天。孔學重實行，佛學重空想。

觀小兒之爭棃奪餠，可以悟治天下之法。

聖人知天而不言天。

務實者昌，蹈虛者亡。身、家、國、天下無不如是。

將欲殺人，適以自殺，亦由於不學無術。

驅全國之人日入於迷途絕境而不自知，誰作之俑哉？

蛀蟲所蝕之物，物盡而蟲亦亡，不能於未盡之前使之不蝕也。

上下不分，世無治法。賢愚不分，世無人道。

人不知天，不能無私。

賢者服人，愚者妒人。

凡辦事，只是矯正不循軌道之人，使之入軌道耳！人入軌道，事便可成。無矯正人之勢，無矯正人之力，無矯正人之才德威望，則萬事不成。

舉世之人不入軌道，而無能矯正之者，世界其日即沈淪乎？

儒先工夫只是克己。余近日以來不知自察、不知自責，而處處尤人。陋哉！可恥孰甚？

機心未化，萬惡叢生。垂老將死之時，猶不能澹其心、超曠其胸襟，即爲鬼亦可憐也。

自客歲以來，齒牙屢有脫落，頗現老態之象，神智日衰，精力疲乏。擬從此斷絕詩文酬應，專致力於心性本源之地，以求歸宿，不知能作到否？

生平好關心天下大事，志趣高遠，未免務外，以致所學毫無心得。垂老遲暮之年，茫無歸宿，可恥孰甚？

人類之奇禍，成於人欲之縱恣。人欲之縱恣，由於物質之文明。

淡其心，平其心，息慮凝神，反觀內照，是老年人之良藥。

天下有至寶焉，家得之家興，國得之國盛。而人盡熟視無睹、聽其喪寶者欲奪之也。

人之生也直，一直則萬事皆成，萬物得所。人類之禍出於人心之曲。

持屈曲支離之說以治世，全失生理本直之旨，真所謂罔之生也！倖而免者，噫！終不免矣！

淡彼萬緣，守吾寂靜，落葉歸根，是爲盡性。吁！勉之哉！

聖人言君子之爲仁，而以富貴貧賤之不處不去爲斷，世之貪富貴、厭貧賤者去仁已遠矣！

人到老年，倘無真學問、真工夫，便可危之至！

學說有陳義愈高而爲禍愈烈者。

世有人道，無後可悲；世無人道，無後則幸。

"生存競爭"之學說既釀爲歐戰，乃一變而爲互助和平，囂囂然曰："各盡所能，各取所需。"噫！矯枉過正矣！是必人類無絲毫血氣之欲，而後可有是理乎？過猶不及，禍又不可測矣！

世界物質之文明，發於科學，成於機器；世界人類之滅絕，亦發於科學，成於機器。

聖人之道壞於小人者十之一二，壞於俗人者十之七八。

驅勤儉守分之人皆入於行險僥倖之途，以牟非分之財，以縱無等之欲，世界之人禍有已時哉？誰使之然乎？學說誤之也！

不藉機器之力，學說之禍世不致如是之烈。

絲毫有爲名爲利之心，則言便有差，事便有錯。

名利是萬禍之根。

名利之欲，根於氣質之性，非大勇不能克。

惟聖人不奪於境。賢人以下，往往以環境所遭之順逆，而見所學之淺深、所持之難易。總之，要勉強而行，時時過難關，方可進步。

專求之神明，而不養氣體，氣體不凝，亦爲神明之累。

身心而外無至寶，形骸之內有乾坤。

欲燄之烈也，不惟燬一身，而且災及於人，災及於國家，可不慎哉？

假豺狼以斧鉞，辱麟鳳於九淵，迨至世界非麟鳳所適，而日以絕種，則世界不猶佛氏所謂地獄乎？

父老子弟之脂膏已竭，而偉人志士之欲望無窮，歛脂膏以供欲望，是糜生命以填谿壑也。

醇樸者生之途；機巧者死之路。

古之所謂偉人者能造福，今之所謂偉人者專造劫。

護法者愈多而法愈壞，救國者愈多而國愈亡，尊崇人道者愈多而人道愈以滅絕，豈法不可護、國不可救、人道不可尊崇乎？假之以利己，則據美名而釀實禍矣！

可假之美名日多，圖亂之盜賊日肆。

不居盜賊之名，人亦不以盜賊目之，而公然行盜賊之事如行仁義。新法之顛倒是非，斷絕民彝，以至於此，世界不沈淪則無天道。

不必辨其言之是與不是也，不必論其名之正與不正也。有害於人群者盜賊也，有益於人群者非盜賊也。

舉世皆偉人也，皆志士也，無一人爲盜賊，而人民之受害比遇盜賊而過之。

有盜賊之亂世易治,無盜賊之亂世難治。

神聖之子孫,蔑棄其祖若父之微言寶訓,而日求教於比鄰富室之奴僕,欲不喪身亡家,豈可得乎?

民國十年(1921年)

聖人無功,愚人無過。非無功也,不自功也;非無過也,不自過也。

有樸拙簡陋之天堂,有光明燦爛之地獄。

黃種人以道德勝,白種人以智慧勝。道德之發育不敵智慧,則世界將毀矣!

智慧造劫,權利造劫,世界之劫,皆出於人。

地有末劫,天無盡藏。

世界之有孔道,猶人心之於天理。或日以至焉!或月以至焉!

二十世紀之人,失主宰萬物之本能,爲機器之奴隸。

驅世界之人,日入於禽獸之途、滅亡之域而不自知者,機器爲之也。

人巧所至,即人禍之媒。崇樓傑閣之擬於貝闕珠宮,服飾之超於錦繡,飲食之饜於珍饈,皆天下刀兵水火之所從出者也。

君子不以不傳於天下萬世爲憂,而以無益於天下萬世爲恥。

任世亂人亂而身心不亂,便是天人。

神要凝,氣要斂,進德之方,亦卻病延年之法。

可與共學,未可與適道;可與適道,未可與立;可與立,未可與權。人才之等,不外乎此。

道在眼前，工夫在當下。

凡作工夫，要有恒，要不求效。

動十之三，靜十之七。動之應皆根於靜之養，則動無過舉矣！

思之所至，即氣之所至；氣之所至，即神之所至。凝神固氣，只在於思。

思紛則氣散，氣散則神亡，故思貴一。

"窮則變，變則通，通則久。"聖人蓋知天矣！

心在腔子裏，則精神内歛，故存心即能養性。

收視返聽，亦是存心之法。

世之衰，衰於人；人之衰，衰於欲。

進德之要莫大於養氣。氣不能養，則德爲氣累。

虛其心，實其腹。養生之道即養氣之方。

至人日日得寶，庸人日日喪寶。

不在胸懷内除煩惱之根，而欲除境遇之煩惱，則煩惱愈多。

生機出於氣，殺機亦出於氣。氣不可無，亦不可有無已，其以理馭氣乎？

凡爲利害所奪，爲恐懼憂患所動者，由於無養氣之功。

輕喜輕怒，皆由於氣之不養。

理有定而人之眼光不定，合億萬人不定之眼光，釀億萬端不齊之事體，而世變遂不可思擬矣！

天下烏乎定？定於有一定之理。

靈於萬物之處，即毒於萬物之處。故人失其所以爲人，則不如萬物。

干戈擾攘，世亂也；神志紛紜，人亂也。不怕世亂，只怕人亂。

　　人能無私無欲,便有上天下地惟我獨尊之概。

　　人只是歲月虛抛,精神誤用。

　　離了理,別無可以制氣之具。法者,所用以行理者也。

　　蟲非外來,物皆自蠹。

　　神明之不凝定,由於血氣之不凝定,其工夫當從血氣上做。

　　血氣不凝定,神明亦不能真、不能誠。

　　存軍閥,則天下之匪皆爲兵;廢軍閥,則天下之兵不將皆爲匪乎?生民奇禍,何術能消?悲哉!浩劫也!

　　兵之禍烈於匪,則寧去兵。

　　無仁義節制之師,天下無寧日。由今之道,無變今之法,焉能有仁義節制之師乎?

　　如雞伏卵,如貓捕鼠,是養生妙法。

　　伏自己的卵,捕自己的鼠,勿外馳也。

　　學説失之高,殺人勝於刀。

　　城市有人滿之患,畎畝有土曠之憂。舉世逐末,謂之何哉?

　　弱者爲遊民,強者爲暴民。中華自古以農立國,浸假而無農民,不將皆爲餓莩乎?世運之趨向,可畏也哉!

　　居畎畝之中,手足胼胝、草衣卉食者,終日所爲皆立國之事;乘高軒、衣錦繡、饜粱肉者,終日所爲皆亡國之道,果孰貴而孰賤哉?

　　各國講衛生、講救濟,可謂愛人矣!可謂重生命矣!乃日日造殺人神品,逞殺人學説,揚波逐流而不知返,抑又何也?

　　軍閥造暴民,學校造遊民,二民日推而日廣,世運日進而日危。

暴民以劫奪娛生，遊民以酣嬉縱欲。二民日多，農商日少，鑿本掊根，人類不入於魔鬼地獄而不止。

人人逐利，即人人釀禍，利未必得，禍已釀成。受禍之人，即逐利之人，可謂自作自受。而舉世不悟，可哀也哉！

以説閒話斷送終生者十人而九。光陰有限而曰消遣，精神有限而曰談天，心志浮遊，百無聊賴，虛生浪死，可哀也夫！

只渾淪圓滿便至矣、盡矣！推之無外，歛之無內。

不定的要教他定，不動的要教他動，才是工夫。

有病夫於此，固貴求醫而世無和緩，庸醫乃相競而來，參、附誤投，硝、黃雜進，病夫之病遂愈篤，而求如向者之苟延殘喘，不可得矣！清之亡，中華民國之日進而日亂，何以異於是？古人云："有病不服藥是中醫。"良然！良然！

漸時不知杜，微時不知防。堅冰已至，洪水橫流，雖有善者，亦無如之何矣！

不遵聖人之言，不行聖人之道，而謂聖人之學無益於斯世，是猶廢食而餓死者怨菽粟之不能充饑也。

上工治未病，聖人治未亂。

世間至寶，多棄置於無用之地。

只"遷就敷衍"四字，便能令理法消沈、紀綱掃地，便已敗家亡國、禍亂天下而有餘，更何須大奸、大惡乎？

遷就敷衍，其病根只中於一"苟"字。須要處處不苟。

"得過且過"四字，以之進德，則苟完苟美。隨遇而安，以之處事，則怠惰因循，萬端廢弛。乃世之人不用之以進德，而用之以處事，謂之何哉？

理不能馭氣，氣反馭理，身、家、國、天下之敗亡，悉由於此。

礼义廉耻亦成伪造品，则是非倒置，毁誉无凭，人与禽兽不远矣！

以私害公，便是小人剥庐。

豪杰英雄，近天者也；神圣，合天者也。合天者天之人也，天之人非人之人所能知，亦非人世毁誉所能定。

人人忙得日无暇晷，而国事一一废弛。

驱天下之人，日入於酿乱造祸之途，而曰"将以谋幸福也"，"将以望和平也"。《孟子》有言："以若所为，求若所欲，後必有灾。"不於此而益信哉？

平等是毁名教之利器，自由是灭性之利器。名教毁则世无治法，性灭则世无人道。故亚洲学说成世界者也，欧洲学说毁世界者也。成世界之学说源於性道，毁世界之学说根於机器。

以徇人之情、纵人之欲为尊崇人道，非尊崇也，是灭绝之也。

从理则安，任情则乱。

形骸不能离人，神明可以合天。

礼、乐、刑、政，所以驱人而使之入於道德之中者也；纲常名教，所以范围人而使之不出於道德之外者也。礼、乐、刑、政之既亡，纲常名教之既毁，而又日嚣嚣然讲求道德，是犹弃布帛而求御寒之方、抛菽粟而求充饥之法也，是缘木求鱼也。

至圣至神之形骸不能离人，愚夫愚妇之神明可以配天。

杀一人而安天下，杀人即是尊崇人道；不论人之当杀与不当杀，而以不杀人为尊崇人道，此人道之所以灭绝也。

在毁誉成败上较得失，仍不免人之见者存。太上忘情，则合天矣！

人有终身相处而不相知者，性质不相投也。

《鄉黨》章所言是孔子之人也,孔子不以天示人。

在人境中不可以天示人,示之以天則惑矣,惑則不相入矣,不相入則相迕矣!

聖人之人欲仍是天理,常人之天理亦是人欲。

人事尚僞,天事尚真。人而真,人而天矣!

輕財尚義,夷狄可爲弟兄;重利尚争,妻子亦成仇敵。

抱真性真靈來,在人間謀温飽、争得失,是以珠玉換泥沙也,何異乎金盆銀碗討飯吃耶?

不以公有之樂爲樂而樂私有之樂者,拘於氣者也。不拘於氣,則樂天下之樂矣!

禍莫大於鑿其天,而人之鑿之者何其多也!

天無補法。

身之福極,家之興衰,國之强弱,天下之安危,皆出於醇駁不齊之氣。故學莫要於理其氣。

生機出於氣,殺機亦出於氣。無氣不能生,無氣不能殺。生生殺殺,氣無已時,生殺無已時。

天道一也,人事至不一也。故統一之權操於天,萬有之歧出於人。

生之門即死之門,世之盛衰、强弱、治亂、安危皆由於此。

人不拘於形氣之私,則精神便已合天。

物質文明能剷除世界人類惻隱、羞惡、辭讓、是非之心。

中國堯舜以來之學術、政治以理性爲本位,泰西之學術、政治以欲性爲本位。

有志利人,便是人才;只知利己,是爲人蠹。

以天觀天者可以識天,以人觀天者不足以見天也。

世間動物都是有血氣之倫，無血氣而能動者惟機器。有血氣者有情，無血氣者無情。機器是無情動物，故人之同化於機器者必無情。

機器不發達之地，亡於貧弱；機器發達之地，亡於富強。富強亦亡國乎？富強是競爭之母，亡於競爭，即亡於富強也。

伊尹有"一介不與，一介不取"之節操，故敢放太甲，能放太甲，否則危矣！焉知不釀出禍來？苟非其人，道不虛行。諒哉！

只一個無私便頂天立地，有私便形消骨碎矣！

哀莫哀於人才之不相接。人才相接，其國必興。

機器未發明以前，人類之貴賤以賢否、知愚分；機器既發明以後，人類之貴賤以貧富、強弱分。以貧富、強弱爲貴賤，則人類之禍相尋無已時矣！

這世界上若再無限制機器之法，則人力盡被器力所奪，而血氣之倫將無噍類矣！

胸襟志趣不能超出於富貴聲華之外者，其人便不足取。

聞人譽我，微有喜心，這便是名心未淨。

天良是萬善之根，氣體是萬惡之本。

宙合之中，生殺而已。生是自生，殺是互殺。

物質文明進一分，人類之欲性擴張一分；欲性擴張一分，禍機暗長一分。至理性消滅殆盡，而世界不復有人類矣！

卷　　八

民國十一年（1922年）

小而無內處是天，大而無外處亦是天。須於無內、無外處覓我，方是學問。

世界中人往往不知世界中事，拘於一隅，限於百年，茫茫昧昧，自生自滅於大化推移之中者不可勝計。

人要識性，識性則學有本源。

理不能制氣，便現怪相，在一身、在一家、在一國，無不然也。

理是萬善之源，氣是萬惡之根。

懲忿窒欲，是以理制氣之先務。

不能消除國界，不如彼此閉關。不生統一環球之人才，忽創交通環球之藝術，是天禍環球也。

天之用，只太陽、太陰而已；地之上，風雲雷雨之滋生萬物者，皆發於地者也，皆出於太陽、太陰之薰蒸孕育者也。去地過高，地氣不到之處，便無養氣，便無生機。

惟利是圖，權位乃劫財之要路；每人而悅，凡愚受公養之殊榮。遊民飯碗，武人地盤，損下益上，利己害公，只知有家，不知有國，國欲不亡，豈可得乎？

神明養到渾淪圓滿無朕兆處，便與天合德。

人知求識解上之學問，不知求神明上之學問。

天道無停頓，大化只流行。故世間萬事只是個進退，進到無可進處便退，退到無可退處便進，無休息時也。

人人相習於任情縱欲之途，而斥禮法爲專制，有言禮法者必百計掃除，以遂其自便私圖之意。隄防盡撤，洪水滔天矣！

地有成毁，天無盛衰。

牛馬僅享芻豆而皆有益於人類，士大夫鮮衣美食絲毫無補於時艱，已堪自愧，而又藉權位以吸人膏血，賊害群生人也，不如牛馬矣！

羅忠節有句云："萬事都因忙裏錯，好從静處制群蠻。"此即"隱幾工夫大，揮戈事業卑"之意也，自古名將未有不知此意者。

静定是萬事之本，不獨在一身爲然，即一國亦何嘗不然。國之中氣象囂浮者，不獨萬事廢弛，且有滅亡之禍。

性是純粹潔净、無絲毫渣滓之物，去心之害性者則性自見，其工夫只在静定。

拋開身家，專爲人民作事，方不愧稱之爲官。精神注重於人民而兼顧身家者次之。只爲身家者是攘權竊位之盜賊也。

歐洲近二百年來，富强本源在機器發明能吸收物力、聚斂貨財。吾國講求新政者多矣，其得失不必深求，只問其所辦之事是日以生財者？是日以耗財者？生財則得，耗財則失。無論外表如何整肅、如何文明，倘其内容無生財之希望，而惟耗現有之財以欺人欺己，其爲禍烈矣！

物質發明、工商發達之處，交通愈便利，愈能吸收外界之財。物質未發明、工商未發達，徒便交通，是闢利源外溢之捷徑也。

思振尚武精神，竟都成鬩牆兄弟，欲自强反自殺矣！

於人所不見、己所獨知之地，有致命遂志之苦心，百折而不回，萬死而不悔，可以爲非常之人，可以作非常之事。

敬則氣調。故敬字工夫不獨修德，亦能養生。

作事如作文，亦要精思，不精思作不到好處。

因科學發明而享思想自由之福，遂囂囂然以思想自由爲舉世倡，舉世且將受思想自由之害矣！

蟲自物生，物被蟲蝕，生者無已時，蝕者無已時，物盡蟲亡，是爲大終。此世界之小樣也。

嗜辛者笑嗜酸者之偏於嗜，而不知己之嗜辛亦偏也。

歛民膏民脂以供遊惰者恣情縱欲之需，是驅天下之人，皆使之捨本而逐末也。將來之禍不可思擬。

無古無今之樂，只在心頭。求形骸上之樂者，非樂天者也。

環球雖一，而各方之地質不同，磅礴孕育之氣千別萬殊，所生人類自然性情各異、好尚不齊，所醞釀而成之禮俗政教自然各有特長，斷難一致。若不因其特長以爲立國之基，抱我之病就彼之醫，削我之足適彼之履，本根喪失，兩不相融，其害蓋有不可勝言者矣！

財產不均固是萬惡之源，然近世倡均產主義者又何嘗非萬惡之一乎？須知產之不均由於有資本雄厚之富豪。機器是富豪之母也，萬惡之源實在機器，不推翻機器，財產無能均之理。

因機器聚歛而有資本家，因資本家而生均產主義之學說，福兮禍所倚，福奇禍亦奇。

中國無機器製造，故無大資本家。無大資本家，焉有財產之不均？倡言均產是施之以劫奪之教也。

以利己主義爲本位者，其學說喜言改造；以利人主義爲本位者，其學說恒尚維持。

孔子之於人境也，其心則遠，其跡則近。

大化流行之速如風輪旋轉，世間萬事萬物皆被旋轉之氣機鼓舞動蕩，無頃刻之停，無一隅之息。化斯生，生斯化，人之所視爲萬年陳跡者，猶電光一瞥之影象耳！

只信心而已、信理而已、信天而已，不可因身之榮瘁、家之盛衰、國之強弱而有所搖奪也。

不以己之好惡爲毀譽、不以己之得失爲向背者，是真無私者也。

無私之極，便能合天。

歐美各國若無物質、機械諸科學之發明，創爲製造致之實用，則所謂哲學者亦與吾國先秦諸子之詭辯，宋明諸儒之爭門户、别異同、玩弄光景者同一托諸空談、寄諸想像耳，烏足馳驟乾坤、左右世界也哉？

講新學者不求物理學、機械學，而日逞空談、日變古法，是速之亡也。

盛世重名，衰世重利。

徒形式上學歐美，則我之形式已亡。形式亡，精神焉托？故無我之形式，即無我之精神。

無所希冀於人間，則胸懷朗暢。浩浩其天，焉有所謂憂悶者乎？有憂悶者，有人欲者也。

君子之爲善而樂，猶蟲之食蓼而甘，其性然也，非有所希冀也。

積善餘慶之説，大德必得位、禄、名、壽之言，不過謂有此理耳！有所希冀而爲善，其善不真，其爲善不篤。

宙合内之熱度有定，故翕闢有定；翕闢有定，故運轉有定；運轉有定，故盛衰有定。無定則乾坤毀矣！

未到神境，不能知神之事；未到化境，不能知化之事。士不能知賢，賢不能知聖，程度限之也。

物質文明是恢張獸性、滅絕理性之機樞。

數十年爲學工夫，只是欠細密静切，是以無效。愧憾何如！

民國十二年（1923年）

能馭氣是絶大工夫，便做出絶大事業。天地之所以能平成而陰陽得所、五行順序者，亦無非能馭氣也。不能馭氣則亂矣，在國、在家、在一身無不如是。

驅天下之人日馳鶩於逐末之途，遊民日衆，農田日荒，根本之禍伏於中原，不僅亡國而已也。

幽獨之中要醇粹潔净，學問事業之本源皆在於此。此處不真，學問事業皆假矣！

純以天行者不致有人禍。

李二曲言："胸無世俗之所以憂，便是孔、顔之所以樂。"夫孔、顔以救時利物爲懷，悲憫之念無時或釋，不知尚害其所樂否？

凡喜怒哀樂之爲公而發者不爲神明之累。

爲學只返之於身，仰不愧、俯不怍而已；推之於世，濟人利物而已。若計及於得失、成敗、是非、毁譽，皆利心也。

不動心於毁譽，不動心於利害、得失，而惟求吾心之安、吾事之是，則其學爲真學矣！

草昧初開之後，聖人之所以别人類於禽獸者自扶植人倫始；乾坤將毁之時，學説之所以驅人類於禽獸者自蔑棄人倫始。

世無人倫，人道便息，物質之文明縱造到升天入地、納人人於瓊樓貝闕中，日衣錦、饜粱肉，亦不過逞其獸欲耳，何足貴哉？

無人倫之世界，便日趨混沌。

凡事當前，世俗人便計較利害，君子只裁度義理而已。

文言亡，則吾國之經史、辭章俱亡。經史、辭章亡則中華亡，是千古亡國之最痛心者。

天地之大無所不容，故宇宙之亂無時或息，亂出於能容。

人才者天地之精英也，天地精英之氣易竭，故人才不世出。

同一權位，聖賢得之則藉以利人，庸愚得之則藉以利己，至於玩頑不肖之徒得之，則不惟不知利人，而且以害人者利己矣！故名器濫假、流品不分之患甚於盜賊紛起。

着絲毫得失心，五內便不安泰，故無論一心一身、一家一國，非無欲不能太平。

所謂天德王道者無所爲而爲，求其心之所安而已。絲毫有所爲，便與天地之化不相似，德於是不醇，道於是不粹。

《中庸》言"不誠無物"，通國之人以欺僞相高，以機詐相習，可謂之有人乎？無人則無國矣！

但是病總有治法，所患者魂魄將離，軀殼已敗，則無從下藥矣！今之中國，殆類是歟？

數十年來談新學者動云"開民智"，乃詐僞日增而頑愚如故。民之天已鑿，民之智仍未開，驅天下之人日馳騖於虛浮巧僞之中，而無術以挽救之，可慟哉！

精神、血性、智略三者備，而後可言事功；事功之可大、可久者，其本在不爲名利。

紀綱法度已壞之國，如敗箍之桶，桶水之清濁多寡不可復言，又安論水中荇藻蟲魚之得失哉？

人才須要有真氣,無真氣者不能有爲,焉能有成?

巧麗是將敗之候,樸拙乃向上之機。

取之於民者動輒以數十萬計、數百萬計;施之於民者僅以千計,充其量僅以萬計,是飽吮其膏血而以一貼之藥代。憂其手指之不伸也,蚩蚩者竟從而歌頌其慈惠焉,嗚呼!噫嘻!

歙億萬人脂膏以供武夫爭戰、官宦酣嬉、少年遊蕩,是滅國第一新法。

培才如種樹,先須得地而後可言灌溉。今盡投之瓦礫之場,則無所施其灌溉矣!

曾文正言:"喜譽惡毀之心即匹夫患得患失之心。"推勘極爲警切,故學者違道幹譽便不能有真學問、真事功。

所抱者有真理,所存者有真性,而後志不可磨、氣不可挫。空言志氣,無當也。

渾沌是萬化之源,亦即萬善之源、萬福之源也。

蛾之撲燈,前者亡,後者繼,相續不已,不能有鑒於前而自止也。

須知天地萬物確然與我有相關之處。

驅天下之人入遊手之途,縱無等之欲,本業日荒,生機日促,爲禍之烈不可思議。

役四萬萬人之心志於軍、警、學、官四途,倖苟得之財,享非分之福,農業日荒,工商坐廢,國本既亡,無可救藥矣!

舉世無務本之人,是千古未有之奇事,必釀成千古未有之奇禍。

驅舉世之人而不得爲務本之事,是千古未有之奇法。

人類縱欲無度,以病體相傳,貽殘精敗血所孕育之兒孫,無才智,無精神,萬事作不得,當呼之爲亡國種子。

亡國種子之所喜者,遊也、蕩也、無拘無束也、空言也;最不樂道者,勤也、儉也、實事也;最恨者,禮法也。

歐美"自由、樂利"諸學説與亡國種子相值,如膠投漆也,宜乎?聞"六經"之微言、堯舜孔孟之大道,不獨掩耳而走,而且痛詆切齒,如遇寇讎也。

治天下須用聖賢一路人,此等人不得志,便算是天下無主;天下無主,則過者以才誤事,不及者以不才誤事。以不才誤事者,庸闇廢弛而已,以才誤事者,任情妄作,必致潰敗決裂而後已。庸闇廢弛之弊可救,潰敗決裂則雖有聖賢亦不能救者,根株已斷也。

聖賢之才,真才也,大用之大效,小用之小效。才之不真而能驚世駭俗者,莫如奇才,奇才最害事,其動人處即是害事處。

人不務本、不務實,一味驅於浮華虛偽,便無生機。

明明是奸惡而群焉附和、歷久不解者,便於營私也;明明是賢聖,聽其言觀其行,非不心許,而群焉敬而遠之者,不便於營私也。故天下無私之人方能親君子、遠小人。《大學》言:"唯仁人能愛人、能惡人。"良有以也!

遊心於外,役神於外,而忘卻自家身心,是人之通病。歛心神於形骸以内,便是有本之學。

《中庸》言:"至道不凝。"《論語》言:"學則不固。""凝"字、"固"字,要切實體察。能凝能固,則道與人合而爲一,學與我融而爲一,所得爲真得矣!

學者須意念之間無一刻不端重。不端重則輕矣,輕則四體之間、言動之際皆不能自持矣!故"輕"字是不凝不固之病根。

出言之差、應事之謬,皆由於心中不潔净而有人欲。心中純是天理，發出來自然毫無差謬，是爲純熟之候。

天地間生生之機，端於理而成於氣。故氣之力優於理，而理常不勝氣。

自家形骸有時且不能自主，況形骸以外之事事物物乎？人之能自主者只在心性，故學者無心性工夫決不能卓然自立。心性上有工夫，便可日進於天德之剛，無人欲之累，此是頂天立地之學。

神明不願爲小人，氣體不願爲君子，此理欲交戰之本根也。

出言行事公而不私，便是天德，便是王道。

民國十三年（1924年）

能回天，便萬事可做，然回天之權仍在人。

本源上有工夫，動於四體、發於事業者自然日進，求之於外無當也。

五行是形質之所由來，形質藉五行而生，而後起之不善亦源於五行，故《陰符經》以五行爲五賊。

上知之不移，是能敵五賊，超然於五行之外也；下愚之不移，是不敵五賊，囿於五行之中也。

上知無幾，下愚亦無幾。上知之下，下愚之上，皆中人耳！中人不可以數計，皆可移者也。習於善則善，習於惡則惡，故君子慎所習。故聖人之治天下貴轉移風習。

不能得時、得位以行其道，而救時之念未嘗一日忘懷，孔孟之正傳如是！如是！忘世則爲隱逸矣！

以貧富論人格，故權利、競爭之說出；以賢愚定人品，則尊卑、上下之分明。此中西學術得失之本源也。

聖人只是真，絲毫不肯作偽。

天下之患莫大於人人存富貴之心。人人存富貴之心，其禍能使天崩地塌。

這世界已被物質文明、競爭學說驅到魔鬼地獄之軌道而不能返，前途甚險，人人可危。

盛世之人才智多、嗜欲少，衰世之人才智少、嗜欲多。

同一權位，君子憑之以治人，小人憑之以利己。至舉世皆憑權位以利己，則人類之受禍甚於盜賊紛起。

遇事因計利避害而消阻其向善之心、赴義之念者多矣！尹和靖先生曰："無所擇於利害而爲所當爲，惟仁者能之。"

孔子之時，是認定義理作義理，當如何便如何，非隨時之謂也。乘機趨勢者烏得而假托之？

有終身不仕之孔子，無一日忘世之孔子。

常人只是血氣用事，故處事多乖，即賢人君子亦往往不免意氣之偏。聖人之處事，準乎情、酌乎理，絲毫不任氣也。

無論何人都要有處法，無論何事都要有辦法，才是真正學問。此須從事理通達、心氣和平處做工夫。

似是之非，似非之是，中於學說而禍天下萬世者大矣！非有極深研幾之學，烏足以識之？

無私之極，便與天合。

心身是萬事之源、萬化之本。

心不外馳，便天清地寧。

愚者之愚只禍身，智者之愚能禍世。

降伏虎狼者人也，力不能降伏而趨避之者人也，即不幸不能趨避而爲虎狼搏噬者亦人也，與之同群則非人矣！

認得真，守得定，涵養得純熟，則固有之我日長，後起之我日消，我便是真我矣！

氣不凝，神不定，心不內歛，則萬事無本。

今日之患，莫大於誘四萬萬人日鶩於城市，而田野日荒。長此不已，國人皆爲餓莩矣！危乎哉！危乎哉！

須時時養得氣靜神閒，方有德業之可言。

處亂世要有以身殉道之志，方能守道不渝，否則未有不中於利害禍福之見而搖奪其自主之心者。嗚呼！危矣！

見道易，見道而施之於事皆得其中，千古無幾人也。

無可無不可，是施之於事皆得其中者也。

根本一壞，萬事不成，故聖人之於事必從根本上作起。

聖人刑措之治，是人化於善而不煩用刑也；若盜賊充斥，而高言刑措，非獎亂乎？

歐美平等、自由之説，能令聖賢與賊盜不分，而盜賊且將制聖賢之死命。

學説愈玄愈妙，爲害愈烈。

讀聖人經訓而以爲平淡無奇者，不知道者也。

人之力不敵器之力，則器爲人禍。

能擺脱情欲糾纏、世俗攪擾，便是聖賢。

歐美之化不息，孔子之道不行。孔子之道不行，人類之禍不已。

天道果無窮乎？抑有窮乎？成而不毀，毀而不成，天道亦窮矣！故成必毀，毀必成。

學問從根本上着手，至簡、至易，其繁賾者皆枝葉也。循枝葉以求之，有終身馳鶩於浩博而不知道者。

須將人世是非、得失、利害、興亡擺脱得開，而專以義理悦心,俾方寸中無絲毫往來計較之私,則庶幾於道矣!

《論語》開口即言學,而終之以"不知不愠"。孔子稱顔子好學,而證之以"不遷怒,不貳過",可以知吾中國聖賢之所謂學者爲何事矣!

孔顔之樂,即是仁者不憂。

不從心性上做工夫,便無立身處世之本。

聖人只是渾然天理無計較心,常人反是。

有學之貴人日多,則多爲人民造福;無學之貴人日多,則多爲人民造禍。故吾中國歷古以來汲汲以造士爲務者,爲造有學之貴人也。

人之形骸即所謂氣質也,氣質之品萬有不齊,所發之性亦萬有不齊,善惡於此分,智愚賢不肖於此判,推之萬物莫不如是。氣質之關於世界安危者大矣!

同具此五官百骸而視天地萬物爲一體者人也;殘殺同類以逞一己之欲者亦人也。官骸雖似,氣質不同,故思想各殊,聖凡分等。西人好言平等,何不以格物質之理者推而究氣質之性?使性無異等,則人類自平。

不能究人類氣質之性而使之無異等,則是根本上已不能征服自然,何以能使之平等耶?

不能平人類根本上之等,而合世界萬有不齊之人類,講權利之平等,是驅之縱形骸之欲,教之以相殘相殺之道也。

從源頭上尋道理,則道理爲有定;從枝葉上尋道理,則道理亦無常。天下事至道理無常,則禍亂有已時哉?

欲定天地間之禍亂,當循源頭上之道理。

言利學説能化世人爲梟獍。

天下之患莫大於富貴可以倖獲,更莫大於富貴可以力爭。

群衆之生機,萬事之本根也。本根之轉移積而爲習尚之變遷,其力甚大,無可如何。故挽回世運者要能見幾,要能防微。

物質文明能使人類逐末,逐末之極致便是世界無生機,故世界人類之禍,科學造之,機器成之也。

自欺便是意不誠。人何故自欺?牽於物欲而又思掩飾於外以欺人便是自欺。

理之力常處於不足,氣之力常處於有餘。人之賢否、家之盛衰、國之治亂、宇宙之安危皆有餘、不足爲之也。故聖人之立教,只扶理而抑氣。

氣之力愈恢張而禍亂愈大,禍亂到至極時,才是天理發現時,物極則返,微陽萌動矣!

自得之學,如飲食之益人精力,而不自知其日增;務外之學,如嗜好之耗人精神,而不自知其日損。

心境要潔淨純粹,有一毫不潔淨、不純粹,便爲天德之害。

在世俗中作一個聖賢,在情欲中葆一個天德,皆要絕大力量,時時提醒,時時撐持,稍一含糊,稍一因循,便隨世俗去了,便被情欲奪了。可懼!可懼!

世人只在富貴上用心,全不在德性上用力,這個世界焉得不群陰四塞?

一鬆懈則陰氣便長,陰氣長則人爲小人,國爲弱國,世爲亂世。鬆懈之禍之烈如是哉!是以君子事事不苟。

分內之事都要照應,而內力必須專一。爲外事所奪,內外虛浮,是不專一也。

有人則瓦礫亦是黃金,無人則珠玉皆成糞土。家如是,國亦如是。興廢存亡之係於人者大矣！

凡做一事，無論大小須專心一志，注全神以赴之，則事可成。心不凝於事，志不一於事，神不周於事，而欲事之成，難矣！

人多是混事神，心志往往不在事中。

千聖百王數千載維持之而不足，一二邪說數十年破壞之而有餘。世運之難於郅隆，實由人情之易於就下也。

從理之人，經驗愈久，識見愈高；從欲之人，經驗愈久，思想愈幻。

練億萬人爲一我，而後大業可興、大事可就。非興業就事之難，練人爲難。

機器是無血氣之動物，而能抵億萬人之操作；以能抵億萬人操作之動物，而歸一二人駕馭而運用之，此亦練億萬人爲一我之一法。宜乎機器盛行之地，一二人之事業能驚天動地。

練億萬無血氣之動物爲一我，富者能之，貴者能之，材智者能之。練億萬有血氣之動物爲一我，惟聖賢者能之。

練億萬無血氣之動物爲一我，則舉世之蒙利者少、受害者多。練億萬有血氣之動物爲一我，則舉世皆蒙其福矣！

世之談學術者非矜浩博，便尚玄虛。其實真正立體致用之學，至簡、至易、至近、至實，浩博、玄虛皆無當也。

禽間着不得鳳凰，獸間着不得麒麟，人間着不得聖人，類而不類也。

義所當爲便爲，非有所爲而爲也；義所不當爲便不爲，非有所爲而不爲也。自末俗人言之，不是爲名，便是爲利。

以人之毀譽爲己之得失者，無自得之眞者也。

滿眼是遊民，個個是分利者，這樣中原即無天災人禍亦要糜爛，何況天災人禍之相續無已時耶？

真學問是樂則行之、憂則違之者也，決無趨時諧俗之真學問。

君子以理爲主，理不足則氣餒。故浩然之氣由集義而生，集義即積理也。小人以氣爲主，理不足則强詞奪之、昧心争之，故雖處萬惡之地而不知恥。

君子責己，小人只是責人。君子好義，小人只是好利。

治君子當以德禮，治小人非政刑不可。

佛云："萬有皆空。"儒者則一毫不苟。皆空者養生之要訣，不苟者治世之大經。天下事皆誤於一個"苟"字。

無論何時何地皆有真理，人自不能識耳！

從理之事順而導之，猶慮不足；從欲之事逆而制之，猶患有餘。

君子之風釀爲天下公善，則小人欲爲惡而不能；小人之風釀爲天下公惡，則君子欲爲善而不得。

卓然自立、不爲風氣所轉移者世無幾人，人都是爲風氣所轉移者也。

盛世之愚婦愚夫在繩樞甕牖之間，亦能維持風化；亂世之大官貴人擁旄持節以斲削元氣，毁蔑紀綱，皆風氣爲之也。

天地可以動摇而吾心不動，是爲能自立者；宇宙可以毁滅而吾性不滅，是爲能自存者。

民國十四年—十五年(1925—1926 年)

君子不以一己之樂爲樂而以天下之樂爲樂，天下無可樂，君子有深憂矣！

有不識一字之君子，有讀書萬卷、下筆千言之小人。

聖人不惟能濟人事之窮，亦能彌天地之憾。世無聖人，天地且有無窮之憾矣！而況人事乎？

驅人類於競爭之途，則人類反不如禽獸。

每日所作之事有定時、有定程，一身便有秩序；不守定時、不循定程，一身之秩序已亂，焉能治人？焉能辦事？

日月之昇降，寒暑之往來，皆有一定時序，萬古不亂。此天地之所以能生萬物、成萬物也。

説的時節便是行的時節，空説不行，不如不説。

但爲形骸得失計算，胸中便不潔净。

人不知命，便要怨天；人不知天，便難立命。

超然於氣質而外便無生機，有生機便有禍胎。

能吃苦、能用心便是才。不自私、不自用便是德。有此才德便是偉人。

天只是有條理。故人之有條理者便是大才。

近日所詡爲科學方法者亦只是有條理。

富貴能苟得，則天下必亂。

驅人於争利之途，則太平無望。引人於尚賢之路，則大亂可平。

聖賢豪傑之異於愚不肖者，只是能用心、能吃苦耳！不能用心、不能吃苦，便是愚，便是不肖。

明知其不當怒而竟怒，氣質之變化也難矣哉！

天不能制氣，則氣數用事而陰盛陽微矣！人不能制氣，則血氣用事而欲長理消矣！

欲長理消之極，則血氣賊人矣！陰盛陽微之極，則氣數賊天矣！血氣到賊人之候，則人力無所施矣！氣數到賊天之候，則天心亦難見矣！聖人之學，所以調血氣之偏、持氣數之權者也，故聖人不但爲人類之大師，亦天公之幹蠱子。天之憾，聖人彌之；人之禍，聖人消之。

世無聖人，便無天道。聖人，扶持天道者也。

聖人造天，賢人造風。蒙天之幬覆而不敢違，被風之驅使而能覺者，豪傑之士也；夢夢然奔走於天之中，追逐於風之內而不自知者，凡民而已矣！

不能轉移氣數，則天危矣！不能變化氣質，則人危矣！救天救人者，其惟聖人乎？

貪人世之虛榮者，無身心之真得者也。有真得者與造化同遊，於人世多一分沾戀，即多一分渣滓。

純粹是天，便超乎人矣！

君子能造時勢，小人亦能造時勢。君子之時勢造成，則時勢能造君子；小人之時勢造成，則時勢專造小人。至時勢造小人，則君子道消矣！

君子必須有所憑藉，而始能爲人造福；小人亦必須有所憑藉，而始能爲世釀亂。禍莫大於舉世所爲皆授小人以憑藉之資。

充滿宇宙者氣也，氣之力甚強，故生之機甚盛。理附於氣而見者也，所附之氣不盡純、不盡粹，故理嘗不伸。是以君子少小人多，治日少亂日多。抑氣扶理而使天地清明，人類無爭奪之患者，其惟聖人乎？

看書要提空眼光，不可有先入成見。

專任理者不言天，專從欲者亦不言天。言天者，其認理不真、從欲不忍者乎？

與天合德者，於人事之得失、窮通、是非、毀譽不惟無動於中，而且淡焉忘之，絲毫無關於懷抱。其慨念身世，不能忘當世之榮辱、後世之聲稱者，皆非合天者也。

天道無心而成化，故吾儒合天之學莫要於無心。不但外面事功着不得成見，即自修之道德亦當有若無、實若虛。着意爲君子，亦是病痛。

着意爲君子，即是有心爲善。爲善猶饑食渴飲也，有心則食而不化、飲而不消，不消化之食飲有益於人乎？故君子之學要自忘其爲君子。

讀書方法愈遲愈精，作人方法愈遲愈巧。

無能負千鈞之力，而勉負千鈞，負者危，千鈞亦危。

無能負千鈞之人，而談千鈞之事，是空言也。

勉之者人也；成之者天也。學問事功無不然也，君子惟盡其勉之者而已。

賢者遇多事之秋則能顯其才，不肖者遇多事之秋則能濟其惡。故亂世不獨見君子，亦可以彰小人也。

老子、釋迦之學皆爲上等人説法，故施之人世嫌其過高，緣人世之人十九凡夫也。治天下莫急於治凡夫，故以孔子之道爲適合。

有機器而後交通便利，工商發達，萬般學説因之而生，故機器者歐美富強之本、世界革命之導源也。吾國談新學數十年，而無提倡機器學者，無主張致全力於機器以擴張工商業者，捨根本以馳逐於口耳之空談，故不能得新學之益，而反受新學之害。

官帝國而帝國亡，尊孔教而孔教亡，守中華而中華亡。百年三大恨，萬古一奇觀。

舉目無定亂之人，而釀亂者十之七，作亂者十之三。黃農虞夏之子孫能有孑遺乎？

天道不直行，只是循環，故無往不復。

非分之富貴能殺人。

不爲惡而不能，欲爲惡而不忍。人情如是，天運亦然。

學問之大小，治術之純駁，在心境之高卑，不在知解之多寡。

聖人之言動人能見，聖人言動之神妙人不能知。知聖人言動之神妙者，聖人也。

聖人之神妙，化工之神妙也。人不能測化工之神妙，烏能識聖人之神妙？

口所能言者跡象也，口不能言者神化也。不能悟神化之妙者跡象之學也，不能運神化之妙者跡象之治也。聖人之學術、治術，寓神化於跡象者也。求聖人於跡象者多，悟神化於跡象者少。

善用兵者不輕言戰，輕言戰者非知兵者也。

子弟之患，莫大於有能謀温飽之父兄。

古人養老，今人養少。

古人養鰥寡孤獨，今人養妻妾子女。化舉世妻妾子女皆居於鰥寡孤獨之位以待人養。嗚呼！可勝養哉？

倚賴父兄以坐享其成，子弟便成廢才。廢才日積而日多，世運便愈趨而愈下，家由此而亡，國由此而破。

言行有絲毫之虛假，心境有絲毫之作用，便不純粹，便不是天德。

伸氣外之理易，伸氣中之理難。佛老皆超然於氣之外，而伸氣外之理者也，孔子伸氣中之理者也。治天下貴乎伸氣中之理，超乎氣外，便離人事矣！

嬰兒之哭聲多者貧賤相也，永無哭聲亦是福相。

從欲之事不學而能，從理之事教之不悟，亡國敗家之子孫大抵如是。

人須才餘於志、識餘於志。志大於才識者，不惟不能成事而且敗事，不惟不能益人而且害人。

蒼蠅蚊蚋，物之極微渺者也。合古今中外之人，究捕蠅驅蚋之術，而終不免蠅蚋之害，宇宙之適於陰柔齷齪如此，宜聖人時時扶陽、時時抑陰，而尤慮陰之易長、陽之易消也。

寄形骸於塵俗之中，超神識於人天之外。清輕者爲天，重濁者爲地。聖人一天地也。

顏子之以能問於不能，以多問於寡，有若無、實若虛，犯而不較，是真心爲學，自然有此氣象。曾子省身之功最密，故能看得出、形容得出。其實顏子並不自知其如此也，若有意如此便成作用，有作用便不是德。

老子之"和其光，同其塵"，便有些作用。

稍有知識者皆能見道。惟以所見之道律己則爲聖爲賢，以所見之道責人則爲愚、爲不肖矣！

科學興，而吾學之所謂命者無憑矣，所謂德者難恃矣！故世界人類論強弱、不論賢否矣！論強弱不論賢否，則欺詐戰爭之禍永無了期而人類滅絕矣！故必有知命之君子，有尚德之風氣，而後世運方有轉移之望。

宇宙內萬事萬物皆氣爲之，理不過附麗之而見者也。理本不能敵氣，全賴聖賢豪傑扶理抑氣，使理能馭氣，氣不害理，而天下乃平。自歐洲科學興，專爲人類助氣，人類之精魄遂爲科學造成之物質文明所搖奪，昏昏然不復知理之爲可貴。於是助氣之力日以張，扶理之力日以縮，世界前途不可思議矣！

人，役器者也；人爲器役，則器之力強於人，而人之性失其天矣！人之性失其天則道湮，道湮則理晦，理晦則欲萌，欲萌不已，情縱而荒，亂源大開，不可遏矣！

聰明才智之士，生當盛世，被運會之夾持，即是人才；若遭亂世，其爲蠹於社會之中，反較不聰明、不才智者爲尤甚。

無論世之盛衰、治亂，能卓然自立，不隨運會之轉移，而能轉移運會者，則非常之士、絶頂人才也。

權位是益人之具，非利己之具；以權位爲利己之具，則有權位之禍殃更甚於無權位之盜賊。

未有言利而可以期望和平者。

有紀綱之國家，凡庸治之而有功；無紀綱之國家，聖神救之而無力。

純爲善而不能專，爲惡而不忍。天人交戰，冰炭在胸，世之攪擾於禍福利害之場者，其病源皆在此。

勢均力敵，而後有理可言。弱者與強者爭理，小則取侮，大則召災，此競争世界之公例也。若禮讓時代，則不論力之強弱，只論理之曲直。

乘機爲小人者十有七八，乘機爲君子者十無二三。

不維護聖賢而維護盜賊，是千古未有之奇法，故釀成千古未有之奇禍。

聖人不自欺、不欺人，故人不能欺。

無欲則人不能欺，不自欺、不欺人，是無欲之極致也。

天地之間，陰陽而已矣！陽盛則治，陰盛則亂，故《周易》一書大旨不外扶陽，《陰符經》一書大旨不外抑陰。扶陽則不言抑陰而陰自抑矣！抑陰則不言扶陽而陽自扶矣！事一也，理一也，不過宗旨各殊、工夫各異耳！扶陽者尚剛，抑陰者尚柔。尚剛者正大，尚柔者深沈。正大者太和元氣之流行無所不宜；深沈則屬於智謀，流爲機變，故於行軍用兵最爲適宜。

兵事屬陰，故哀者勝，憂危者勝，恐懼者勝。

諛墓頌壽之交，將雞犬說成麟鳳，雞犬之幸，麟鳳之悲也。文人之顛倒是非以至於此，不足傳信，反惹人笑，作者、受者兩失之矣！

因言行之不謹而遭挫折，猶文過飾非，有護短之言，無自悔之意者，無入德之望矣！

陽不獎不進，陰不懲不退。故治國要道莫大於刑賞。刑賞失，中國無能治之理。

夜來夢天地晦冥之中忽有火光如電，此"剥""復"之象也。醒而志之，不覺惕然。群陰四塞，一綫火光亦微陽耳！能使重華復旦乎？

群陰四塞之中而有一綫之微陽，此天理之不能斷絶者也。

強權亦要脅天理而行。無理之強權，雖千軍不能服匹夫之心。其失敗也，雖千軍不能對匹夫而無愧。真理不磨，人道終有昌明之一日。

有理之強權，利人即以利己；無理之強權，害人終於害己也。

順理則吉，逆理則凶，是宇宙間公例也。自科學家有征服自然之說，於是理不可憑之說相繼而起，舉世相習於機詐，違理逆天，坦然行之，毫無顧忌，豈知科學家之言亦狃於物質一端之勝利耳，以區區之勝利與宇宙無邊無際之天然公例相抗，宜其及也。

充競爭之學說，雖家家養警衛兵而不能自保其生命財產。聖人用不費一錢之禮教而能使人人得所。謀國者慎勿輕謗聖人哉！

世界烏乎定？定於扶陽抑陰。陽何從而扶？陰何從而抑？曰"扶理抑氣"而已。理何從而扶？氣何從而抑？曰"扶君子抑小人"而已，"扶天良抑人欲"而已。

從理之事皆屬陽，從欲之事皆屬陰。從理者多則陽勝矣！從欲者多則陰勝矣！陰勝則亂，陽勝則治。

神明之樂屬陽，形骸之樂屬陰。玩神明之樂則陽勝，陽勝者理勝也；逐形骸之樂則陰勝，陰勝者欲勝也。理勝者昌，欲勝者亡。

人之生也，只是氣勝。氣，陰類也，氣勝即陰勝。故孩提而知利己，孺子而喜損人，此世界大亂之源也。聖人憂之，急爲扶陽，蓋擴充先天之理以遏抑後天之氣也。不識聖人之意，則世亂無已時矣！

大哉造化乎！非聖人不能測也。

世人不能樂我之樂、憂我之憂，則世人不能知我也，我亦不願人之我知也。世人我知，舉世太平矣！

宇宙之內一生機也，即一殺機也。解此者可與言治國之事。

家國天下之亂，亂於人之不能自制其欲，故聖人不得已而有制人之教，又不得已而有制人之法。立之教，立之法，以縱人之欲，雖聖人亦未如之何矣！

須處處留心，時時用力，稍一鬆懈，陰氣便長，積之久而萬事荒矣！家如是，國如是，天下如是。聖人只是絲毫不鬆懈。

研理要超，作事要近。

寄於虛空之綱常名教，是聖人爲群衆所造之第二天也。有此第二天，則群衆有所托庇，如入廣廈之中，身心安泰，而後萬事可作。今舉所謂第二天者皆毀棄破壞之，群衆失所，如居曠野，如入荒山，方日憂風雨之飄零、虎狼之搏噬、流離轉徙之不遑，奚暇言作事乎？

聖人不得已而用兵，不得已而用刑。兵刑者，聖人之所以安人者也。以安人者害人，聖人之法窮，而人類之禍烈矣！

以理馭氣者天也。理不能自生，必藉氣以爲生。生之源，生生之源，愈進愈強，氣遂處於有餘，理反處於不足。故理之不能馭氣者亦天也。聖人擴充理之不足以敵氣之有餘，所以扶理抑氣，造成人類之天也。人類離此扶理抑氣之天，則氣之有餘者有日增、無日減，理之不足者有日減、無日增。理消氣長，禍亂之興，無有能制止者矣！必也屬於氣者日以消，屬於理者日以長，而後乃有轉機。

凡愚，以氣勝者也，所知者一身之得所；聖人，以理勝者也，所知者萬物之得所。

不苟則理勝，姑息則氣勝。一二聖賢之不苟不能敵千萬凡愚之姑息，則氣日盛，理日微，而大亂作矣！又何必公然爲惡，而後爲亂源乎？

聖人是純粹無疵之常人，常人是駁雜不純之聖人。

人第知土地之肥磽、氣候之寒燠與生物有關，而不知與人才亦大有所關也。蓋人才亦土産也。

聖人之教，破壞於公然爲惡之小人者十有二三，破壞於常人之依違遷就、循私枉法者十有七八。依違遷就、循私枉法之常人，是禍亂之大源也。

道理宜爭而不爭，權利宜讓而不讓，此陰之所以日長，陽之所以日消，亂之所以日滋，治之所以日遠也。

使天下有形有象動於氣之無限能力，皆聽命於空虛之理，而後萬物得所。

以"扶理抑氣，真實无妄"八字爲學，修齊治平之要不外是矣！

孔子之學守理信天，不以人世之得失爲得失。

孔子無我見，故述而不作。

賢聖不世出，豪傑不世出，充滿於宇宙間者中才也、凡夫也。教不能範中才，政不能治凡夫，則家國天下無修齊治平之望。此孔子之政教所以切近人事，不務高遠者也。

學之務高遠者，或究心性之精微，或騖典章之浩博，或尚詞筆之艱深，是皆著作家也。著作家之所益者上智也，不世出之才也。

大凡不世出之才，其所造皆由於自得，而不必資人之著作以爲徑塗。如釋迦、老子之倫，皆一無依傍者也。

著作家之所造，雖不能如杯盤匕箸有益於日用飲食，而夏鼎商彝自可寶貴。

釋迦、老子之高於孔子處，正是不如孔子處。

世界一濁區也，人類一濁物也，孔、老、釋迦皆能知之。釋、老知之而便思離開濁物、逃出濁區，是爲賢智之過；孔子則悲之、憫之，思所以治而教之，不從治、不率教者思所以刑罰之，這便是《中庸》。

孔子不自私，故無出世之想。有出世之想者仍不免有我見。

必入我教而始度，以視夫"有教無類"，如"天無私覆，地無私載"者爲何如？

人之縱欲者蔑理，蔑理之極，形骸亦亡。故無理不能保氣，宇宙之公則也。

君子扶理，小人扶氣。扶理之空氣造成，則世運承平；扶氣之空氣造成，則人類滅絕。

理勝氣則氣役於理，而宇宙清平；氣勝理則理奪於氣，而乾坤毀滅。

扶理抑氣，不但萬物得所，天地亦要平成，故宇宙内事只有一個扶理抑氣而已。聖賢工夫只講求一個扶理抑氣而已。

以牟利之心讀儒書，以趨時逢世之見讀儒書，讀儒書之人，即是亡孔教之人。

世界萬物以人爲治亂之關鍵，無人不治，無人不亂。出治之人少，釀亂之人多，故治日少，亂日多。

小人貴氣體，君子尊神明。氣體之貴不學而能，神明之尊教之不悟。

君子之處亂世也，有悲憫之心，無怨尤之意。小人反是。

欲萬物得所，非扶理抑氣不可。以真實无妄之心作扶理抑氣之事，身、家、國、天下可以言修齊治平矣！

天道如循環也，故世運亦如循環，世愈降，環愈大，有數年、數十年而循一環者，有數百千年而始循一環者。今之環蓋大環也，"否"之時甚長，"復"之時甚遠，得毋爲數百千年而始能循一周之環乎？

講道德於紀綱廢弛之時，猶注水於脱箍之桶也。

其在人也，理勝氣則聖，氣勝理則狂；其在國也，理勝氣則治，氣勝理則亂；其在天地也，理勝氣則平成，氣勝理則混沌。大圓之中只是一個理氣盛衰而已。故君子之學，莫要於扶理抑氣。

陰陽不能相離，但陰必從陽，而後萬物得所，故《大易》重扶陽抑陰。

扶陽抑陰，即扶理抑氣。

慣用機詐者，其術有必窮之時。

歐戰告終之日，是妖魔世界開始之時。

道理當一定不移之處，萬不許用私情私智曲爲變通，用私情私智變通道理，是開禍亂之源也。

我之智慧才能、器識力量萃聚焉，而後乃有真我。無可以用智慧才能、器識力量之處，則智慧才能、器識力量無從而見。智慧才能、器識力量無從而見，則真我斯藏。故事者我之所以驗我，亦人之所以觀我者也。

宇宙間萬物生於氣，萬事運於氣，理之主宰乎氣者反附麗於氣，而其爲力反不若氣之強，全賴聖人以真實无妄之心發爲政教，使天下之人在在處處莫不扶理抑氣，則理之力長處於有餘而天下自平。自科學興，專爲人類助氣，人類之精魄被物質文明所搖奪，茫然不知理之爲可貴，於是助氣之力日以張，伸理之力日以縮，世界前途之禍不可思議矣！

孔子所傳伏羲以來列聖相承之學，不當以後世之道學擬之，更不當以異國之哲學稱之。其一種修己治人之真精神，有足以獨立天地間爲世界人類開太平者，當呼之曰"聖學"。

人是有情動物，機器是無情動物。其始也，以有情動物造無情動物，而無情者爲有情者所役，有情者遂享無情者之利矣！其繼也，以無情動物役有情動物，而有情者爲無情者所持，無情者遂爲有情者之害矣！

非無情動物，不能使世界回復於混沌。

父母不生肖子，如家庭何？天地不生聖人，如世界何？

聖人率性，常人率情。率性者伸理，率情者徇欲。伸理是治之本，徇欲是亂之根。

得着這一點兒，天多大我便多大。

自得之得是爲真得，有真得者氣數不能撓。氣數所能撓者形骸而已矣！

心中有一毫人世得失、身世怨尤，便是渣滓。

渣滓不化處畢竟是私，須推勘到心髓入微處，方能掃除淨盡。愈歛愈內，愈內愈密，工夫方有着落。

心思外馳，終難入道。

歸根復命處，除了一點本性，再有甚麼？

奴僕有過，雖嚴詞斥之，亦無不可，斷不宜以污蔑難堪語破其恥，尤不宜以揭短苛刻語傷其心。是皆鑿其天者也，鑿天者不祥。

有絲毫鄙吝護短心，便不能光明磊落。

悲憫之懷無時或釋，而不礙於坦坦蕩蕩之胸襟、浩浩淵淵之性體者，聖人之心無私憂也。

以不欺欺人者，其機詐更甚於以欺欺人者。

世變至人不樂生，死則相慶，非可慟之極者乎？

忘一生之樂利，憂萬世之治安，惟聖者能之。

道理不是難明白，是難安頓。安頓不常，雖然明白，仍無道理。

處亂世而好與人爭理，亦取禍之道也。

好與人争理，是不能自抑其氣。

我之不樂處，皆我之人也。我之樂處，皆我之天也。我之人烏能奪我之天？

他說的是人欲，我聽的是天理，我不算知言；我說的是天理，他聽的是人欲，他又烏能知言？

言人則人解，言天則人不解。世之人皆人也，誰是人而天者乎？

人無真味，不如禽獸。

以人測天，終不能了了者，天太大，人太小。

這宇宙原是個濁區，這人類原是個濁物。除了聖人，誰能坦然於濁氣之內、超然於濁氣之表？

誰不怕死？不苟活者便非常人。

吾國數千年來，亂日雖多，而綱常名教之根本未嘗動搖，故能收武力統一之效，今非其時矣！

天災、人禍相逼而來，糧路不通，蘭州竟成絕地，甚可危也！

造次顛沛之時，即試驗我學力之時。若不能置生死於度外，而存絲毫計較利害之私，便與魔鬼同入地獄矣！危乎哉！危乎哉！

能捨我方能存我，看得分明便是大徹大悟，大徹大悟便登時頂天立地。

正人君子處亂世有應得之禍，猶處治世有應得之福。只知趨利避害者非達天者也。

君子處治世而不倖福，處亂世而懼禍乎？

處治世無苟得之福，處亂世無苟免之禍，皆君子人也。

有所守，便有所殉。小人殉利，烈士殉名，君子殉道，吾將何所殉乎？

天無形骸之得失也，争形骸之得失者人也。故人不能知天。

人能鍊得神比天大，則視億萬地球猶敝屣耳！又何有於一地球之得失哉？又何有於一地球上之人之得失哉？

凡非人力所能主而得之福謂之倖福，凡非人力所能主而得之災謂之无妄之災。聖人之所自得者皆自主者也。不自主之得失，聖人不以爲得失。

置禍福利害於度外，而惟理是殉，是處亂世之道。

不可以理喻、不可以情感者，非人類也。

學聖賢非爲獲福也，爲獲福而學聖賢，去聖賢也遠矣！

君子之於遭逢也，逆來順受。不能順受，是益其逆而增其災也。

無論何書，都是學問之糟粕，聖經且然，何況其他？然精華即在糟粕之中，捨卻糟粕，何處覓精華乎？不離糟粕，何日得精華乎？

小人只知奪利而已。奪利而且奪理者，小人之尤者也。

非世界大一統，孔子之道不能復興。

理之公有者不亡，亡者皆形氣之屬於私者也。

宇宙之禍福皆生於飲食男女，聖人使飲食男女之欲平而天下治。

余自弱冠即好研究學術，年踰六十始能以"扶理抑氣、真實无妄"八字爲宗旨，覺身之所以修、家之所以齊、國之所以治、天下之所以平，皆不出此八字之外。古今聖賢學術之至精至要者，無非能盡此八字而已。惜年老力衰，不惟不克實踐躬行，即欲將此八字發揮透徹作爲一書，以當生平求學之結果，亦有日暮途遠之勢，抱憾何如！

余晚年所悟聖人造天、機器造劫之説，曾於序《甘肅人物志》時約略言之。此段議論關係世界安危，於古今中外政治學術中獨發揮吾國聖人之道爲最優、最善。自信是從來尊孔教談國故者眼光所不到，非條分縷析著爲專書，不足以使閲者醒心豁目。惜精力已衰，書之能成與否，甚不可必，而時勢之危已有朝不保夕之險，可勝慨哉！

今日之人民，不死於兵災，便死於年荒，不死於年荒，便死於疫癘。死固今日意中事，任誰亦不能自保。余倘不幸而遭劫，亦處亂世之常，無足怪者。只上所舉二書未成，是生平遺憾耳！

聖人治國之法由性命而生，歐美治國之法由情欲而生。生於性命者，萬殊歸於一本；生於情欲者，一本散爲萬殊。歸於一本者易治，散爲萬殊者易亂。

人之處事便是人之行道，夫道若大路，然人人走路，而賢智者過之，愚不肖者不及。過、不及之間有一段要緊地方，無人盤旋，無人着意，則人人走入迷途矣！積人人之迷途，世間遂無正路矣！天下事又從何處説起？

以新學、時務書爲"六經"注腳，則所得於"六經"者愈真愈切，所得於新學、時務者亦粹而醇。

捨日用行習而言道，所言者便高、便妙、便動人聽，只是無裨實用耳！孔子之道，只在日用行習中求之，其切近處正是高妙處。所謂"中庸"，不可能而愚夫婦與知、與能者也。

孔子之學視萬物爲一體，不能使萬物得所，便不能盡孔子所學之量。

利心重者不能作事，名心重者亦不能作事。名利皆欲也，有欲則敗。

有條理者一日能了之事，無條理者紛紜數日而仍不免有遺誤。此才、不才之別也。

求事後之逍遥者，無在而不逍遥；在事前圖逍遥，則事荒身累，永無逍遥之一日。

孔子只是無私，無私之極便是至仁。

孔子只是無偽，無偽之極便是至誠。

世間萬惡皆出於有我之私，故不能毋我，不足與言天德，不足與言王道。

以"扶理抑氣、真實无妄"爲爲學宗旨，莫若以"毋我"爲宗旨，"毋我"兩字，無所不該矣！

世間無論何事皆壞於喜怒哀樂之不得其正，喜怒哀樂之不得其正，皆由於有我。故我見不化，任你千言萬語都是閒話，與身心無涉，與學問無關。

任你事功多大多好，與我無關，我必思破壞之；任你學術多精多粹，與我無涉，我必不贊許之；功必己出，業必己成。此我見之所以爲身心、家國、天下之大蠹也。

我見生於有形氣之私。處乎形氣之中、超乎形氣之外者，其唯聖人乎？孔子聖之無我者也，故能"述而不作"，故能"有教無類"。釋氏言論似高於孔子，其實我見仍未化也。闢門户，立宗風，別造西方極樂世界，皆我見之極大者也。

道理上的我喪失不得，情欲上的我存留不得。

我之自害，禍更烈於人之害我。一身然，一家然，一國亦然。

人類中有所謂聰穎一流，是秉氣較清者也，其賦質必弱，全賴公理以生存。倘挾其聰穎之知識以提倡助長人欲之事，俾人世間氣日長、理日消，聰穎者遂無容身之地，而日歸於淘汰矣！是之謂無形自殺。

聖人無身世之感，道之不行，不克使人人得所，是其悲憫之不能一日忘者。

跋

右《日記》八卷，是自光緒丁酉至於今三十年來所自以爲心得者也。回頭猛省，歲月虛拋，而所謂心得者亦不過飽更憂患，目睹滄桑，動忍之餘，略識爲學之門徑耳！於大道能有絲毫之湊泊乎？如行路然，前途正遠，來日無多，以衰朽殘年又值此空前事變，過此以往，倘不獲偷生於斯世，則《日記》固止於此。倘一息尚存，不容少懈，竊願以後之所獲者別爲體格，變易名稱，以存吾爲學之究竟，則日記亦止於此。

我中華改稱民國之夏正丙寅除夕，五泉山人自跋，時年六十有三。

拙修子太平書

弁　言

是書原名《太平答問》，再版時略爲修改，更易此名，是爲定本。

是書搜天地萬物之根，抉爲學出治之本源，發前古所未發，開統一世界學術之先河。

是書搜出科學根據於氣、爲人類造劫之病源，發世界之蒙，揭學人之蔽，石破天驚，如土委地。後之創統一世界之學說以造學治世界者，循此以求之，大有事在。

是書從造化源頭上辨別是非，分清得失，出於自然，不事安排造作，因物付物，無人我之見，無低昂、軒輊之私。後世信而奉之，其説固不可易，即毀之、謗之、唾棄之、掊擊之，其説亦不能磨。蓋其所據之根本，不能動搖故也。來日方長，人類至廣，聖人復起，不易斯言。

是書所極當研究者甚多，余年老無能爲役，兹條列於後，以俟後之君子。

在天之理、氣，在人之理、氣，皆當一一指實，使人了然於心，更無疑意。理、氣之不能割然分而爲二，亦不能混然合而爲一，有理即有氣，有氣或未必有理，皆當一一分晰，使人認得清楚。理、氣不分之弊，數千年來在所不免。理、氣分清，百弊皆去，如宗教家、迷信之説不辨自明。理無不善，氣則有善有不善。亦非氣有不善，實不善之皆由氣而生也。此處當極深研，幾善惡既定，則學術之本源自清。

學術之根於理者，結果必歸於復性；學術之根於氣者，其流必入於人欲。持此以鑒別學術，則學術自正，異端旁門、索隱行怪之所由來，亦昭然若揭矣！

　　奈端以來，科學諸人所謂獨得之真理，皆從氣之靈覺處得其奇妙變幻之機，非先天渾然無物之真理。猶告子之於人，認生之爲性，認食、色爲性，皆以氣之靈覺處爲性，而非秉彝好德最初之性也。此種奇妙變幻之機之出於靈覺者，在宇宙間乃最占優勝之物，理之所到，即此物所到，而力尤強於理，彌綸充塞，挹之不竭，取之無盡藏。科學家所得，不過滄海一粟。他日愈演愈進，愈出愈奇，爲人類多增一分知識，即爲人類多鑿一分天眞，人道由此而息，世界亦從此而毀。惟借科學以洞微燭隱，使無微不彰，無隱不顯，而後施以裁成進退之方，使之役於理而不能自逞，則世界之學說，一根於理而不奪於氣，猶人身之趨向，一衷於性而不役於欲，前古未有之太平，不於此而見端哉？

　　是書無著作權，展轉譯印，極所歡迎。

　　中華民國辛未秋九月。

拙修子年六十有八病中自述

太 平 書

　　拙修子者，黃帝之苗裔也。生平讀孔子書，有志於經世之學，晚年遯無形山中。山中人有精黃老術、自號借翁者，拙修子與之交，相知日深，每傾談，以發抒襟抱。日者借翁過拙修子而太息曰："吾與子株守此山，久不履人間世。頃雲遊世界，見人類皆蠢蠢有不可終日之勢，而東亞之災尤救不勝救。吾聞治亂循環，亂極則治。今靜觀人世，覺禍機隱伏，所在皆然，豈竟無重見太平之日乎？"

　　拙修子曰："今後之太平，非一國所能獨致者也，不合全世界以觀，能下斷語乎？當交通日便、殺人品日多之時，而不能化除國界，猶抱生存競爭之說，有進無休，恐因生存而競爭者將不免因競爭而同歸於盡矣！又何太平之可望？故欲求世界之太平，當在化除國界而後。國界之化除，至早亦須在千年而後。千年之內，或因時會所關，或因方興所限，倖得之苟安容有之，太平則難言也。"

　　借翁曰："世界之太平，既在千年而後，吾生也有涯，不及見矣！能預擬其境，使我如入華胥國作一場好夢乎？"

　　拙修子曰："預擬太平景象，可勝言哉？亦言其大者而已，必也全球人類歡若一家，無貌合之偽文，無傾軋之詭計。毒蛇猛獸不育於時，一蟲一鳥之有害於人、一草一木之含有害人質者，不接於耳目。仰而遇之者，景星也，慶雲也，和風甘露也；俯而遇之者，芝草也，瑞木也，麟鳳龜龍也。血氣之倫，罔不怡怡然適情悅性於天倪洋溢之中，即蜂蝶之微、螻蟻之細，亦未有不悠然自得者，是謂還醇時代也。"

借翁曰："世界如此之大，人類如此之紛歧，何以即能還醇乎？"

拙修子曰："還醇固不易，然亦視乎學術何如耳？學術之本於氣者勝，則人事日趨混沌；學術之本於理者勝，則人世可望還醇。"

借翁曰："學術何以有本理、本氣之分乎？"

拙修子曰："欲知本理、本氣之分，須先知天。夫世之所謂不可思議者，惟宇宙足以當之。如近世之講宇宙觀者，即從地球開始之日講到地球毀壞之時。果能窺測其所以然乎？則天似不可知矣！然既爲人類，則無論何事，當就切於人事者言，方能有益。切於人事之宇宙觀，理、氣二者而已。太空，一積氣之區也，氣之自然而然、不得不然者，即理也。理乃渾然不雜、純粹無疵之物，人得之便爲秉彝好德之良，是爲先天，孔子贊《易》所謂'太極'是也。太極一動，生機便開，旋轉運行，瞬息萬變，皆氣爲之。此人類不齊之氣質所由來者，是爲後天。凡屬於先天者，皆潔净精微，毫無渣滓。在天曰'理'，在人曰'性'，故《孟子》謂'人之性善'。一屬於後天則駁雜矣，則無所不有矣！故荀、揚或謂'人之性惡'、或謂'人之性善惡混'。噫！天嘗累於氣數而理有不顯之時，猶人嘗累於氣質而性有不存之日。所貴乎爲學者，當本諸先天之理，以馭後天之氣，使氣統於理，不致妄行，則氣數不致於累天而理長伸矣，猶氣質不致於累人而性自善矣！若據後天之氣，以爲爲學之本，則其學之成也，能使氣數用事，而先天之理退處無權。猶人之從欲也，必致氣質用事，而先天之性若存若亡。故天理之或顯或晦，以爲人世之治亂、興衰者，皆人造之也。此余所以有造天之說也。"

借翁曰："人之造天是極顯然事，天地不經人開闢，終古洪荒而已。人類之用物，何一非取諸自然而以人工造成者乎？即就屬於理者言，如孝弟忠信禮義廉恥之類，天不過有此理耳！不造則不惟無其事，而且無其名矣！吾子造天之說，願聞其詳。"

拙修子曰："本諸理以造天者，則造成之天爲以理馭氣之天，是爲人造福者也；本諸氣以造天者，則造成之天爲氣數用事之天，是爲人造劫者也。"

借翁曰："世有本諸氣以造天而爲人類造劫者乎？"

拙修子曰："開闢以來未有也，有之，自泰西物質科學始。物質科學之研究物理，非先天與氣相對之理，乃後天形質中發於自然之理，爲庶物常循之公例，如火必熱、水必濕之類。其說創於哲學家，迨後科學發明，如理化學、電力學、機械學等，或抉氣中之秘奧，或爲助氣之神品，日新月異，遂爲歐美各邦開前古未有之富強。舉世風靡，釀爲學說，'物競天擇'之論出，只顧生存，不分賢否。蓋其目光所注，惟在於氣也，於是科學萬能之譽起，世之人群焉附和，此則曰'征服自然'，彼則曰'發展個性'，囂囂然日奔走於縱欲之途而不知返。人之生也，自黃口以至白頭，無非從事於逐氣，而不暇計道德之存亡。競爭日烈，戰備日精，譎詐權奇之術日進，先天之理處於依稀髣髴間，而氣數之天造成矣！噫！爲短期間少數人造前古未有之奇福、爲長期間多數人造前古未有之奇劫者，非物質科學乎？"

借翁曰："然則本諸理以造天爲人造福者，又爲何人？又出何地乎？"

拙修子曰："自古本先天之理以造天，而使後天之氣有所統禦者，莫盛於中華。自伏羲一畫開天，分陰分陽，便將理、氣機緘開示萬古。其出治也，以制嫁娶者，重人倫之本。造天方法，此爲先河。迨後虞舜之敷'五教'，三代學校之重人倫，無非本人心所賦先天之理成之爲性者，創造人事，使男女老幼終身循習，以自別於禽獸。故如後世所稱之'三綱五常''禮樂刑政'之類，皆造天方法也。至孔子而方法大備，於是取列聖講求方法之精義微言，定爲'六經'，以垂世立教，俾後之人不敢放失此方法，則後天之氣常順從先天之理，而太平可保。此列聖造天之功，至孔子而大成者也。噫！在天在人，皆不免於氣質之累。惟孔子不累於氣質，而純以理勝，是宇宙間人類中絶無僅有者。其'六經'所言造天方法，無非變化氣質之方法。從其說，使氣統於理，在人則身可修、家可齊、國可治、天下可平。其感之於天也，則陰陽和、風雨時、天地交泰、水火既濟。故孔子者，不獨爲人類之福星，亦天之'幹蠱子'也，真不愧爲聖人者也。"

借翁曰："然則東西相對，即理氣相對，世界學術與人類有絶大關係者，惟此二者乎？此外更無學術乎？"

拙修子曰："此外有宗教有哲學。宗教、哲學之立說太高，無當於人事者，存而不論可也。其近於理者，則孔學化足以該之；其主於氣者，則科學化足以該之。其他因科學之弊而生之學說，千門萬戶，愈出愈奇，要皆助科學而爲虐者也，不足爲正當學說也。故論東西學術，以理勝者，則孔學化而已，以氣勝者，則科學化而已。"

借翁曰："孔學化、科學化之分，可詳言之歟？"

拙修子曰："孔學化以別於禽獸爲重，科學化以優於生存爲重。思別於禽獸，自然學道；專志於生存，自然計利。故孔學化之於人，必以賢否分；科學化之於人，每以貧富論。孔學化之人，貴以理勝；科學化之人，貴以勢勝。孔學化之所保者，善類也；科學化之所尚者，強權也。保善類，則君子道長；崇強權，則君子道消。君子道長之時，則天理日以彰；君子道消之時，則人欲日以肆。天理日彰，則講讓；人欲日肆，則好爭。天理日彰者，勉於真誠；人欲日肆者，習於機詐。天理日彰者，有時或殺身以成仁；人欲日肆者，則不免害人以求生矣！天理日彰，則爲婦女者必曰‘失節事大’；人欲日肆，則爲婦女者不妨曰‘失節事小’矣！天理日彰，則行一不義殺一不辜而得天下不爲；人欲日肆，則行萬不義殺萬不辜而利一己爲之矣！嗚呼！從理從氣之相反而不相容，有如是之可畏也哉？"

借翁曰："然則趨於科學化之世界，同化於氣之萬殊，愈演愈分，愈分愈裂；何若趨於孔學化之世界，同化於理之一本，以期日進日合，合而爲一，庶幾可望人道之不滅絕乎？"

拙修子曰："嗚呼！翁尚言人道耶？吾爲此寒心久矣！人之所以異於禽獸者幾希。幾希，即道之所在。一身之内，幾希之外，無一不屬於氣。屬於氣者，不惟與禽獸無分，即昆蟲鱗介之微，其情欲亦未嘗不與人相似。聖人之重此幾希、擴充此幾希者，所以拔人類於禽獸之外、使超出乎凡有動物之上也。乃科學化之講生物學者，將人類與昆蟲鱗介且比而觀之，又何分於禽獸？講‘進化論’者，研窮物種由來，以人非開闢時所特造，乃從獸類進化而成者也。學説之險惡，莫踰於此；人世之亂源，莫大於此。蓋人當累於氣之時，使之從理已屬勉然。今昌言曰：‘人類無分於禽獸。’在言之者只知有氣，不知有理，無怪其然。而識者則儣儣危懼,慮世界之將無人類也。苟無人類,則科學家所創造之物質文明,極飲食、衣服、宮室之美,而令誰享受之乎?即有享受之者,而只知利己,罔顧其他,防危慮險,冰炭在胸,以視夫簡陋樸拙之鄉,神安魂怡、陶然於幕天席地中者,其得失爲何如哉?"

借翁曰:"然則孔學化獨無所短,科學化竟無所長乎?"

拙修子曰:"孔學化重保守,其流弊必致委靡不振,然較科學化之弊則輕矣,亦易於矯正矣!科學化以進步爲特長,納世人於嗜欲攻取之途,爭奪不已,殺運斯開。殺之以火器而不足,則繼之以毒氣;殺之以毒氣而不足,則繼之以電氣。人類之生活,既奪於機器,又奪於兵費。化世界爲餓鄉,則擁如山如阜之金錢,挾昇天入地之技巧者,即倖能獨存,果何所樂乎?故科學化乃趨混沌之妙術,不能矯正者也。試更假設一境以比較之,則孰長孰短不待知者而可知矣!倘一旦人類大爲覺悟,將世界科學全行廢止,則解除無窮之痛苦,而所憾者,不過不美觀不便利而已。倘一旦科學化推行過度,將孔學化掃蕩一空,則人類所受之痛苦,必至於無紀綱無法度,罔識仁義,更無廉恥,不入於魔鬼地獄而不止。世之昌言學術以謀世界之和平者,試平心思之!"

借翁曰:"然則世界之安危,人類之存亡,視乎理、氣二者之勝負而已。孔學化扶理,科學化助氣,捨科學化之助氣,以求免於危亡,則圖安圖存之道,莫如從事於孔學化矣!世之人竟役役於彼而不知反,豈真安其危、樂其所以亡哉?"

拙修子曰:"人非聖賢,孰能不役於情欲?情欲動於氣者也。科學家本諸氣以發明之物質文明,恰與同出一源,故投其所好,如醉如癡,不惟無知反之毅力,乃更無知反之明機。故孔學化經數千年列聖大賢提倡擴充，而未嘗行於中華國門以外，科學化未及三百年便縱橫馳驟於全世界而不可制止。從欲如流水，從理如登山。嗚呼！噫嘻！"

借翁曰："然則孔學之關於人類存亡者，大矣，則研究孔學爲人類莫大之要務，請吾子先言孔學淵源之所自。"

拙修子曰："孔子之學所守者，堯、舜相傳之心法：微、危、精、一是也；所遵循者，三代學校教人之法：格、致、誠、正、修、齊、治、平是也。"

借翁曰："孔子承前古聖人之學以爲學，前古聖人之學於理、氣爲何如乎？"

拙修子曰："前古聖人之學皆導源於理，故隨時隨事無不以理馭氣，孔子之學如是而已。"

借翁曰："孔學既主於以理馭氣，自當隨時說理，隨處說理，性、道即之所從出，何以子貢有'不可得聞'之歎乎？"

拙修子曰："孔子不離氣以言理，蓋重躬行不重理想，觀於生平言仁之處可恍然矣！後之儒者，孰不以孔學之宗旨在一'仁'字？而《論語》所記，則與'利'與'命'皆曰'罕言'，蓋不空言'仁'也。其言之者如巧、令之鮮仁，欲人之戒巧、令也。'剛、毅、木、訥之近仁'，欲人勉於'剛、毅、木、訥'也。凡若此類，無不就切於人事者指示之，使人當下便有執持循守，以爲進德之資，決不少涉空虛，俾聞者入於緲冥恍惚之境，以自誤修爲。其答問'仁'亦皆如是：於樊遲則告以'愛仁'矣，告以'先難後獲'矣，告以'居處恭，執事敬，與人忠'矣；於司馬牛則告以'訒言'矣；於仲弓則告以'見賓承祭''不欲勿施'矣；於子貢則告以'事賢友仁'矣；於子張則告以'恭、寬、信、敏、惠'矣；以顏子之賢，幾於聖人，亦必實之以'克己復禮',近之以'視、聽、言、動'。及門授受,心法不渻。是以《鄉黨》一篇形容孔子處亦只就言語、動作、飲食、居處以寫聖躬之中道,此所謂人道也,當呼之爲'人學'。盡人合天,聖人之'人學'也;'三月不違',大賢之'人學'也;'日月至焉',二三子之'人學'也;等而下之,與知與能,又何嘗非愚夫愚婦之'人學'哉?是以'有教無類',盡人可勉。自子思子作《中庸》,言天命,言性、道,遂開後世講學家高談'性''命'之端。夫'性''命',一本者也,一入空想便萬殊,而不畫一者,人之賦質不同、識解各異故也。聖人以理馭氣,即氣觀理,則氣統於一本。理著於有象,何是何非,人人共見,豈若遯於虛者之見仁見知,門户紛爭,而終無何是何非之實證乎?故宋、元以來之理學、道學,不盡合於孔子之'人學'也。"

借翁曰:"孔子既罕言'仁',其言性、道又不可得聞,則孔子之教人與人之學孔子,將以何者爲標準乎?"

拙修子曰:"孔子承歷古聖神之宗風,以造士者,造君子而已。《論語》二十篇中,言及君子者踰九十;《易》之'十翼'動言君子,而《大象傳》於六十四卦繫以君子者五十四。孔子之望人爲君子爲何如乎?學孔子者,學君子而已。"

借翁曰:"世人所學未有不重才能、藝術以爲發名成業之資者,即孔門四科之分,亦何嘗不如是?今獨歸重於學君子,君子者,物質發達、競爭劇烈時之廢物也。以此爲學,不將同趨於天然淘汰之列乎?"

拙修子曰:"因不講君子之學,是以造成人類競爭之世界而日就滅亡。孔學之造君子,所以儲主持國是之選,而消人類競争之禍也。工人之技巧,即使能飛行天上,而仍是工人,不足與言君子之大道也；商人之經營，即使能歛萬國之財於一國，而仍是商人，不足與言君子之大道也。知君子之大道者，方可與言治國。"

借翁曰："君子之程度有高下，造詣有淺深，將以何者爲學君子之要務乎？"

拙修子曰："高下淺深之説，誠不誤矣！如《論語》首章'不知不慍'之君子，即聖人也。'不知不慍'者，不自私自利之極致也。故普通人之學君子，當以不自私不自利爲要務。不見孔子於'謀道不謀食''憂道不憂貧'則稱爲君子乎？推類以觀，於禹之'菲飲食''惡衣服''卑宫室'，則稱爲'無間'；於顔子之'簞瓢陋巷不改其樂'，則贊之曰'賢'；於子路之'緼袍''不恥'，大爲嘉歎；於士之'恥惡衣惡食'，鄙爲'未足與議'。此非學爲君子者所極當注意者乎？"

借翁曰："學爲君子之道，似亦夥矣！何獨於人人所不能離之衣、食、住，矯情立異而後始謂之君子乎？"

拙修子曰："此正孔學之所以能安天下者也。孔學之所重者，人人之衣、食、住。若合世界之人而皆注重於一己之衣、食、住，則禍亂之來不可測度矣！蓋人之生也，孰不有氣體？既有氣體，則寒之求衣，饑之求食，風雨之求宫室，孰不有同情？但求衣之情可擴，則求之衣者不僅爲禦寒矣；求食之情可擴，則求之食者不僅爲充饑矣；求宫室之情可擴，則求之宫室者不僅爲蔽風雨矣！芸芸萬輩，雖皆有擴而充之之同情，然無可憑之權勢，則欲望亦無從而達斯亦已矣！君子者，儲爲國家任用之才，使異日憑權藉勢負治人之責者也。世有負治人之責而患衣、食、住之不給者乎？故必於爲學之始，使於人人不能離之最切近處，拔其自私自利之根株，以爲作事之本。否則達而在上，憑權藉勢以逞一己之私，生靈有不塗炭者乎？況上行下效，風氣釀成，爭奪由此而啓，殺運由此而開，流弊之極，不至於天地晦盲而不止，所關豈細事哉？"

借翁曰："吾聞談孔學者無不以綱常名教爲重，今獨注重於學君子而不及此，何也？"

拙修子曰："綱常名教，聖人造天之方法也。方法已得，天已造成，則人皆相安於天之內，更無異志，只造保持方法之人而已。君子者，人之能保持方法者也。"

借翁曰："然則以理馭氣之學，爲保全人類之至寶，豈後世以形骸之樂利爲事者所能夢見其萬一？吾子其提倡孔學，以救科學造成之奇劫，則氣數之天又烏能用事乎？"

拙修子曰："科學化推行到孔學化之區，則氣數之天完全造成，人類劫運便無能挽回之理。猶患癰疽然已成形矣，已生膿矣，能腫消痛止安然平復如初乎？今以三百年歲月，用全副精神爲世界造無數癰疽，已到次第生膿之候，雖有神醫能使消化於無形哉？"

借翁曰："然則科學化之毒，中於人類者如此之深，播於世界者如此之大，以癰疽喻之，生膿須時，潰爛須時，消腫化毒須時，百孔千瘡更迭無已，世界前途不永爲療病救死之日乎？又安望孔學化之推行以收恢復元氣之效哉？"

拙修子曰："無往不復者，天之道也；不能絕望者，人之心也。雖崇孔學以反科學之言論，爲逐氣逞欲之時所極不願聞，不笑爲癡愚，必斥爲囈語，然余獨不可爲桃花源、烏托邦之夢想耶？居嘗竊不自揆，著《造天學》一書，以期百世而後否極反泰時，或有用孔學化爲世界人類造莫大之福者。今老矣，不能俟河之清矣，翁其爲我保存此書，或能傳之異日乎？"因以《造天學》授借翁，時則中華被科學化化爲民國之第二十年也。未幾，拙修子與世長辭，借翁與山中人哀其志，群呼爲"悲憫先生"，爲位哭之。

借翁得《造天學》，時時披閱。其所言不出"五經""四子書"，一味老生常談而已，無特創之新義，無難解之奧辭，其大旨則在觀天觀人，要處處認清理、氣。若認不真、看不透，以氣爲理，誤用聰明，勢必先天之理無由而顯，後天用事，氣數當權，人類不復能保持固有之良、最初之性靈於萬物者，反不如禽獸，則爲禍之烈不可勝言矣！一書之中，反覆申言者，不外此旨，借翁乃爲印行於世。

借翁自拙修子物故，益有感於浮生之若夢，乃愈注意於修真，精進不已，直證無上天仙，寂歷空山，久忘寒暑。功行既滿，因入世以了恤難救災之夙願。迨下山周遊萬國，竟不見有難，不見有災，遂無所用其救恤而罷。問之人，其時蓋西曆三千三百三十年也。所至之處，不見向之所謂戰艦也，不見向之所謂火器也，不見向之煙囪高矗、容納數十萬人之製造廠也。居民欣欣，以農爲本業，手工輔之。此邦所無，取之彼邦，通工易事，不斤斤於國界也。無甚貧甚富之人，無甚強甚弱之種族。主持國政者，皆有得於孔學化而不愧爲君子者也。求學之士，皆奉孔子書如金科玉律，以故講求《造天學》之風洋溢於世界。借翁行至"無懷村"，遇《造天學》大家曰"烏有公"者，因詢世界還醇之故。

借翁曰："余初在無形山中時，世界戰禍，時有所聞，此次之來，目之所覩，今昔全殊，果遵何道而至此耶？"

烏有公曰："是孔學化所賜也。千數百年前，有拙修子者發明《造天學》，以挽救物質科學所釀成之奇劫。又歷數百年，世之人方有覺悟，孔子'人學'漸家喻户曉，無不知平天下以用人、理財爲最要：用人以君子爲準，而言利在所必懲；理財以平均爲準，而聚斂則爲大戒。今世界之人，沐浴於孔學化者日以多，所著之書無慮數百種，吾子取而讀之，可瞭然於還醇之故矣！"

借翁曰："《造天學》之發明，既在千數百年前，何以遲至今日而始收效耶？"

烏有公曰："凡助氣學說，爲人類所極樂從，以其合於情欲之私也，非經極大懲創，受切膚之痛，則從理之說無由而入。拙修子《造天學》出，與當日世界人類逐逐之潮流大相反，誰肯捨現在一己之利益而謀未來群衆之公安耶？故見者一笑置之，漫不加察。厥後氣愈長而愈強，理愈消而愈弱，禍機逼迫，人不能持，每有戰事，慘不忍言：強大者，既受物質科學之驅役，降爲弱小；弱小者，又視物質科學如神聖，而借之以謀爲強大。此僵彼起，人無悔心，途窮不返，竟不知人世尚別有康衢者。迨戰禍蔓延，日趨混沌，先天之理，油然而動於世界孑遺者之心，或乃乘間而以《造天學》進，顛沛之餘，大爲感痛。讀孔子書，怡然渙然如膠投漆，遂相與結合，日求孔學、科學之本源，比而較之，以定從違。如是者若千年，孔學化乃漸推漸遠，又於物質科學中，發明以氣制氣之方法，以輔孔學化之不足，而效乃大著。至今日，而吾儕之不識戰具爲何物、戰功爲何事者二百餘年矣！"

借翁曰："孔學所據者，先天之理。理爲無形之物，故常處於弱，遇氣之逞強作亂，往往無力制止，此千古理不勝氣之大憾也。今子言發明以氣制氣之方法，以輔其不足，真創聞也，請詳說之。"

烏有公曰："當日人類究心孔學化之時，群以理之不能勝氣爲憂，嗣因究心孔學化者，亦精物質科學，遂有孔學與科學合爲一家之神悟，而發明中和素。中和者，孔學之大本、達道；素者，科學之元素也。以中和爲元素，又採取物質中極能解毒之品，化合成一種輕微之氣，人不能見，而性不上浮，遇有形之物，必附麗之，以化其不正之氣，化盡則轉附他物。其法用電力布達於地球之上，漸推漸廣。醞釀既久，去地二三十丈之空氣，純粹潔淨，無天行之五賊。有毒之物，無由而生，人之結胎，又何從而感兇惡不正之氣。於是，人類秉受先天之性，易於發現而同入於孔學化矣！自茲以往，非深有得於孔學者不許習物質科學，科學家遂不復有助氣造劫之思想。此東西學術之合一，即《造天學》之成功，所以開萬世之太平者也。"

借翁大喜，乃別烏有公而還，爲文以祭告於"悲憫先生"拙修子之位曰：

維先生之自慨兮，嘗謂我生之不辰。丁空前之厄運兮，目睹人世之沈淪。寄癡心於千載而後兮，望大地之回春。今竟如願以償兮，傳正學者在在有人。播孔（學）化於地球之上兮，重見熙熙皞皞之民。嗚呼先生兮，可以怡神！

祭告後，借翁羽化登仙，不復住世。而山中人每稱述其與拙修子往來軼事，津津不忘。

重印《拙修子太平書》跋

民國二十年季春，皋蘭劉果齋先生著《拙修子造天學》。初稿成，命公討論得失，箋注所見。公不敏，膽敢如命以報。先生採納芻蕘，删改修正，名曰《拙修子太平答問》，仍命公論之。公於"理""氣"二字所名之實，與先生辯其定義，並及其餘末節。語未隨機，致有不合。先生初印若干，分給同人。及秋，又修改而成此定本，署端曰《太平書》，經其及門諸子署簽"拙修子"。印行未幾，而先生遽歸道山矣！先生於公，不棄愚陋，忘年下交。公雖夙無請業之名，而讀聖賢書，辯中西術，所獲先生言論、著作之益者良多。今先生不得復見，時苦無所質疑。前之辯而不合，既悔鹵莽，復覺理、氣之實，必須疏通說明，庶疑是書者有所取喻。

夫理、氣對待之名，出自宋賢，原非孔、孟面目。而"乾知大始，坤作成物；乾以易知，坤以簡能"。"易簡而天下之理得而成位乎其中"之言，見於孔子《繫辭傳》。"夜氣""平旦之氣""浩然之氣"之說，見於《孟子》七篇。"易知、簡能"，即"良知、良能"，此"知能合一"，即"理"也，亦"中"也。《堯曰》："允執其中。"孔曰："黃中通理。"《中庸》曰："喜怒哀樂之未發，謂之'中'。"名雖不同，實則無異。其所謂氣者，就其感物而言，《樂記》不云乎"人生而靜，天之性也。感於物而動，性之欲也"？欲也，氣也，皆言感也，一而已矣！此皆不可以名言訓詁之習氣辯，要當於存養德性工夫得力後驗之，吾人偶當極靜，諸念皆空，有如月到天心，萬象畢照，滄海太空不足以喻其大，風恬浪靜不足以喻其平。以其無所倚着謂之"中"，以其有條不紊謂之"理"。以之接人應物，自興"胞與"之感。故大公無我，心平氣和，視則明，聽則聰，言則則，動則道，思則不出其位，合人己外內而無礙，此其所謂"理"也。繼此以降，私念即萌，視不必明，聽不必聰，言不必則，動不必道，其思也出乎位，而不自持，此其所謂無理之"氣"也。夫物之感人無窮，而人之好惡無節，物至而人化於物，滅天理而窮人欲，《樂記》所言極爲分明。《老子》曰："五色令人目盲，五音令人耳聾，五味令人口爽，馳騁田獵令人心發狂，難得之貨令人行妨。"蓋外誘多物使心馳求，《孟子》謂之"放心"。戀愛不捨即癡也，滿足欲望即貪也，競爭奮鬥即瞋也。物化日甚，人欲橫流，滋"癡、貪、瞋"之三毒，增"淫、盜、殺"之三業。天下之亂，不可勝窮，而人間世苦矣，非所謂科學化助氣之弊也乎？然則理、氣對待，雖取名於宋賢，亦可申孔學之要義，即融會佛、老，未嘗不通。破封執之局，引未來之的，以理馭氣，折中亞歐，啓學術界光大之坦途，覓全世界太平之正路，將於是乎卜之未知。先生在天之靈，果以爲合其旨焉否耶？

兹本局重印是編，特爲述其顛末，並疏理、氣之函義，以就正於知言君子。

中華民國二十一年三月，隴右樂善書局主管臨洮楊漢公顯澤甫謹跋。

果齋遺言

一

我因爲年老多病，子侄幼小，家事無人經管，在家中設了個家政代辦處。請人代管，定出章程，附印遺言於後。親友見之，索閱者甚衆，因將遺言略爲增删修改，省去章程，再印一版以資應付。至於家中辦事，子孫遵守，仍以前版所印爲定本。辛未秋八月，"映藜堂"主人識。

寶基等知之，我因爲老了，家中的事你們小不會經管，你二爹是生平未曾操心過家事的人，猛然替你們管家，時時對待房客，應付修理，都不是他生平所長的，況且他也老了，能管幾年哩？我於無法之中想了個權變法子——請人代管。不但於你二爹好，於你們更好。怕的是你們小孩子家没見識，或受旁人挑撥，説些不相干的話。替你們管事的都是看我的面子，既不是爲錢，誰肯受你們的閒氣？所以這代辦處設成設不成，關乎你們的有福没福。總要，你們聽我的話，將我請定的人格外恭敬才是道理。至於代辦處諸君子，既然以大義相勉，替我擔人不能擔之責任，自然要任勞而且任怨的幹下去方有結果。萬萬不可教我家子弟離我不久便墮落，不能支持門户，爲我先人羞。感且不朽！

家中用度，節儉自是古法，至於我家尤當節儉。我先就我一生言之，你們長大成人後也可以細細思想，或者因我之言不敢放縱,便是家門之幸。

我自離了我父親,困苦艱難熬了十幾年,到四十歲以後才不爲家計所迫。自四十後至今二十餘年,家用漸漸寬裕。然我有鑒於我父親晚年之受困作難,雖在得意時不敢放縱,仍舊過寒家日子。家中人不得染官氣,女人們自己做飯,所以於二十年中剩了幾個錢,置了些產業,以爲防老之資。你們見我一生除了買書外,買過一個好硯臺麼?買過一張好字畫麼?人生嗜好,我一概沒有。我生性於錢不妄取,故亦不妄花。此我一生不得不節儉的一個緣由,你們不可不知者也!

我賴先人積德混了個科名,細細想來,享了我的福的只有你二爹一個人。妻妾子女我負饑寒之責,教養婚嫁我有天然義務。家中事無大小,他是概不經心、無憂無慮、逍遙自在地活了一世人,不但我家祖宗以來,沒有這樣有福的人,求之人世亦不多得。除了你二爹,就是我生身的父母,從小撫養我的祖母,替我勞了多少心,受了多少苦,卻都沒有吃過我一碗飯,穿過我一件衣。我每念及此,那眼淚便不由地滾下來了,我還有甚麼心腸講究吃講究穿哩?此是我一生不忍不節儉的一個緣由,你們不可不知者也!

我如今老了,又是個亡國大夫。民國以來,官家的錢我是分文沒有受過的。我在民國以前辦地方公益事如興文社之類,亦是純粹義務,不受分文,我只受各社車馬費。在入民國謝絕官事之後,自交代社事,我之生機只在賣字。甘肅小地方,近來又民不聊生,誰又講究字畫哩?你們又小,就是成才也要在十年後,現有的幾個錢,連親戚養過二十口了,這樣大的斗價,又加以年年過婚喪大事,百般節省還怕過不去。此又我老年不能不節省的一個緣由，你們不可不知者也！

這幾年，地方上光景餓死的人不計其數，我家托天之福，還是飽食暖衣，比較起來，我們何德何能在人人入地獄的時節，享天堂裏的福？真是萬幸！若還不足以爲不好，那只有變賣產業，圖眼前的熱鬧，任子孫如何一概不管，這樣不畏天、不顧祖宗的事，我作得出麼？此又我老年不能不節儉的一個緣由，你們不可不知者也！

我留下的幾個錢，在這世變無常的時節，若是辦不得法，又不節儉，你們受饑寒不受饑寒，我還是不能保的。不過，你們能學我的樣子，處處節省，不要過分，就是窮了也有個窮的樣兒。我盡我的心，不得不說這話，記着！記着！

我主張替你們分家的意思，我有鑒於世之骨肉成仇者，都是爲錢財的緣故。與其相聚而不和，不如相遠之，尚能相念也。況有依賴心、無責任心，是人家子弟大不好處。分給他應得的幾個錢，使他自己負責，各謀生活，或者尚能逼出些自立的精神，學些自立的本事，不至於遊手好閒，終身向人求事也。

人家子弟結交不正當的人，未有不壞者。那吃鴉片烟、嫖賭浪蕩的事，那個不是從結交壞人來的。我死後，家中來往的人，無論男女，越少越好。你們不會擇交，當先寡交。

二

家事說完，遺言已了，又思將生平爲學旨趣，從未對人言者，不妨爲子孫言之，使明我真像，故繼之以遺言二。

我死後，最要緊的不許以我之所學、所爲邀當世之褒獎。我於年當弱冠立志爲學之始，便以"不求人知"爲盟心要語，以"無所爲而爲"爲讀書任事之無上宗旨。今老矣！心思念慮無不與世人相背而馳。求仁得仁，不負初心，還之太虛，太虛知我矣！

我死後，不求人作志表、傳贊之類。我之真我，人多不知。試看我生前人之恭維我者，就知道人説的我未必是我。

人之恭維我者，每推我爲理學家，其實我好讀理學一派書，不喜爲理學一派人。我嫌理學家規模小，有體無用，迂拘不能做事的多空説，一生找不着頭緒的亦不少，故生平不以尊朱尊陸自標，不以講學自任，不以招攬生徒爲事。世有講學之人，我亦不附和也。

人之恭維我者，或擬我爲儒林傳中人，或擬我爲文苑傳中人，皆無當也。我讀書以實驗爲主，略觀大意，不求甚解。於經學淺嘗而已，於考據更無門徑。我之詩文無深造之功，源流派別從未究心，不過發抒性靈，求其明白，能達根心而出之實理實事、真情真景而已！既非專家，而欲溷入列傳，豈不是笑話？

人之恭維我者，或以我爲隱逸。隱逸者，忘世者也，孔門無忘世之學，而有義不當爲之時。我不幸值義不當爲之時，人遂以隱逸目之，非也！

我之學，從李安谿以入朱子之門，從朱子以窺聖人之堂奧。年三十時從疾病憂患中讀《大學》，忽悟書中所説，皆是我身心之事，將書自書、人自人的舊習打破，書與我合而爲一，此是我讀書以來大有悟入之第一次。自此以後，心源日闢，返之於身心，徵之於人事，驗之於天地萬物，而不以讀文章者讀聖經矣！故晚年能窺見聖道之真，發前人未發之旨者，往往因天時人事之新奇萬變，或實驗而悟，或反映而出，不盡在於讀書也。

我二十歲以後，正西學漸盛之時，士大夫往往以講求新學爲趨時之要務，或附會經傳以明所學之非外道。然我總覺其所言者未必是，而又不能直指其非，姑妄聽之而已，未敢盲從也。薰染既久，漸有明機。人爭言西學之長，我乃兼悟西學之短。至今日而確然認明：科學是根據於氣，以爲人類造劫。窺見本源，如土委地，而於吾孔子之學，愈識其真，以分清理氣，爲衡量古今中外學術、治術之權度，如鑒照物，是非邪正不能遁形。我孜孜求學，辛苦一生，至是乃有真得矣！如開礦之得礦，如鑿井之見泉，吾之學可謂有成矣！

我是人一己百、人十己千的一個困勉學人，生平無一日不在學之中，活一日求長進一日，未嘗自止。即以寫字一端言，無日不親筆硯者數十年，年近七十還日在求進之中，再活幾年，也須能登大家之堂而入其室。然實指、虛掌、提肘、懸腕皆一一實行，而尤必絲毫不出力之天然，力使執筆揮灑時，天機活潑，自然流露，不事安排造作，方是大成之候。迂回曲折，所歷之途，亦太艱辛矣！

我之過人處，出於天然。如眼光之大，器量之大，擔當力之大，志趣胸襟之不凡，進老而不衰。我之無私，有天下一家、萬物得所之宏願，"民胞物與"發於至誠，幾非世人所能信。我之神悟，每越數年，必有一番猛進。我未走過外洋，亦未讀過外洋書，不過，聽人言論，流覽報紙，而外洋情形、西學徑途，能得其要領者，大抵從悟境中來也。走過外洋，讀過西書之人，有時反不如我所見之真。我未讀過十三經、二十四史，深以爲憾！而老年每一涉獵，覺聖人之精義存於經者無多，十八九皆糟粕也。歷史中除了幾件大事、幾個大人物爲人所注意者外，不要緊的事、不要緊的人觸目皆是，其他古董甚多，供人玩賞而已。最不當意處，寫一事、寫一人，不能得其真像，走樣文章，千古一轍，是皆從悟境中來者也。世之熱讀經史者，檢其遺著，有時反不如我所見之大而通。

我之爲學，本性情之真，自闢心源以求自得，無欺世之心，無盜名之念，從不以所學爲逢世之具。舉世非之而不悔，舉世譽之而不喜。故我一生無知己、無同道，孤雲一片，浮寄虛空，無人識我爲何如人！

我是有作爲、有擔當的人，一生不爲世用，無大設施，無從顯我之所長。人之稱道者，數十年爲地方所辦公益事耳！我之於公益事也，其始視之如身心性命，既而時勢變遷，竟成逢場作戲，結果乃一無所成，付之一笑而已！

我之爲人，好直惡曲，好剛惡柔，好光明惡陰暗，喜殺身成仁之言，不喜明哲保身之説，一意孤行，投老不變。其處世也無惡惡之心，有凌人之氣。愛我者，遂指爲一生大短，時進我以瓦合之方，我不惟不能改，而亦不願改。我以爲我之大短即我之大長，改我之短，我失所長矣！我不喪我乎？居嘗持論，以爲天不能有春而無秋，人豈能有喜而無怒？學者工夫當點檢於怒之是不是，不當分別其怒之有不有。當怒不怒，謂之爲人乎？怒而不當，謂之有學乎？至於恐傷生而戒惱怒，則又是一説。所謂惱怒者，皆不當怒之怒，當怒之怒並不傷生，且士君子以天下爲己任者，無非爲人民擔當大事耳！所謂擔當云者，遇事爭理而已，倘以怕惱怒之故，不問是非，不問曲直，則理有不亡者乎？故君子之爭理也，有時且要捨生，而怕傷生乎？

我生來任天任真，直道而行。老年更事多，始知人世有所謂世故者而遷就之,然心性中本無此物,習之殊勉強不自然,反不如不識世故時之泰然自得,深以爲恥！恥道念之不堅,搖奪於人群之魔力而鑿我天真。故我嘗慨人生世上,老不如壯,壯不如少。此孟子論"大人所以貴乎不失赤子之心"也！

我前年大病時若是死了,還是個學而未成的人,今幸《拙修子》著成,獨立人間,卓然爲一家學說,虛生之憾,庶幾免乎？

《拙修子》融會古今,裁成中外,搜天地萬物之根,抉爲學出治之本源。苟能正本清源,循根發葉,別創以理馭氣之方法,使理常勝氣,則東西學術水乳交融,世界人類之太平自此而開。掬我癡心,願以告千世萬世之改造乾坤者。

孔子贊《易》於"乾"之初九曰:"不易乎世,不成乎名,遯世無悶。不見是而無悶。樂則行之,憂則違之。"這幾句話我雖未學到,然頗知自勉矣！

附 錄

《〈春秋〉大旨提綱表》(光緒戊申)

　　記曰：屬詞比事，《春秋》教也。讀《春秋》而第沾沾焉求褒貶於一字一句間，能得聖人之微旨乎？自丙午秋，爲諸生講授此經，每統觀全局，專注意於中外得失之故，而於經傳源流義例輒語焉不詳。亦時事之變，觸於外而感於中，有不知不覺而然者。嘗參考顧氏《大事表》，見其分類排比，極盡精詳，而有分無總，是何異張其目而不振其綱耶？竊仿其體，取全經表爲六項，縱橫觀之，各有意義。當華夏陵夷之際，其亦可以借鑒矣！夫光緒三十有四年戊申孟春月，果齋自識。

紀年	王綱不振	倫　變	列國情狀	災異	外侮	霸統
隱公元年	春王正月。秋七月,天王使宰咺來歸惠公、仲子之賵。冬十有二月,祭伯來。 《左傳》:祭伯來,非王命也。	夏五月,鄭伯克段於鄢。 《左傳》:鄭武公娶於申,曰武姜。生莊公及共叔段。莊公寤生,驚姜氏,故名曰"寤生",遂惡之。愛共叔段,欲立之,亟請於武公,公弗許。及莊公即位,請京,使居之,謂之"京城大叔"。 大叔完聚,繕甲兵,具卒乘,將襲鄭。夫人將啟之。公聞其期,命子封帥車二百乘以伐京。京叛大叔段。段入於鄢。公伐諸鄢。五月辛丑,太叔出奔共。 鄭共叔之亂,公孫滑出奔衛,衛人爲之伐鄭,取廩延。鄭人以王師、虢師伐衛南鄙,請師於邾。	三月,公及邾儀父盟於蔑。 《左傳》:公即位而欲求好於邾,故爲蔑之盟。 九月及宋人盟於宿。 《左傳》:惠公之季年,敗宋師於黃。公立,而求成焉。九月,及宋人盟於宿,始通也。 冬十有二月,公子益師卒。			

(續表)

紀年	王綱不振	倫變	列國情狀	災異	外侮	霸統
二年			夏五月,莒人入向。《左傳》:莒子娶於向,向姜不安莒而歸。夏,莒人入向,以姜氏還。無駭帥師入極。九月,紀履緰來逆女。冬十月伯姬歸於紀。紀子伯、莒子盟於密。十有二月乙卯,夫人子氏薨。鄭人伐衛。《左傳》:討公孫滑之亂也。		春,公會戎於潛。《左傳》:修惠公之好也。戎請盟,公辭。秋八月庚辰,公及戎盟於唐。《左傳》:戎請盟。秋,盟於唐,復修舊好也。	
三年	三月庚戌天王崩。《左傳》:三月壬戌,平王崩,赴以庚戌,故書之。秋,武氏子來求賻。《左傳》:武氏子來求賻,王未葬也。	《左傳》:鄭武公、莊公爲平王卿士。王貳於虢。鄭伯怨王。王曰:"無之。"故周、鄭交質。王子狐爲質於鄭,鄭公子忽爲質於周。王崩,周人將畀虢公政。四月,鄭祭足帥師取	夏四月辛卯,君氏卒。《左傳》:君氏卒。聲子也。八月庚辰,宋公和卒。《左傳》:宋穆公疾,召大司馬孔父而屬殤公焉,曰:"先君舍與夷而立寡人,寡人弗敢忘。	春王正月己巳日有食之。		

(續表)

紀年	王綱不振	倫變	列國情狀	災異	外侮	霸統
三年		温之麥。秋，又取成周之禾。周、鄭交惡。 　　衛莊公娶於齊東宮得臣之妹，曰莊姜。美而無子，衛人所爲賦《碩人》也。又娶於陳，曰厲嬀。生孝伯，早死。其娣戴嬀生桓公，莊姜以爲己子。公子州吁，嬖人之子也。有寵而好兵，公弗禁，莊姜惡之。 　　石碏諫，弗聽。其子厚與州吁遊，禁之，不可。桓公立，乃老。	請子奉之，以主社稷。"對曰："群臣願奉馮也。"公曰："不可。"使公子馮出居於鄭。八月庚辰，宋穆公卒。殤公即位。 **冬十有二月，齊侯、鄭伯盟於石門。** 《左傳》：尋盧之盟也。 **癸未，葬宋穆公。**			
四年		**春王二月戊申，衛州吁弑其君完。** 《左傳》：衛州吁弑桓公而立。	**春王二月，莒人伐杞，取牟婁。** **夏，公及宋公遇於清。** 《左傳》：公與宋公爲會，將尋宿之盟。未及期，衛人來告			

(續表)

紀年	王綱不振	倫變	列國情狀	災異	外侮	霸統
四年			亂。夏，公及宋公遇於清。 **宋公、陳侯、蔡人、衛人伐鄭。** 《左傳》：宋殤公之即位也，公子馮出奔鄭，鄭人欲納之。及衛州吁立，將修先君之怨於鄭，而求寵於諸侯以和其民，使告於宋曰："君若伐鄭以除君害，君爲主，敝邑以賦與陳、蔡從，則衛國之願也。"宋人許之。於是，陳、蔡方睦於衛，故宋公、陳侯、蔡人、衛人伐鄭，圍其東門，五日而還。 **秋，翬帥師會宋公、陳侯、蔡人、衛人伐鄭。** 《左傳》：諸侯之師敗鄭徒兵，取其禾而還。			

（續表）

紀年	王綱不振	倫變	列國情狀	災異	外侮	霸統
四年			九月衛人殺州吁於濮。 《左傳》：州吁未能和其民，厚問定君於石子。石子曰："王覲爲可。"曰："何以得覲？"曰："陳桓公方有寵於王，陳、衛方睦，若朝陳使請，必可得也。"厚從州吁如陳。石碏使告於陳曰："此二人者實弒寡君，敢即圖之。"陳人執之而請於衛。九月，衛人使右宰醜涖殺州吁於濮，石碏使其宰獳羊肩涖殺石厚於陳。 冬十有二月，衛人立晉。 《左傳》：衛人逆公子晉於邢。冬十二月，宣公即位。			

（續表）

紀年	王綱不振	倫變	列國情狀	災異	外侮	霸統
五年		《左傳》：曲沃莊伯以鄭人、邢人伐翼，王使尹氏、武氏助之。翼侯奔隨。曲沃叛王。秋，王命虢公伐曲沃而立哀侯於翼。	**春公觀魚於棠。**《左傳》：公將如棠觀魚者。臧僖伯諫，公曰：“吾將略地焉。”遂往，陳魚而觀之。鄭人侵衛牧，以報東門之役。衛人以燕師伐鄭。六月，鄭二公子以制人敗燕師於北制。**夏四月，葬衛桓公。**《左傳》：衛亂，是以緩。**秋，衛師入郕。**《左傳》：衛之亂也，郕人侵衛，故衛師入郕。**九月，考仲子之宮初獻六羽。邾人、鄭人伐宋。**《左傳》：宋人取邾田。邾人告於鄭曰：“請君釋憾於	九月，螟。		

(續表)

紀年	王綱不振	倫變	列國情狀	災異	外侮	霸統
五年			宋,敝邑爲道。"鄭人以王師會之。伐宋,入其郛,以報東門之役。 **冬十有二月辛巳,公子彄卒。** 《左傳》:臧僖伯卒。 **宋人伐鄭,圍長葛。** 《左傳》:以報入郛之役也。			
六年	《左傳》:冬,京師來告饑。公爲之請糴於宋、衛、齊、鄭,禮也。 鄭伯如周,始朝桓王也。王不禮焉。周桓公言於王曰:"我周之東遷,晉、鄭焉依。善鄭以勸來者,猶懼不蔇,況不禮焉?鄭不來矣!"	《左傳》:翼九宗、五正頃父之子嘉父逆晉侯於隨,納諸鄂。晉人謂之鄂侯。	**春,鄭人來輸平。** 《左傳》:更成也。 **夏五月辛酉,公會齊侯,盟於艾。** 《左傳》:始平於齊也。五月庚申,鄭伯侵陳,大獲。 **冬,宋人取長葛。**			

(續表)

紀年	王綱不振	倫變	列國情狀	災異	外侮	霸統
七年	冬,天王使凡伯來聘。		春王三月,叔姬歸於紀。 滕侯卒。 夏,城中丘。 齊侯使其弟年來聘。 《左傳》:結艾之盟也。 秋,公伐邾。 《左傳》:秋,宋及鄭平。七月庚申,盟於宿。公伐邾,爲宋討也。陳及鄭平。十二月,陳五父如鄭涖盟。壬申,及鄭伯盟。鄭良佐如陳涖盟,辛巳,及陳侯盟。鄭公子忽在王所,故陳侯請妻之。鄭伯許之,乃成昏。		冬,戎伐凡伯於楚丘以歸。 《左傳》:初,戎朝於周,發幣於公卿,凡伯弗賓。冬,王使凡伯來聘。還,戎伐之於楚丘以歸。	
八年	《左傳》:夏,虢公忌父始作卿士於周。八月丙戌,鄭伯以齊人朝王,禮也。		春,宋公、衛侯遇於垂。 《左傳》:齊侯將平宋、衛,有期會。宋公以幣請於衛,請先相見,衛侯許之,故遇於犬丘。	九月螟。		

(續表)

紀年	王綱不振	倫　變	列國情狀	災異	外侮	霸統
八年			三月，鄭伯使宛來歸祊。 《左傳》：鄭伯請釋泰山之祀而祀周公，以泰山之祊易許田。三月，鄭伯使宛來歸祊，不祀泰山也。 庚寅，我入祊。 《左傳》：四月甲辰，鄭公子忽如陳逆婦媯。辛亥，以媯氏歸。甲寅，入於鄭。 夏六月己亥，蔡侯考父卒。 辛亥，宿男卒。 秋七月庚午，宋公、齊侯、衛侯盟於瓦屋。 《左傳》：齊人卒平宋、衛於鄭。秋，會於温，盟於瓦屋，以釋東門之役。 八月，葬蔡宣公。 九月辛卯，公及莒人盟於浮來。			

(續表)

紀年	王綱不振	倫變	列國情狀	災異	外侮	霸統
八年			《左傳》：以成紀好也。齊侯使來告成三國。公使衆仲對曰："君釋三國之圖以鳩其民,君之惠也。寡君聞命矣,敢不承受君之明德。" 冬十有二月,無駭卒。			
九年	春,天王使南季來聘。		三月,俠卒。 夏,城郎。 冬,公會齊侯於防。 《左傳》：宋公不王。鄭伯爲王左卿士,以王命討之,伐宋。宋以入郛之役怨公,不告命。公怒,絶宋使。秋,鄭人以王命來告伐宋。冬,公會齊侯於防,謀伐宋也。	三月癸酉,大雨震電。庚辰,大雨雪。	《左傳》：北戎侵鄭,鄭伯禦之。十二月甲寅,鄭人大敗戎師。	

(續表)

紀年	王綱不振	倫變	列國情狀	災異	外侮	霸統
十年			春王二月,公會齊侯、鄭伯於中丘。 《左傳》：癸丑,盟於鄧,爲師期。 夏,翬帥師會齊人、鄭人伐宋。 六月壬戌,公敗宋師於菅。 《左傳》：六月戊申,公會齊侯、鄭伯於老桃。壬戌,公敗宋師於菅。 辛未,取郜,辛巳,取防。 《左傳》：庚午,鄭師入郜。辛未,歸於我。庚辰,鄭師入防。辛巳,歸於我。 秋,宋人、衛人入鄭。宋人、蔡人、衛人伐戴。鄭伯伐取之。 《左傳》：秋七月庚寅,鄭師入郊。猶在郊,			

(續表)

紀年	王綱不振	倫變	列國情狀	災異	外侮	霸統
十年			宋人、衛人入鄭。蔡人從之，伐戴。八月壬戌，鄭伯圍戴。癸亥，克之，取三師焉。宋、衛既入鄭，而以伐戴召蔡人，蔡人怒，故不和而敗。九月戊寅，鄭伯入宋。冬十月壬午，齊人、鄭人入郕。《左傳》：蔡人、衛人、郕人不會王命。冬，齊人、鄭人入郕，討違王命也。			
十有一年	《左傳》：王取鄔、劉、蒍、邘之田於鄭，而與鄭人蘇忿生之田：溫、原、絺、樊、隰郕、欑茅、向、盟、州、陘、隤、懷。君子是以知桓王之失鄭也。	冬十有一月壬辰，公薨。《左傳》：羽父請殺桓公，將以求大宰。公曰："爲其少故也，吾將授之矣。使營菟裘，吾將老焉。"羽父懼，反譖公於桓公而請弑之。十一月，公祭鍾巫，館於寪氏。	春，滕侯、薛侯來朝。夏，公會鄭伯於時來。《左傳》：謀伐許也。秋七月壬午，公及齊侯、鄭伯入許。《左傳》：庚辰，傅於許。壬午，遂入許。許莊公奔衛。鄭、			

(續表)

紀年	王綱不振	倫變	列國情狀	災異	外侮	霸統
十有一年		壬辰，羽父使賊弒公於寪氏，立桓公而討寪氏，有死者。	息有違言，息侯伐鄭。鄭伯與戰於竟，息師大敗而還。冬十月，鄭伯以虢師伐宋。壬戌，大敗宋師，以報其入鄭也。			
桓公元年		春王正月，公即位。	三月，公會鄭伯於垂。鄭伯以璧假許田。《左傳》：公即位，修好於鄭。鄭人請復祀周公，卒易祊田。公許之。三月，鄭伯以璧假許田，爲周公祊故也。夏四月丁未，公及鄭伯盟於越。《左傳》：結祊成也。盟曰："渝盟無享國。"冬十月《左傳》：冬，鄭伯拜盟。	秋，大水。		

(續表)

紀年	王綱不振	倫變	列國情狀	災異	外侮	霸統
二年		春王正月戊申，宋督弑其君與夷及其大夫孔父。《左傳》：宋華父督見孔父之妻於路，目逆而送之曰："美而艷。"二年春，宋督攻孔氏，殺孔父而取其妻。公怒，督懼，遂弑殤公。惠之二十四年，晉始亂，故封桓叔於曲沃。惠之三十年，晉潘父弑昭侯而納桓叔不克。晉人立孝侯。惠之四十五年，曲沃莊伯伐翼，弑孝侯。翼人立其弟鄂侯。鄂侯生哀侯。哀侯侵陘庭之田。陘庭南鄙啟曲沃伐翼。	春，滕子來朝。三月，公會齊侯、陳侯、鄭伯於稷，以成宋亂。《左傳》：會於稷以成宋亂，爲賂故，立華氏也。宋殤公立，十年十一戰，民不堪命。孔父嘉爲司馬，督爲大宰，故因民之不堪命，先宣言曰："司馬則然。"已殺孔父而弑殤公，召莊公於鄭而立之，以親鄭。以郜大鼎賂公，齊、陳、鄭皆有賂，故遂相宋公。夏四月，取郜大鼎於宋。戊申，納於大廟。秋七月，杞侯來朝。（《公》、《穀》作紀侯）九月入杞。		秋七月，蔡侯、鄭伯會於鄧。《左傳》：始懼楚也。九月，公及戎盟於唐。《左傳》：修舊好也。冬，公至自唐。	

(續表)

紀年	王綱不振	倫　變	列國情狀	災異	外侮	霸統
三年		春正月《左傳》：曲沃武公伐翼，次於陘庭。逐翼侯於汾隰，夜獲之。	春正月，公會齊侯於嬴。《左傳》：成昏於齊也。夏，齊侯、衛侯胥命於蒲。六月，公會杞侯於郕。（杞，《公》作紀。）秋七月，公子翬如齊逆女。九月，齊侯送姜氏於讙。公會齊侯於讙。夫人姜氏至自齊。冬，齊侯使其弟年來聘。《左傳》：致夫人也。	秋七月壬辰朔，日有食之，既。冬，有年。		
四年	夏，天王使宰渠伯糾來聘。		春正月，公狩於郎。			

(續表)

紀年	王綱不振	倫變	列國情狀	災異	外侮	霸統
五年	夏,天王使仍叔之子來聘。秋,蔡人、衛人、陳人從王伐鄭。《左傳》:王奪鄭伯政,鄭伯不朝。秋,王以諸侯伐鄭,鄭伯禦之。戰於繻葛,王卒大敗。祝聃射王中肩,王亦能軍。夜,鄭伯使祭足勞王,且問左右。		春正月,甲戌,己丑,陳侯鮑卒。《左傳》:於是陳亂,文公子佗殺大子免而代之。公疾病而亂作。夏,齊侯、鄭伯如紀。《左傳》:齊侯、鄭伯朝於紀,欲以襲之。紀人知之。葬陳桓公。城祝丘。秋,大雩。冬,州公如曹。《左傳》:淳于公如曹。度其國危,遂不復。	秋,螽。		
六年		秋八月,蔡人殺陳佗。	春正月,實來。《左傳》:六年春,自曹來朝。書曰"實來",不復其國也。夏四月,公會紀侯於郕。《左傳》:紀來諮謀齊難也。		《左傳》:楚武王侵隨,使薳章求成焉。軍於瑕以待之。隨人使少師董成。王毀軍而納少	

827

(續表)

紀年	王綱不振	倫變	列國情狀	災異	外侮	霸統
六年			秋八月壬午,大閱。九月丁卯,子同生。冬,紀侯來朝。《左傳》:冬,紀侯來朝,請王命以求成於齊,公告不能。		師。少師歸,請追楚師,隨侯將許之。季梁止之曰:"楚之羸,其誘我也。"隋侯懼而修政,楚不敢伐。北戎伐齊,齊侯使乞師於鄭。鄭大子忽帥師救齊,大敗戎師。	
七年	《左傳》:盟、向求成於鄭,既而背之。秋,鄭人、齊人、衛人伐盟、向。王遷盟、向之民於郟。	《左傳》:冬,曲沃伯誘晉小子侯,殺之。	春二月己亥,焚咸丘。夏,穀伯綏來朝。鄧侯吾離來朝。			

(續表)

紀年	王綱不振	倫變	列國情狀	災異	外侮	霸統
八年	春正月，天王使家父來聘。冬，祭公來，遂逆王后於紀。	《左傳》：春，滅翼。冬，王命虢仲立晉哀侯之弟緡於晉。	春正月己卯，烝。夏五月丁丑，烝。秋，伐邾。	冬十月，雨雪。	《左傳》：夏，楚子合諸侯於沈鹿。黃、隨不會，使薳章讓黃。楚子伐隨。隨侯禦之，戰於速杞，隨師敗績，隨侯逸。秋，隨及楚平。乃盟而還。	
九年	春，紀季姜歸於京師。	《左傳》：秋，虢仲、芮伯、梁伯、荀侯、賈伯伐曲沃。	冬，曹伯使其世子射姑來朝。		秋七月《左傳》：巴子使韓服告於楚，請與鄧爲好。楚子使道朔將巴客以聘於鄧。鄧南鄙鄾人攻之而奪之	

(續表)

紀年	王綱不振	倫變	列國情狀	災異	外侮	霸統
九年					幣,殺道朔及巴行人。楚子使薳章讓於鄧,鄧人弗受。夏,楚使鬬廉帥師及巴人圍鄾。鄧養甥、聃甥帥師救鄾。三逐巴師,不克。鬬廉衡陳其師於巴師之中,以戰,而北。鄧人逐之,背巴師而夾攻之。鄧師大敗,鄾人宵潰。	

(續表)

紀年	王綱不振	倫變	列國情狀	災異	外侮	霸統
十年	《左傳》：虢仲譖其大夫詹父於王。詹父有辭，以王師伐虢。夏，虢公出奔虞。		春王正月，庚申，曹伯終生卒。夏五月，葬曹桓公。秋，公會衛侯於桃丘，弗遇。冬十有二月丙午，齊侯、衛侯、鄭伯來戰於郎。《左傳》：初，北戎病齊，諸侯救之。鄭公子忽有功焉。齊人饌諸侯，使魯次之。魯以周班後鄭。鄭人怒，請師於齊。齊人以衛師助之。故不稱侵伐。			
十有一年		秋，九月，宋人執鄭祭仲。《左傳》：宋雍氏女於鄭莊公，曰雍姞，生厲公。雍氏宗，有寵於宋莊公，故誘祭仲而執之，曰："不立突，將死。"亦執厲公而求賂焉。祭仲與宋人盟，以厲公歸而立	春正月，齊人、衛人、鄭人盟於惡曹。夏五月癸未，鄭伯寤生卒。《左傳》：鄭莊公卒。初，祭封人仲足有寵於莊公，莊公使爲卿。爲公娶鄧曼，生昭公，故祭仲立之。秋七月，葬鄭莊公。		《左傳》：楚屈瑕將盟貳、軫。鄖人軍於蒲騷，將與隨、絞、州、蓼伐楚師。莫敖敗鄖師於蒲騷，卒盟而還。	

（續表）

紀年	王綱不振	倫變	列國情狀	災異	外侮	霸統
十有一年		之。突歸於鄭。鄭忽出奔衛。	九月，柔會宋公、陳侯、蔡叔盟於折。公會宋公於夫鍾。冬十有二月，公會宋公於闞。			
十有二年			夏六月壬寅，公會杞侯、莒子，盟於曲池。秋七月丁亥，公會宋公、燕人，盟於穀丘。《左傳》：公欲平宋、鄭。秋，公及宋公盟於句瀆之丘。八月壬辰，陳侯躍卒。公會宋公於虛。冬十有一月，公會宋公於龜。《左傳》：宋成未可知也，故又會於虛。冬，又會於龜。丙戌，公會鄭伯，盟於武父。《左傳》：宋公辭平，故與鄭伯盟於武父。丙戌，衛侯晉卒。十有二月，及鄭師伐宋。丁未，戰於宋。		《左傳》：楚伐絞，大敗之，爲城下之盟而還。伐絞之役，楚師分涉於彭。羅人欲伐之，使伯嘉諜之，三巡數之。	

(續表)

紀年	王綱不振	倫變	列國情狀	災異	外侮	霸統
十有三年			二月,公會紀侯、鄭伯。己巳,及齊侯、宋公、衛侯、燕人戰,齊師、宋師、衛師、燕師敗績。《左傳》:宋多責賂於鄭,鄭不堪命,故以紀、魯及齊與宋、衛、燕戰。三月,葬衛宣公。	夏,大水。	春《左傳》:春,楚屈瑕伐羅。羅與盧、戎兩軍之。大敗之。莫敖縊於荒谷。	
十有四年			春正月,公會鄭伯於曹。夏五,鄭伯使其弟語來盟。《左傳》:鄭子人來尋盟,且修曹之會。秋八月乙亥,嘗。冬十有二月丁巳,齊侯祿父卒。宋人以齊人、蔡人、衛人、陳人伐鄭。《左傳》:宋人以諸侯伐鄭,報宋之戰也。	春正月,無冰。秋八月壬申,御廩災。		

(續表)

紀年	王綱不振	倫　變	列國情狀	災異	外侮	霸統
十有五年	春二月，天王使家父來求車。三月乙未，天王崩。	五月，鄭伯突出奔蔡。 《左傳》：祭仲專，鄭伯患之，使其婿雍糾殺之。將享諸郊。雍姬知之，遂告祭仲。祭仲殺雍糾。夏，厲公出奔蔡。 鄭世子忽復歸於鄭。 《左傳》：六月乙亥，昭公入。 秋九月，鄭伯突入於櫟。 《左傳》：鄭伯因櫟人殺檀伯，而遂居櫟。	夏四月己巳，葬齊僖公。 五月，許叔入於許。公會齊侯於艾。邾人、牟人、葛人來朝。 冬十有一月，公會宋公、衛侯、陳侯於袲，伐鄭。 《左傳》：謀伐鄭，將納厲公也。弗克而還。			
十有六年		十有一月，衛侯朔出奔齊。 《左傳》：初，衛宣公烝於夷姜，生急子，屬諸右公子。爲之娶於齊，而美，公取之，生壽及朔，屬壽於左公子。夷姜縊。宣姜與公子朔構急子。	春正月，公會宋公、蔡侯、衛侯於曹。 《左傳》：謀伐鄭也。 夏四月，公會宋公、衛侯、陳侯、蔡侯伐鄭。 秋七月，公至自伐鄭。 冬，城向。			

(續表)

紀年	王綱不振	倫變	列國情狀	災異	外侮	霸統
十有六年		使盜殺之。壽子載其旌以先，盜殺之。急子至，又殺之。二公子故怨惠公。 十一月，左公子洩、右公子職立公子黔牟。惠公奔齊。				
十有七年		《左傳》：初，鄭伯將以高渠彌爲卿，昭公惡之，固諫，不聽。昭公立，懼其殺己也。辛卯，弑昭公，而立公子亹。	春正月丙辰，公會齊侯、紀侯，盟於黃。 《左傳》：平齊、紀且謀衛故也。 二月丙午，公會邾儀父，盟於趡。 《左傳》：尋蔑之盟也。 夏五月丙午，及齊師戰於奚。 《左傳》：疆事也，於是齊人侵魯疆。 六月丁丑，蔡侯封人卒。 秋八月，蔡季自陳歸於蔡。 癸巳，葬蔡桓侯。及宋人、衛人伐邾。	冬十月朔，日有食之。		

835

(續表)

紀年	王綱不振	倫變	列國情狀	災異	外侮	霸統
十有八年	《左傳》：周公欲弑莊王而立王子克。辛伯告王，遂與王殺周公黑肩。王子克奔燕。	春王正月，公會齊侯於濼。公與夫人姜氏遂如齊。夏四月丙子，公薨於齊。丁酉，公之喪至自齊。《左傳》：公將有行，遂與姜氏如齊。齊侯通焉。公謫之，以告。夏四月丙子，享公。使公子彭生乘公，公薨於車。魯人告於齊，請以彭生除之。齊人殺彭生。秋七月《左傳》：秋，齊侯師於首止；子亹會之，高渠彌相。七月戊戌，齊人殺子亹而轘高渠彌。祭仲逆鄭子於陳而立之。	冬十有二月己丑，葬我君桓公。			
莊公元年	夏，單伯逆王姬。冬，王使榮叔來錫桓公命。王姬歸於齊。	三月，夫人孫於齊。	秋，築王姬之館於外。冬十月乙亥，陳侯林卒。齊師遷紀郱、鄑、郚。			

(續表)

紀年	王綱不振	倫變	列國情狀	災異	外侮	霸統
二年		冬十有二月夫人姜氏會齊侯于禚。《左傳》：書，姦也。	春王二月，葬陳莊公。夏，公子慶父帥師伐於餘丘。秋七月，齊王姬卒。冬十有二月乙酉，宋公馮卒。			
三年	五月，葬桓王。		春王正月，溺會齊師伐衛。夏四月，葬宋莊公。秋，紀季以酅入於齊。《左傳》：紀於是乎始判。冬，公次於滑。《左傳》：將會鄭伯，謀紀故也。鄭伯辭以難。			
四年		春王正月，夫人姜氏享齊侯於祝丘。冬，公及齊人狩於禚。	三月，紀伯姬卒。夏，齊侯、陳侯、鄭伯遇於垂。紀侯大去其國。《左傳》：紀侯不能下齊，以與紀季。夏，紀侯大去其國，違齊難也。		《左傳》：春王三月，楚武王荊尸，授師孑焉，以伐隨，卒於樠木之下。令尹鬬	

837

(續表)

紀年	王綱不振	倫變	列國情狀	災異	外侮	霸統
四年			六月乙丑,齊侯葬紀伯姬。		祈、莫敖屈重除道、梁溠,營軍臨隨。隨人懼,行成。莫敖以王命入盟隨侯,且請爲會於漢汭而還。濟漢而後發喪。	
五年		夏,夫人姜氏如齊師。	秋,郳黎來來朝。 冬,公會齊人、宋人、陳人、蔡人伐衛。 《左傳》:納惠公也。			
六年	春王正月,王人子突救衛。	夏六月,衛侯朔入於衛。 《左傳》:衛侯入,放公子黔牟於周,放寧跪於秦,殺左公子洩、右公子職,乃即位。	秋,公至自伐衛。冬,齊人來歸衛俘。 《左傳》:齊人來歸衛寶,文姜請之也。	秋,螟。	《左傳》:楚文王伐申,過鄧。鄧祈侯曰:"吾甥也。"止而享之。騅甥、聃甥、養甥請殺	

838

(續表)

紀年	王綱不振	倫變	列國情狀	災異	外侮	霸統
六年					楚子,鄧侯弗許。還年,楚子伐鄧。十六年,楚復伐鄧,滅之。	
七年		春,夫人姜氏會齊侯於防。冬,夫人姜氏會齊侯於穀。		夏四月辛卯,夜,恒星不見。夜中,星隕如雨。秋,大水。無麥、苗。		

(續表)

紀年	王綱不振	倫變	列國情狀	災異	外侮	霸統
八年		冬十有一月癸未,齊無知弒其君諸兒。《左傳》:齊侯使連稱、管至父戍葵丘。期戍,公問不至。請代,弗許。故謀作亂。僖公之母弟曰夷仲年,生公孫無知,有寵於僖公,襄公絀之。二人因之以作亂。冬十一月,遂弒公而立無知。初,襄公立無常。鮑叔牙曰:"君使民慢,亂將作矣。"奉公子小白出奔莒。亂作,管夷吾、召忽奉公子糾來奔。	春王正月,師次於郎,以俟陳人,蔡人。甲午,治兵。夏,師及齊師圍郕,郕降於齊師。秋,師還。			
九年		春,齊人殺無知。夏,齊小白入於齊。《左傳》:公伐齊,納子糾。桓公自莒先入。	春,公及齊大夫盟於蔇。《左傳》:齊無君也。夏,公伐齊,納糾。秋七月丁酉,			

(續表)

紀年	王綱不振	倫變	列國情狀	災異	外侮	霸統
九年		九月,齊人取子糾殺之。《左傳》:鮑叔帥師來言:"子糾,親也,請君討之。管、召,讎也,請受而甘心焉。"及殺子糾於生竇,召忽死之。管仲請囚,鮑叔受之,及堂阜而稅之。歸而以告曰:"管夷吾治於高傒,使相可也。"公從之。	葬齊襄公。八月庚申,及齊師戰於乾時,我師敗績。冬,浚洙。			
十年			春王正月,公敗齊師於長勺。二月,公侵宋。三月,宋人遷宿。夏六月,齊師、宋師次於郎。公敗宋師於乘丘。冬十月,齊師滅譚,譚子奔莒。		秋九月,荆敗蔡師於莘,以蔡侯獻舞歸。《左傳》:蔡哀侯娶於陳,息侯亦娶焉。息嬀將歸,過蔡。蔡侯曰:"吾姨	

(續表)

紀年	王綱不振	倫變	列國情狀	災異	外侮	霸統
十年					也。"止而見之，弗賓。息侯聞之，怒，使謂楚文王曰："伐我，吾求救於蔡而伐之。"楚子從之。秋九月，楚敗蔡師於莘，以蔡侯獻舞歸。	
十有一年	冬，王姬歸於齊。		夏五月戊寅，公敗宋師於鄑。《左傳》：宋為乘丘之役故侵我。公禦之，敗諸鄑。	秋，宋大水。		
十有二年		秋八月甲午，宋萬弒其君捷及其大夫仇牧。《左傳》：宋萬弒閔公於蒙澤。遇仇牧於門，批而殺之。遇太宰督於東宮之西，又殺之。	春王三月，紀叔姬歸於酅。			

(續表)

紀年	王綱不振	倫變	列國情狀	災異	外侮	霸統
十有二年		立子遊。群公子奔蕭。公子禦說奔亳。南宮牛、猛獲帥師圍亳。**冬十月,宋萬出奔陳。**《左傳》:蕭叔大心及戴、武、宣、穆、莊之族以曹師伐之。殺南宮牛於師,殺子遊於宋,立桓公。猛獲奔衛,南宮萬奔陳。宋人請猛獲於衛,請南宮萬於陳,皆醢之。				
十有三年						**春,齊侯、宋人、陳人、蔡人、邾人會於北杏。**《左傳》:會於北杏,以平宋亂。遂人不至。夏六月,齊人滅遂。

(續表)

紀年	王綱不振	倫變	列國情狀	災異	外侮	霸統
十有三年						《左傳》：齊人滅遂而戍之。冬，公會齊侯，盟於柯。《左傳》：始及齊平也。
十有四年		《左傳》：鄭厲公自櫟侵鄭，及大陵，獲傅瑕。與之盟而赦之。六月甲子，傅瑕殺鄭子及其二子而納厲公。厲公入，遂殺傅瑕。		秋七月，荆入蔡。《左傳》：蔡哀侯爲莘故，繩息嬀以語楚子。楚子如息，以食入享，遂滅息。以息嬀歸。楚子以蔡侯滅息，遂伐蔡。秋七月，楚入蔡。		春，齊人、陳人、曹人伐宋。《左傳》：宋人背北杏之會，諸侯伐宋。夏，單伯會伐宋。《左傳》：取成於宋而還。冬，單伯會齊侯、宋公、衛侯、鄭伯於鄄。《左傳》：宋服故也。

(續表)

紀年	王綱不振	倫變	列國情狀	災異	外侮	霸統
十有五年		夏,夫人姜氏如齊。	秋,鄭人侵宋。《左傳》:諸侯爲宋伐郳。鄭人間之而侵宋。			春,齊侯、宋公、陳侯、衛侯、鄭伯會於鄗。秋,宋人、齊人、邾人伐郳。
十有六年	《左傳》:王使虢公命曲沃伯以一軍爲晉侯。	《左傳》:鄭伯治與於雍糾之亂者。九月,殺公子閼,刖强鉏。公父定叔出奔衛。三年而復之。	冬十有二月,邾子克卒。		秋,荆伐鄭。《左傳》:鄭伯自櫟入,緩告於楚。秋,楚伐鄭,及櫟。	夏,宋人、齊人、衛人伐鄭。《左傳》:諸侯伐鄭,宋故也。冬十有二月,會齊侯、宋公、陳侯、衛侯、鄭伯、許男、滑伯、滕子同盟於幽。《左傳》:鄭成也。

(續表)

紀年	王綱不振	倫變	列國情狀	災異	外侮	霸統
十有七年				冬，多麋。		春，齊人執鄭詹。《左傳》：鄭不朝也。夏，齊人殲於遂。《左傳》：遂因氏、頜氏、工婁氏、須遂氏饗齊戍，醉而殺之，齊人殲焉。秋，鄭詹自齊逃來。
十有八年	《左傳》：春，虢公、晉侯朝王，王饗醴，命之宥，皆賜玉五枚，馬三匹。非禮也。虢公、晉侯、鄭伯使原莊公逆王后於陳。陳媯歸於京師，實惠后。			春王三月，日有食之。秋，有蜮。	夏，公追戎於濟西。冬十月。《左傳》：楚武王克權，使鬭緡尹之。以叛，圍而殺之。	

(續表)

紀年	王綱不振	倫變	列國情狀	災異	外侮	霸統
十有八年					遷權於那處，使閻敖尹之。及文王即位，與巴人伐申而驚其師。巴人伐楚而伐那處，取之，遂門於楚。閻敖遊涌而逸。楚子殺之，其族爲亂。冬，巴人因之以伐楚。	
十有九年	《左傳》：初，王姚嬖於莊王，生子頹。子頹有寵，蒍國爲之師。及惠王即位，取蒍國之圃以爲囿，邊伯之宮近於王宮，王取之。王奪子	秋，夫人姜氏如莒。	秋，公子結媵陳人之婦於鄄，遂及齊侯、宋公盟。		春王正月。《左傳》：楚子禦之，大敗於津。還，鬻拳弗納。遂伐黃，敗黃師於踖陵。還，	冬，齊人、宋人、陳人伐我西鄙。

(續表)

紀年	王綱不振	倫變	列國情狀	災異	外侮	霸統
十有九年	禽祝跪與詹父田,而收膳夫之秩,故蔿國、邊伯、石速、詹父、子禽祝跪作亂,因蘇氏。秋,五大夫奉子頹以伐王,不克,出奔溫。蘇子奉子頹以奔衛。衛師、燕師伐周。冬,立子頹。				及湫,有疾。夏六月庚申卒。	
二十年	《左傳》:春,鄭伯和王室,不克。執燕仲父。夏,鄭伯遂以王歸,王處於櫟。秋,王及鄭伯入於鄔。遂入成周,取其寶器而還。	春王二月,夫人姜氏如莒。		夏,齊大災。		冬,齊人伐戎。

(續表)

紀年	王綱不振	倫變	列國情狀	災異	外侮	霸統
二十有一年	《左傳》：春，胥命於弭。夏，同伐王城。鄭伯將王自圉門入，虢叔自北門入，殺王子頹及五大夫。鄭伯享王於闕西辟，樂備。王與之武公之略，自虎牢以東。王巡虢守。虢公為王宮於玤，王與之酒泉。鄭伯之享王也，王以后之鞶鑒予之。虢公請器，王予之爵。鄭伯由是始惡於王。冬，王歸自虢。		夏五月，鄭伯突卒。《左傳》：鄭厲公卒。秋七月戊戌，夫人姜氏薨。冬十有二月，葬鄭厲公。			
二十有二年			春王正月，肆大眚。癸丑，葬我小君文姜。陳人殺其公子禦寇。秋七月丙申，及齊高傒盟於防。冬，公如齊納幣。			

849

（續表）

紀年	王綱不振	倫變	列國情狀	災異	外侮	霸統
二十有三年	春，祭叔來聘。	《左傳》：晉桓、莊之族逼，獻公患之。士蔿曰："去富子，則群公子可謀也已。"公曰："爾試其事。"士蔿與群公子謀，譖富子而去之。	春，公至自齊。夏，公如齊觀社。公至自齊。公及齊侯遇於穀。蕭叔朝公。秋，丹桓公楹。冬十有一月，曹伯射姑卒。十有二月甲寅，公會齊侯盟於扈。		夏，荊人來聘。	
二十有四年		《左傳》：晉士蔿又與群公子謀，使殺遊氏之二子。士蔿告晉侯曰："可矣。不過二年，君必無患。"	春王三月，刻桓宮桷。葬曹莊公。夏，公如齊逆女。秋，公至自齊。八月丁丑，夫人姜氏入。《左傳》：哀姜至。戊寅，大夫宗婦覿，用幣。冬，郭公。	秋，大水。	冬，戎侵曹。曹羈出奔陳。赤歸於曹。	
二十有五年		《左傳》：晉士蔿使群公子盡殺遊氏之族，乃城聚而處之。冬，晉侯圍聚，盡殺群公子。	春，陳侯使女叔來聘。《左傳》：始結陳好也。夏五月，衛侯朔卒。六月，伯姬歸於杞。冬，公子友如陳。	六月辛未朔，日有食之，		

(續表)

紀年	王綱不振	倫變	列國情狀	災異	外侮	霸統
二十有五年				鼓,用牲於社。秋,大水,鼓,用牲於社、於門。		
二十有六年		《左傳》:春,晉士蒍爲大司空。夏,士蒍城絳,以深其宮。	夏,曹殺其大夫。秋。《左傳》:虢人侵晉。冬,虢人又侵晉。	冬十有二月癸亥,朔,日有食之。	春,公伐戎。夏,公至自伐戎。秋,公會宋公、齊人,伐徐。	
二十有七年			春,公會杞伯姬於洮。秋,公子友如陳,葬原仲。《左傳》:原仲,季友之舊也。			夏六月,公會齊侯、宋公、陳侯、鄭伯,同盟於幽。

(續表)

紀年	王綱不振	倫變	列國情狀	災異	外侮	霸統
二十有七年			冬,杞伯姬來。莒慶來逆叔姬。杞伯來朝。			《左傳》:陳、鄭服也。 冬 《左傳》:王使召伯廖賜齊侯命,且請伐衛,以其立子頹也。 公會齊侯於城濮。
二十有八年		《左傳》:晉獻公娶於賈,無子。烝於齊姜,生秦穆夫人及大子申生。又娶二女於戎,大戎狐姬生重耳,小戎子生夷吾。晉伐驪戎,驪戎男女以驪姬。歸生奚齊。其娣生卓子。驪姬嬖,欲立其子,賂外嬖梁五與東關嬖五,使言於公曰:"曲	夏四月丁未,邾子瑣卒。 冬,築郿。臧孫辰告糴於齊。	冬,大無麥、禾。	秋,荊伐鄭。	春王三月甲寅,齊人伐衛。衛人及齊人戰,衛人敗績。 《左傳》:數之以王命,取賂而還。 秋,公會齊人、宋人救鄭。

(續表)

紀年	王綱不振	倫變	列國情狀	災異	外侮	霸統
二十有八年		沃,君之宗也。蒲與二屈,君之疆也。不可以無主。"晉侯説之。夏,使太子居曲沃,重耳居蒲城,夷吾居屈。群公子皆鄙,惟二姬之子在絳。二五卒與驪姬譖群公子而立奚齊,晉人謂之"二五耦"。				《左傳》:楚令尹子元以車六百乘伐鄭,入於桔柣之門。衆車入自純門,及逵市。縣門不發,楚言而出。子元曰:"鄭有人焉。"諸侯救鄭,楚師夜遁。
二十有九年	《左傳》:樊皮叛王。		春,新延廏。夏,鄭人侵許。冬十有二月,紀叔姬卒。城諸及防。	秋,有蜚。		
三十年	春王正月。《左傳》:王命虢公討樊皮。夏四月丙辰,虢公入樊,執樊仲皮,歸於京師。		夏,師次於成。八月癸亥,葬紀叔姬。	九月庚午朔,日有食之,鼓、	《左傳》:楚公子元歸自伐鄭,而處王宮。秋,申公鬭班殺子元,鬭	秋七月,齊人降鄣。冬,公及齊侯遇於濟。《左傳》:謀

853

(續表)

紀年	王綱不振	倫變	列國情狀	災異	外侮	霸統
三十年				用牲於社。	穀於菟爲令尹，自毀其家以紓楚國之難。	山戎也，以其病燕故也。齊人伐山戎。
三十有一年			春，築臺於郎。夏四月，薛伯卒。築臺於薛。秋，築臺於秦。	冬不雨。		六月，齊侯來獻戎捷。
三十有二年		冬十月己未，子般卒。《左傳》：十月己未，共仲使圉人犖賊子般於黨氏。成季奔陳。立閔公。**公子慶父如齊。**	春，城小穀。秋七月癸巳，公子牙卒。《左傳》：初，公築臺臨黨氏，見孟任，從之。閟，而以夫人言許之，割臂盟公，生子般焉。公疾，問後於叔牙。對曰："慶父材。"問於季友，對曰："臣以死奉般。"公曰："鄉者牙曰：'慶父材。'"成季使以君命命僖叔待於鍼巫	冬十月，狄伐邢。		夏，宋公、齊侯遇於梁丘。《左傳》：齊侯爲楚伐鄭之故，請會於諸侯。宋公請先見於齊侯。夏，遇於梁丘。

854

(續表)

紀年	王綱不振	倫變	列國情狀	災異	外侮	霸統
三十有二年			氏,使鍼季酖之,歸及逵泉而卒,立叔孫氏。 **八月癸亥,公薨於路寢。** 《左傳》:子般即位,次於黨氏。			
閔公元年			夏六月辛酉,葬我君莊公。 《左傳》:亂故,是以緩。 **秋八月,公及齊侯盟於落姑。** 《左傳》:請復季友也。齊侯許之,使召諸陳,公次於郎以待之。 **季子來歸。冬,齊仲孫來。** 《左傳》:冬,齊仲孫湫來省難。仲孫歸曰:"不去慶父,魯難未已。"			春王正月。齊人救邢。 《左傳》:狄人伐邢。管敬仲言於齊侯,請救邢。

(續表)

紀年	王綱不振	倫變	列國情狀	災異	外侮	霸統
二年		秋八月辛丑，公薨。《左傳》：初，公傅奪卜齮田，公不禁。秋八月辛丑，共仲使卜齮賊公於武闈。九月，夫人姜氏孫於邾。公子慶父出奔莒。《左傳》：成季以僖公適邾。共仲奔莒，乃入，立之。以賂求共仲於莒，莒人歸之。乃縊。閔公，哀姜之娣叔姜之子也，故齊人立之。共仲通於哀姜，哀姜欲立之。閔公之死也，哀姜與知之，故孫於邾。齊人取而殺之於夷，以其尸歸，僖公請而葬之。	夏五月乙酉，吉禘於莊公。十有二月，鄭棄其師。《左傳》：鄭人惡高克，使帥師次於河上，久而弗召。師潰而歸，高克奔陳。		十有二月，狄入衛。《左傳》：冬十有二月，狄人伐衛，戰於熒澤，衛師敗績，遂滅衛。初，惠公之即位也少，齊人使昭伯烝於宣姜，生齊子、戴公、文公、宋桓夫人、許穆夫人。文公爲衛之多患也，先適齊。及敗，宋桓公逆諸河，宵濟。衛之遺民	春王正月，齊人遷陽。冬，齊高子來盟。

(續表)

紀年	王綱不振	倫變	列國情狀	災異	外侮	霸統
二年					男女七百有三十人,益之以共、滕之民爲五千人,立戴公以廬於曹。衛文公大布之衣,大帛之冠,務財訓農,通商惠工,敬教勸學,授方任能。元年革車三十乘,季年乃三百乘。	
僖公元年		秋七月戊辰,夫人姜氏薨於夷,齊人以歸。十有二月丁巳,夫人氏之喪至自齊。	九月,公敗邾師於偃。《左傳》:虛丘之戍將歸者也。冬十月壬午,公子友帥師敗莒師於酈。獲莒挐。		秋七月,楚人伐鄭。《左傳》:鄭即齊故也。	春王正月。齊師、宋師次於聶北,救邢。夏六月,邢遷於夷儀。《左傳》:諸侯

857

(續表)

紀年	王綱不振	倫變	列國情狀	災異	外侮	霸統
僖公元年						救邢。邢人潰，出奔師。師遂逐狄人，具邢器用而遷之，師無私焉。夏，邢遷於夷儀。齊師、宋師、曹師城邢。八月，公會齊侯、宋公、鄭伯、曹伯、邾人於檉。《左傳》：謀救鄭也。
二年			夏五月辛巳，葬我小君哀姜。虞師、晉師滅下陽。《左傳》：晉荀息請以屈產之乘與垂棘之璧，假道於虞以伐虢。虞公許之，且請先伐虢。	冬十月，不雨。	冬十月，楚人侵鄭。	春王正月，城楚丘。《左傳》：諸侯城楚丘而封衛焉。不書所會，後也。

858

(續表)

紀年	王綱不振	倫變	列國情狀	災異	外侮	霸統
二年			夏，晉里克、荀息帥師會虞師伐虢，滅下陽。			秋九月，齊侯、宋公、江人、黃人盟於貫。《左傳》：服江、黃也。
三年				春王正月，不雨。夏四月不雨。六月雨。	夏四月，徐人取舒。冬，楚人伐鄭。《左傳》：楚人伐鄭，鄭伯欲成。孔叔不可，曰："齊方勤我，棄德不祥。"	秋，齊侯、宋公、江人、黃人會於陽穀。《左傳》：謀伐楚也。冬，公子友如齊涖盟。《左傳》：齊侯爲陽穀之會，來尋盟。冬，公子友如齊涖盟。齊侯與蔡姬乘舟於囿，蕩公。公懼，變色。

859

(續表)

紀年	王綱不振	倫變	列國情狀	災異	外侮	霸統
三年						禁之,不可。公怒,歸之,未之絕也。蔡人嫁之。
四年		《左傳》:晉獻公以驪姬爲夫人。生夷齊,其娣生卓子。及將立奚齊,既與中大夫成謀,姬謂大子曰:"君夢齊姜,必速祭之。"大子祭於曲沃,歸胙於公。公田,姬置諸宮六日。公至,毒而獻之。公祭之地,地墳。與犬,犬斃。與小臣,小臣亦斃。姬泣曰:"賊由太子。"大子奔新城。十二月戊申,縊於新城。姬遂譖二公子:"皆知之。"重耳奔蒲。夷吾奔屈。	夏,許男新臣卒。八月,公至自伐楚。葬許穆公。			春王正月,公會齊侯、宋公、陳侯、衛侯、鄭伯、許男、曹伯侵蔡。蔡潰,遂伐楚,次於陘。《左傳》:齊侯以諸侯之師侵蔡。蔡潰。遂伐楚。楚子使與師言曰:"君之涉吾地也,何故?"管仲對曰:"爾貢包茅不入,王祭不共,無以縮酒,寡人是

(續表)

紀年	王綱不振	倫變	列國情狀	災異	外侮	霸統
四年						征。昭王南征而不復,寡人是問。"對曰:"貢之不入,寡君之罪也,敢不共給。昭王之不復,君其問諸水濱。"師進,次於陘。夏,楚屈完來盟於師,盟於召陵。齊人執陳轅濤塗。《左傳》:陳轅濤塗謂鄭申侯曰:"師出於陳、鄭之間,國必甚病。若出於東方,觀兵於東夷,循海而歸,其可也。"申侯

861

(續表)

紀年	王綱不振	倫　變	列國情狀	災異	外侮	霸統
四年						曰："善。"濤塗以告，齊侯許之。申侯見，曰："師老矣，若出於東方而遇敵，懼不可用也。若出於陳、鄭之間，共其資糧扉屨，其可也。"齊侯說，與之虎牢。執轅濤塗。 秋，及江人、黃人伐陳。 《左傳》：討不忠也。 冬十有二月，公孫茲帥師會齊人、宋人、衛人、鄭人、許人、曹人侵陳。 《左傳》：叔孫

(續表)

紀年	王綱不振	倫變	列國情狀	災異	外侮	霸統
四年						戴伯帥師會諸侯之師侵陳。陳成，歸轅濤塗。
五年		春，晉侯殺其世子申生。《左傳》：公使寺人披伐蒲。重耳曰："君父之命不校。"踰垣而走。披斬其袪，遂出奔翟。	春，杞伯姬來，朝其子。夏，公孫茲如牟。冬，晉人執虞公。《左傳》：晉侯復假道於虞，以伐虢。冬十二月丙子朔，晉滅虢。虢公醜奔京師，師還，館於虞，遂襲虞，滅之。	九月戊申朔，日有食之。	秋八月，楚人滅弦，弦子奔黃。《左傳》：於是江、黃、道、柏方睦於齊，皆弦姻也。弦子恃之而不事楚，又不設備，故亡。	夏，公及齊侯、宋公、陳侯、衛侯、鄭伯、許男、曹伯會王世子於首止。《左傳》：會王子鄭，謀寧周也。秋八月，諸侯盟於首止。鄭伯逃歸不盟。《左傳》：王使周公召鄭伯，曰："吾撫女以從楚，輔之以晉，可以少安。"

863

(續表)

紀年	王綱不振	倫變	列國情狀	災異	外侮	霸統
五年						喜命其於齊也,故不盟。鄭伯逃歸於王懼不朝而不盟。
六年		春王正月。《左傳》：晉侯使賈華伐屈。夷吾不能守。將奔狄,郤芮曰："不如之梁。"乃之梁。	冬,公至自伐鄭。		秋,楚人圍許,諸侯遂救許。《左傳》：楚子圍許以救鄭,諸侯救許,乃還。	夏,公會齊侯、宋公、陳侯、衛侯、曹伯伐鄭,圍新城。《左傳》：以其逃首止之盟故也。
七年	《左傳》：閏月,惠王崩。襄王惡太叔帶之難,懼不立,不發喪而告難於齊。		夏,小邾子來朝。鄭殺其大夫申侯。《左傳》：鄭殺申侯以說於齊,且用陳轅濤塗之譖也。秋七月,曹伯班卒。公子友如齊。冬,葬曹昭公。			春,齊人伐鄭。秋七月,公會齊侯、宋公、陳世子款、鄭世子華盟於寧母。《左傳》：謀

(續表)

紀年	王綱不振	倫變	列國情狀	災異	外侮	霸統
七年						鄭故也。齊侯修禮於諸侯,諸侯官受方物。鄭伯使大子華聽命於會,言於齊侯曰:"洩氏、孔氏、子人氏三族,實違君命。若君去之以爲成。我以鄭爲内臣,君亦無所不利焉。"齊侯將許之。管仲曰:"君以禮與信屬諸侯,而以姦終之,無乃不可乎?"齊侯辭焉。子華由是得罪於鄭。冬,鄭伯使請盟於齊。

865

(續表)

紀年	王綱不振	倫變	列國情狀	災異	外侮	霸統
八年	冬十有二月丁未，天王崩。《左傳》：冬，王人來告喪。		秋七月，禘於大廟，用致夫人。		夏，狄伐晉。	春王正月，公會王人、齊侯、宋公、衛侯、許男、曹伯、陳世子款，盟於洮。《左傳》：謀王室也。襄王定位而後發喪。鄭伯乞盟。
九年		冬，晉里克殺其君之子奚齊。《左傳》：里克殺奚齊於次。荀息將死之，人曰："不如立卓子而輔之。"荀息立卓子以葬。十一月，里克殺公子卓於朝，荀息死之。	春王正月丁丑，宋公禦說卒。秋七月乙酉，伯姬卒。九月甲子，晉侯詭諸卒。《左傳》：晉獻公卒，里克、㔻鄭欲納文公，故以三公子之徒作亂。			夏，公會宰周公、齊侯、宋子、衛侯、鄭伯、許男、曹伯於葵丘。《左傳》：宋桓公卒，未葬而襄公會諸侯，故曰"子"。

(續表)

紀年	王綱不振	倫變	列國情狀	災異	外侮	霸統
九年						夏,會於葵丘,尋盟,且修好,禮也。王使宰孔賜齊侯胙。**九月戊辰,諸侯盟於葵丘。冬。**《左傳》:齊侯以諸侯之師伐晉,及高梁而還,討晉亂也。
十年		春王正月,晉里克弒其君卓及其大夫荀息。夏,晉殺其大夫里克。《左傳》:夏四月,周公忌父、王子黨會齊隰朋立晉侯。晉侯殺里克以說。	春王正月,公如齊。	冬,大雨雪。	春王正月,狄滅溫,溫子奔衛。《左傳》:蘇子叛王即狄,又不能於狄,狄人伐之,王不救,故滅。	夏,齊侯、許男伐北戎。

867

(續表)

紀年	王綱不振	倫變	列國情狀	災異	外侮	霸統
十有一年	《左傳》：夏，揚、拒、泉、皋、伊、雒之戎同伐京師，入王城，焚東門，王子帶召之也。秦、晉伐戎以救周。秋，晉侯平戎於王。	春，晉殺其大夫丕鄭父。	夏，公及夫人姜氏會齊侯於陽穀。秋八月，大雩。		冬，楚人伐黃。《左傳》：黃人不歸楚貢。冬，楚人伐黃。	
十有二年	秋七月。《左傳》：王以戎難故，討王子帶。秋，王子帶奔齊。			春王三月庚午，日有食之。	夏，楚人滅黃。	《左傳》：冬，齊侯使管夷吾平戎於王，使隰朋平戎於晉。
十有三年			夏四月，葬陳宣公。秋九月，大雩。冬，公子友如齊。		春，狄侵衛。	《左傳》：十三年春，齊侯使仲孫湫聘於周，且言王子帶。事畢，不與王言。歸，復命曰："未可。王怒未怠，其

(續表)

紀年	王綱不振	倫變	列國情狀	災異	外侮	霸統
十有三年						十年乎。不十年,王弗召也。"夏四月,公會齊侯、宋公、陳侯、衛侯、鄭伯、許男、曹伯於鹹。《左傳》:會於鹹,淮夷病杞故,且謀王室也。秋,爲戎難故,諸侯戍周,齊仲孫湫致之。
十有四年			夏六月,季姬及鄫子遇於防。使鄫子來朝。《左傳》:鄫季姬來寧,公怒,止之,以鄫子之不朝也。夏,遇於防,而使來朝。冬,蔡侯肸卒。	秋八月辛卯,沙鹿崩。	秋八月,狄侵鄭。	春,諸侯城緣陵。《左傳》:諸侯城緣陵而遷杞焉。

(續表)

紀年	王綱不振	倫變	列國情狀	災異	外侮	霸統
十有五年			春王正月,公如齊。九月,公至自會。季姬歸於鄫。冬,宋人伐曹。《左傳》：討舊怨也。	夏五月,日有食之。八月,螽。九月,己卯晦,震夷伯之廟。	春,楚人伐徐。《左傳》：徐即諸夏故也。冬,楚人敗徐於婁林。《左傳》：徐恃救也。十有一月壬戌,晉侯及秦伯戰於韓,獲晉侯。《左傳》：晉侯之入也,秦穆姬屬賈君焉,且曰："盡納群公子。"晉侯烝於賈君,又不納群公子,是以穆姬	三月,公會齊侯、宋公、陳侯、衛候、鄭伯、許男、曹伯,盟於牡丘。《左傳》：尋葵丘之盟,且救徐也。遂次於匡。公孫敖帥師及諸侯之大夫救徐。《左傳》：諸侯次於匡以待之。秋七月,齊師、曹師伐厲。《左傳》：以救徐也。

(續表)

紀年	王綱不振	倫變	列國情狀	災異	外侮	霸統
十有五年					怨之。晉侯許賂中大夫,既而皆背之。賂秦伯以河外列五城,東盡虢略,南及華山,内及解梁城,既而不與。晉饑,秦輸之粟;秦饑,晉閉之糴,故秦伯伐晉。	
十有六年			三月壬申,公子季友卒。夏四月丙申,鄫季姬卒。秋七月甲子,公孫兹卒。《左傳》:冬十一月乙卯,鄭殺子華。	春王正月戊申朔,隕石於宋五。是	《左傳》:秋,狄侵晉,取狐、厨、受鐸,涉汾,及昆都,因晉敗也。	《左傳》:夏,齊伐厲不克,救徐而還。王以戎難告於齊,齊徵諸侯戍周。冬十有

871

(續表)

紀年	王綱不振	倫變	列國情狀	災異	外侮	霸統
十有六年				月,六鷁退飛過宋都。		二月,公會齊侯、宋公、陳侯、衛侯、鄭伯、許男、邢侯、曹伯於淮。《左傳》:會於淮,謀鄫,且東略也。城鄫,役人病。有夜登丘而呼曰:"齊有亂。"不果城而還。
十有七年			夏,滅項。秋,夫人姜氏會齊侯於卞。九月,公至自會。			春,齊人、徐人伐英氏。《左傳》:齊人爲徐伐英氏,以報婁林之役。冬十有二月乙亥,齊侯小白卒。

(續表)

紀年	王綱不振	倫變	列國情狀	災異	外侮	霸統
十有七年						《左傳》：齊侯之夫人三，皆無子。齊侯好內，多內寵，內嬖如夫人者六人：長衛姬，生武孟；少衛姬，生惠公；鄭姬，生孝公；葛嬴，生昭公；密姬，生懿公，宋華子生公子雍。公與管仲屬孝公於宋襄公，以爲大子。雍巫有寵於衛共姬，因寺人貂以薦羞於公，亦有寵，公許之立武

(續表)

紀年	王綱不振	倫變	列國情狀	災異	外侮	霸統
十有七年						孟。管仲卒,五公子皆求立。冬十月乙亥,齊桓公卒。易牙入,與寺人貂因內寵以殺群吏,而立公子無虧。孝公奔宋。十二月乙亥赴。辛巳夜殯。
十有八年			夏,師救齊。秋八月丁亥,葬齊桓公。		《左傳》：鄭伯始朝於楚,楚子賜之金,既而悔之,與之盟曰："無以鑄兵。"故以鑄三鍾。五月,狄救齊。	春王正月,宋公、曹伯、衛人、邾人伐齊。《左傳》：宋襄公以諸侯伐齊。三月,齊人殺無虧。五月戊寅,宋師

874

(續表)

紀年	王綱不振	倫變	列國情狀	災異	外侮	霸統
十有八年					冬,邢人、狄人伐衛。 《左傳》:冬,邢人、狄人伐衛,圍菟圃。衛侯以國讓其父兄子弟及朝衆曰:"苟能治之,燬請從焉。"衆不可,而後師於訾婁。狄師還。	及齊師戰於甗。齊師敗績。 《左傳》:齊人將立孝公,不勝,四公子之徒遂與宋人戰。夏五月,宋敗齊師於甗,立孝公而還。
十有九年			秋,衛人伐邢。 《左傳》:以報菟圃之役。 冬,梁亡。 《左傳》:初,梁伯好土功,亟城而弗處,民罷而弗堪,則曰:"某寇將至。"乃溝公宫,曰:"秦將襲我。"民懼而潰,秦遂取梁。		冬,會陳人、蔡人、楚人、鄭人,盟於齊。(楚始與齊盟) 《左傳》:陳穆公請修好於諸侯,以無忘齊	春王三月,宋人執滕子嬰齊。夏六月,宋公、曹人、邾人盟於曹南。鄫子會盟於邾。己酉,邾人執鄫子,用之。

(續表)

紀年	王綱不振	倫變	列國情狀	災異	外侮	霸統
十有九年					桓之德。冬,盟於齊,修桓公之好也。	《左傳》:夏,宋公使邾文公用鄫子次睢之社,欲以屬東夷。秋,宋人圍曹。《左傳》:討不服也。
二十年			春,新作南門。夏,郜子來朝。五月,鄭人入滑。《左傳》:滑人叛鄭而服於衛。夏,鄭公子士、洩堵寇帥師入滑。	五月乙巳,西宮災。	秋,齊人、狄人盟於邢。《左傳》:爲邢謀衛難也。於是衛方病邢。冬,楚人伐隨。《左傳》:隨以漢東諸侯叛楚。冬,楚鬬穀於菟帥師伐隨,取成而還。	《左傳》:宋襄公欲合諸侯,臧文仲聞之,曰:"以欲從人則可;以人從欲鮮濟。"

(續表)

紀年	王綱不振	倫變	列國情狀	災異	外侮	霸統
二十有一年			冬,公伐邾。	夏,大旱。	春,狄侵衛。秋,宋公、楚子、陳侯、蔡侯、鄭伯、許男、曹伯會於盂。執宋公以伐宋。《左傳》:諸侯會宋公於盂。於是楚執宋公以伐宋。冬,楚人使宜生來獻捷。十有二月癸丑,公會諸侯盟於薄。釋宋公。	春,宋人、齊人、楚人盟於鹿上。《左傳》:宋人爲鹿上之盟,以求諸侯於楚。楚人許之。
二十有二年	《左傳》:王子帶自齊復歸於京師,王召之也。		春,公伐邾,取須句。秋八月丁未,及邾人戰於升陘。		《左傳》:秋,秦、晉遷陸渾之戎於伊川。冬十有	夏,宋公、衛侯、許男、滕子伐鄭。《左傳》:鄭伯

(續表)

紀年	王綱不振	倫變	列國情狀	災異	外侮	霸統
二十有二年					一月己巳朔,宋公及楚人戰於泓,宋師敗績。《左傳》:楚人伐宋以救鄭。宋師敗績。公傷股,門官殲焉。	如楚。夏,宋公伐鄭。
二十有三年		《左傳》:晉公子重耳之及於難也,晉人伐諸蒲城。遂奔狄。適齊。及曹,及宋,及楚,楚子享之,乃送諸秦。	冬十有一月,杞子卒。		秋,楚人伐陳。《左傳》:楚成得臣帥師伐陳,討其貳於宋也。遂取焦、夷,城頓而還。	春,齊侯伐宋,圍緡。《左傳》:以討其不與盟於齊也。夏五月庚寅,宋公茲父卒。《左傳》:宋襄公卒,傷於泓故也。

(續表)

紀年	王綱不振	倫變	列國情狀	災異	外侮	霸統
二十有四年	《左傳》：秋，頹叔、桃子奉太叔，以狄師伐周，大敗周師，獲周公忌父、原伯、毛伯、富辰。王出適鄭。秋七月，天王出居於鄭。	春王正月。《左傳》：秦伯納之。壬寅，公子入於晉師。丙午，入於曲沃。丁未，朝於武宫。戊申，使殺懷公於高梁。鄭子華之弟子臧出奔宋，好聚鷸冠。鄭伯聞而惡之，使盜誘之。八月，盜殺之於陳、宋之間。晉侯夷吾卒。	《左傳》：衛人將伐邢，禮至曰："不得其守，國不可得也。我請昆弟仕焉。"乃往，得仕。		夏，狄伐鄭。《左傳》：鄭人之入滑也，滑人聽命。師還，又即衛。鄭人伐滑。王使請滑。鄭伯怨惠王之入而不與厲公爵也，又怨襄王之與衛、滑也，故不聽王命。王怒，以狄伐鄭。取櫟。王德狄人，以其女爲后。宋及楚平。宋成公如楚，還入於鄭。	

(續表)

紀年	王綱不振	倫變	列國情狀	災異	外侮	霸統
二十有五年			春王正月，丙午，衛侯燬滅邢。《左傳》：衛人伐邢，二禮從國子巡，掖以赴外，殺之。正月丙午，衛侯燬滅邢，同姓也，故名。夏四月癸酉，衛侯燬卒。宋蕩伯姬來逆婦。宋殺其大夫。秋，葬衛文公。		秋，楚人圍陳，納頓子於頓。《左傳》：秦、晉伐鄀。楚鬭克、屈禦寇以申、息之師戍商密。秦人過析隈，入而係輿人以圍商密，昏而傅焉。宵，坎血加書，僞與子儀、子邊盟者。商密人懼曰："秦取析矣，戍人反矣。"乃降秦師。秦師囚申公子儀、息公子邊以歸。楚令尹子玉追秦師，弗及，遂圍陳，納頓子於頓。	《左傳》：秦伯師於河上，將納王。狐偃言於晉侯曰："求諸侯，莫如勤王。"晉侯辭秦師而下。三月甲辰，次於陽樊。右師圍溫，左師逆王。夏四月丁巳，王入於王城，取大叔於溫，殺之於隰城。晉侯朝王，請隧，弗許，與之陽樊、溫、原、欑茅之田。晉於是始啓南陽。

(續表)

紀年	王綱不振	倫變	列國情狀	災異	外侮	霸統
二十有六年			春王正月己未,公會莒子、衛寧速盟於向。 《左傳》:尋洮之盟也。 齊人侵我西鄙,公追齊師,至酅,弗及。 《左傳》:齊師侵我西鄙,討是二盟也。 夏,齊人伐我北鄙。衛人伐齊。冬,公至自伐齊。		夏,公子遂如楚乞師。 《左傳》:臧孫見子玉而道之伐齊、宋,以其不臣也。 秋,楚人滅夔,以夔子歸。 冬,楚人伐宋,圍緡。 《左傳》:宋以其善於晉侯也,叛楚即晉。冬,楚令尹子玉、司馬子西帥師伐宋,圍緡。公以楚師伐齊,取穀。	

(續表)

紀年	王綱不振	倫變	列國情狀	災異	外侮	霸統
二十有七年			春，杞子來朝。《左傳》：杞桓公來朝，公卑杞，杞不共也。夏六月庚寅，齊侯昭卒。秋八月乙未，葬齊孝公。乙巳，公子遂帥師入杞。《左傳》：責無禮也。十有二月甲戌，公會諸侯，盟於宋。		冬，楚人、陳侯、蔡侯、鄭伯、許男圍宋。《左傳》：楚子及諸侯圍宋，宋公孫固如晉告急。狐偃曰："楚始得曹而新昏於衛，若伐曹、衛，楚必救之，則齊、宋免矣。"	
二十有八年	五月，公朝於王所。冬，天王狩於河陽。《左傳》：是會也，晉侯召王，以諸侯見，且使王狩。仲尼曰："以臣召君，不可以訓。"故書	六月，衛侯鄭自楚復歸於衛。衛元咺出奔晉。《左傳》：或訴元咺於衛侯曰："立叔武矣。"其子角從公，公使殺之。咺不廢命，奉夷叔以入守。六月，晉人復衛侯。衛侯先	春，公子買戍衛，不卒戍，刺之。《左傳》：公子買戍衛，楚人救衛，不克。公懼於晉，殺子叢以說焉。謂楚人曰："不卒戍也。"六月，陳侯欸卒。		春，楚人救衛。夏四月，衛侯出奔楚。	春，晉侯侵曹，晉侯伐衛。三月丙午，晉侯入曹，執曹伯。畀宋人。夏四月己巳，晉侯、齊師、宋師、秦師

(續表)

紀年	王綱不振	倫變	列國情狀	災異	外侮	霸統
二十有八年	曰："天王狩於河陽。"言非其地也。 壬申，公朝於王所。	期入，叔武將沐，聞君至，喜，捉髮走出，前驅射而殺之。元咺出奔晉。 冬，晉人執衛侯，歸之於京師。 《左傳》：衛侯與元咺訟。衛侯不勝。執衛侯，歸之於京師，置諸深室。 衛元咺自晉復歸於衛。 《左傳》：元咺歸於衛，立公子瑕。	秋，杞伯姬來。公子遂如齊。			及楚人戰於城濮，楚師敗績。楚殺其大夫得臣。五月癸丑，公會晉侯、齊侯、宋公、蔡侯、鄭伯、衛子、莒子，盟於踐土。 《左傳》：甲午，至於衡雍，作王宮於踐土。鄉役之三月，鄭伯如楚致其師，爲楚師既敗而懼，使子人九行成於晉。晉欒枝入盟鄭伯。五月丙午，晉侯及鄭伯

(續表)

紀年	王綱不振	倫變	列國情狀	災異	外侮	霸統
二十有八年						盟於衡雍。丁未,獻楚俘於王。己酉,王享醴,策命晉侯爲侯伯。晉侯三辭,從命。受策以出,出入三覲。陳侯入會。冬,公會晉侯、齊侯、宋公、蔡侯、鄭伯、陳子、莒子、邾子、秦人於温。《左傳》:會於温,討不服也。諸侯遂圍許。曹伯襄復歸於曹,遂會諸侯圍許。

(續表)

紀年	王綱不振	倫變	列國情狀	災異	外侮	霸統
二十有九年			春,公至自圍許。	秋,大雨雹。	春,介葛盧來。冬,介葛盧來。	夏六月,會王人、晉人、宋人、齊人、陳人、蔡人、秦人,盟於翟泉。《左傳》:尋踐土之盟,且謀伐鄭也。
三十年	冬,天王使宰周公來聘。公子遂如京師。遂如晉。《左傳》:東門襄仲將聘於周,遂初聘於晉。	秋,衛殺其大夫元咺及公子瑕。衛侯鄭歸於衛。《左傳》:晉侯使醫衍酖衛侯。寧俞貨醫,使薄其酖,不死。公爲之請,納玉於王與晉侯。皆十縠,王許之。秋,乃釋衛侯。衛使賂周歂、冶廑,周、冶殺元咺及子適、子儀。公入。			夏,狄侵齊。《左傳》:晉人侵鄭,以觀其可攻與否。狄間晉之有鄭虞也,夏,狄侵齊。秋,介人侵蕭。	秋,晉人、秦人圍鄭。《左傳》:以其無禮於晉,且貳於楚也。燭之武見秦伯,曰:"秦、晉圍鄭,鄭既知亡矣。若亡鄭而有益於君,敢以煩執事。越國以鄙

885

(續表)

紀年	王綱不振	倫變	列國情狀	災異	外侮	霸統
三十年						遠,君知其難也,焉用亡鄭以倍鄰?鄰之厚,君之薄也。若舍鄭以爲東道主,行李之往來,共其乏困,君亦無所害。且君嘗爲晉君賜矣,許君焦、瑕,朝濟而夕設版焉,君之所知也。夫晉何厭之有?既東封鄭,又欲肆其西封,若不闕秦,將焉取之?闕秦以利晉,惟君圖之。"秦伯說,與

(續表)

紀年	王綱不振	倫變	列國情狀	災異	外侮	霸統
三十年						鄭人盟,使杞子、逢孫、楊孫戍之,乃還。晉人亦去之。
三十有一年			春,取濟西田。公子遂如晉。《左傳》:拜曹田也。夏四月,四卜郊,不從,乃免牲,猶三望。冬,杞伯姬來求婦。		冬,狄圍衛。十有二月,衛遷于帝丘。	秋七月。《左傳》:晉侯蒐于清原,作五軍禦狄。
三十有二年			夏四月己丑,鄭伯捷卒。		春王正月。《左傳》:楚鬬章請平於晉,晉陽處父報之。晉、楚始通。夏四月,衛人侵狄。秋,	冬十有二月己卯,晉侯重耳卒。

887

(續表)

紀年	王綱不振	倫變	列國情狀	災異	外侮	霸統
三十有二年					**衛人及狄盟。**《左傳》：夏，狄有亂。衛人侵狄，狄請平焉。秋，衛人及狄盟。**冬十有二月。**《左傳》：杞子自鄭使告於秦，曰："鄭人使我掌其北門之管，若潛師以來，國可得也。"穆公召孟明、西乞、白乙，使出師於東門之外。秦師遂東。	

(續表)

紀年	王綱不振	倫變	列國情狀	災異	外侮	霸統
三十有三年			春王正月，齊侯使國歸父來聘。夏四月癸巳，葬晉文公。公伐邾，取訾婁。 秋，公子遂帥師伐邾。 《左傳》：公伐邾，取訾婁，以報升陘之役。邾人不設備。秋，襄仲復伐邾。 冬十月，公如齊。十有二月，公至自齊。乙巳，公薨於小寢。	十有二月，隕霜不殺草。李、梅實。	春王正月，秦人入滑。 《左傳》：秦師及滑，鄭商人弦高遇之。以乘韋先，牛十二犒師，且使遽告於鄭。鄭穆公使視客館，則束載、厲兵、秣馬矣。使皇武子辭焉。杞子奔齊，逢孫、楊孫奔宋。孟明曰："鄭有備矣，不可冀也。吾其還也。"滅滑而還。 夏四月，狄侵齊。	夏四月辛巳，晉人及姜戎敗秦師於殽。 《左傳》：獲百里孟明視、西乞術、白乙丙以歸。文嬴請三帥，使歸就戮於秦，公許之。 十有二月，晉人、陳人、鄭人伐許。 《左傳》：討其貳於楚也。

(續表)

紀年	王綱不振	倫變	列國情狀	災異	外侮	霸統
三十有三年					《左傳》：因晉喪也。秋，晉人敗狄於箕。冬。《左傳》：楚令尹子上侵陳、蔡。陳、蔡成，遂伐鄭。晉陽處父侵蔡，楚子上救之，與晉師夾泜而軍。陽子患之，使謂子上曰："吾聞之，文不犯順，武不違敵。子若欲戰，則吾退舍，子濟而陳，遲速唯命，不然紓	

(續表)

紀年	王綱不振	倫變	列國情狀	災異	外侮	霸統
三十有三年					我。老師費財,亦無益也。"乃駕以待。子上欲涉,大孫伯曰:"不可。晉人無信,半涉而薄我,悔敗何及,不如紓之。"乃退舍。陽子宣言曰:"楚師循矣。"遂歸。楚師亦歸。大子商臣譖子上曰:"受晉賂而辟之,楚之恥也,罪莫大焉。"王殺子上。	

(續表)

紀年	王綱不振	倫變	列國情狀	災異	外侮	霸統
文公元年	二月,天王使叔服來會葬。夏四月,天王使毛伯來錫公命。叔孫得臣如京師。 《左傳》:叔孫得臣如周拜。		春王正月,公即位。 夏四月丁巳,葬我君僖公。衛人伐晉。 《左傳》:衛人使告於陳。陳共公曰:"更伐之,我辭之。"衛孔達帥師伐晉。 秋,公孫敖會晉侯於戚。 《左傳》:晉侯疆戚田,故公孫敖會之。 冬十月,公孫敖如齊。 《左傳》:穆伯如齊,始聘焉,禮也。	二月癸亥,日有食之。	冬十月丁未,楚世子商臣弒其君頵。	夏四月,晉侯伐衛。 《左傳》:晉文公之季年,諸侯朝晉。衛成公不朝,使孔達侵鄭。晉襄公既祥,使告於諸侯而伐衛,及南陽。先且居曰:"效尤,禍也。請君朝王,臣從師。"晉侯朝王於溫,先且居、胥臣伐衛。五月辛酉朔,晉師圍戚。六月戊戌,取之,獲孫昭子。

(續表)

紀年	王綱不振	倫變	列國情狀	災異	外侮	霸統
二年			二月丁丑,作僖公主。三月乙巳,及晉處父盟。 《左傳》:晉人以公不朝來討,公如晉。晉人使陽處父盟公以恥之。 八月丁卯,大事於大廟,躋僖公。冬,公子遂如齊納幣。 《左傳》:襄仲如齊納幣。	自十有二月不雨,至於秋七月。		春王二月甲子,晉侯及秦師戰於彭衙,秦師敗績。 《左傳》:秦孟明視帥師伐晉,以報殽之役。晉侯禦之。及秦師戰於彭衙。秦師敗績。 夏六月,公孫敖會宋公、陳侯、鄭伯、晉士縠,盟於垂隴。 《左傳》:公未至,穆伯會諸侯及晉司空士縠盟於垂隴,晉討衛故也。

(續表)

紀年	王綱不振	倫變	列國情狀	災異	外侮	霸統
二年						陳侯爲衛請成於晉,執孔達以説。 冬,晉人、宋人、陳人、鄭人伐秦。 《左傳》:及彭衙而還,以報彭衙之役。
三年	夏五月,王子虎卒。 《左傳》:王叔文公卒,來赴吊如同盟。		《左傳》:衛侯如陳,拜晉成也。 冬,公如晉。十有二月己巳,公及晉侯盟。 《左傳》:晉人懼其無禮於公也,請改盟。公如晉,及晉侯盟。	秋,雨螽於宋。	夏五月,秦人伐晉。 《左傳》:秦伯伐晉,濟河焚舟,取王官,及郊。晉人不出,遂自茅津濟,封殽尸而還。 秋,楚人圍江。	春王正月,叔孫得臣會晉人、宋人、陳人、衛人、鄭人伐沈。沈潰。 《左傳》:莊叔會諸侯之師伐沈,以其服於楚也。 冬,晉陽處父帥師伐楚以救江。

(續表)

紀年	王綱不振	倫變	列國情狀	災異	外侮	霸統
三年						《左傳》：晉以江故告於周。王叔桓公、晉陽處父伐楚以救江，門於方城，遇息公子朱而還。
四年			春，公至自晉。《左傳》：晉人歸孔達於衛。夏，衛侯如晉拜。曹伯如晉，會正。夏，逆婦姜於齊。秋，衛侯使寧俞來聘。冬十有一月壬寅，夫人風氏薨。《左傳》：成風薨。	夏，狄侵齊。秋，楚人滅江。		秋，晉侯伐秦。《左傳》：晉侯伐秦，圍祁、新城，以報王官之役。
五年	春王正月，王使榮叔歸含，且賵。三月，使召伯來會葬。		三月辛亥，葬我小君成風。夏，公孫敖如晉。冬十月甲申，許男業卒。		夏，秦人入鄀。《左傳》：鄀叛楚即秦，又貳	《左傳》：晉趙成子、欒貞子、霍伯、臼季皆卒。

(續表)

紀年	王綱不振	倫變	列國情狀	災異	外侮	霸統
五年					於楚。夏,秦人入鄀。**秋,楚人滅六。**《左傳》:六人叛楚即東夷。秋,楚成大心、仲帥師滅六。冬,楚公子燮滅蓼。	
六年			**春,葬許僖公。****夏,季孫行父如陳。**《左傳》:臧文仲以陳、衛之睦也,欲求好於陳。夏,季文子聘於陳,且娶焉。**秋,季孫行父如晉。****冬十月,公子遂如晉。葬晉襄公。****閏月,不告月,猶朝於廟。**	《左傳》:秦伯任好卒。以子車氏之三子奄息、仲行、鍼虎爲殉。皆秦之良也。國人哀之,爲之賦《黃鳥》。	《左傳》:春,晉蒐於夷,舍二軍。使狐射姑將中軍,趙盾佐之。**八月乙亥,晉侯驩卒。**《左傳》:襄公卒。靈公少,晉人以難故,欲立

(續表)

紀年	王綱不振	倫變	列國情狀	災異	外侮	霸統
六年						長君。趙孟曰:"立公子雍。"賈季曰:"不如立公子樂。"趙孟使先蔑、士會如秦,逆公子雍。賈季亦使召公子樂於陳。趙孟使殺諸郫。 冬十月,晉殺其大夫陽處父。晉狐射姑出奔狄。 《穀》作夜。
七年			春,公伐邾。 《左傳》:間晉難也。 三月甲戌,取須句。遂城郚。 夏四月,宋公王臣卒。宋人殺其大夫。 《左傳》:宋成公卒。於是公子		夏四月,狄侵我西鄙。 冬,徐伐莒。	夏四月戊子,晉人及秦人戰於令狐。晉先蔑奔秦。 《左傳》:秦康公送公子雍於晉,

（續表）

紀年	王綱不振	倫變	列國情狀	災異	外侮	霸統
七年			成爲右師，公孫友爲左師，樂豫爲司馬，鱗矔爲司徒，公子蕩爲司城，華御事爲司寇。昭公將去群公子，樂豫諫，不聽。穆、襄之族率國人以攻公，殺公孫固、公孫鄭於公宮。六卿和公室，樂豫舍司馬以讓公子卬。**冬，公孫敖如莒涖盟。**			多與之徒衛。穆嬴日抱大子以啼於朝，曰："舍適嗣不立而外求君，將焉置此？"出朝，則抱以適趙氏，頓首於宣子。宣子與諸大夫皆患穆嬴，且畏偪，乃背先蔑而立靈公，以禦秦師。敗秦師於令狐。先蔑奔秦。士會從之。**秋八月，公會諸侯、晉大夫，盟於扈。**《左傳》：晉侯立故也。晉郤缺言

(續表)

紀年	王綱不振	倫變	列國情狀	災異	外侮	霸統
七年						於趙宣子曰："日衛不睦，故取其地，今已睦矣，可以歸之。"宣子説之。
八年	秋八月戊申，天王崩。《左傳》：襄王崩。冬十月，公孫敖如京師，不至而復。丙戌，奔莒。《左傳》：穆伯如周弔喪，不至，以幣奔莒，從己氏焉。		冬十月，宋人殺其大夫司馬。宋司城來奔。《左傳》：宋襄夫人，襄王之姊也，昭公不禮焉。夫人因戴氏之族，以殺襄公之孫孔叔、公孫鍾離及大司馬公子卬，皆昭公之黨也。司馬握節以死。司城蕩意諸來奔，效節於府人而出。公以其官逆之，皆復之。	冬十月，螽。	夏四月。《左傳》：秦人伐晉，取武城，以報令狐之役。冬十月乙酉，公子遂會雒戎，盟於暴。	春王正月。《左傳》：晉侯使解揚歸匡、戚之田於衛，且復致公壻池之封，自申至於虎牢之竟。冬十月壬午，公子遂會晉趙盾，盟於衡雍。《左傳》：晉人以扈之盟來討。冬，襄仲會晉趙盾，盟於衡雍，報扈之盟也。

899

(續表)

紀年	王綱不振	倫變	列國情狀	災異	外侮	霸統
九年	春,毛伯來求金。二月,叔孫得臣如京師。辛丑,葬我王。		春,夫人姜氏如齊。三月,夫人姜氏至自齊。秋八月,曹伯襄卒。冬,葬曹共公。	九月癸酉,地震。	三月,楚人伐鄭。公子遂會晉人、宋人、衛人、許人救鄭。《左傳》:范山言於楚子曰:"晉君少,不在諸侯,北方可圖也。"楚子師於狼淵以伐鄭。囚公子堅、公子龍及樂耳。鄭及楚平。夏,狄侵齊。《左傳》:楚侵陳,克壺丘,以其服於晉也。秋,楚公子朱自東夷伐陳,陳人敗	二月,晉人殺其大夫先都。三月,晉人殺其大夫士縠及箕鄭父。

(續表)

紀年	王綱不振	倫變	列國情狀	災異	外侮	霸統
九年					之，獲公子茂。陳懼，乃及楚平。冬，楚子使椒來聘。秦人來歸僖公、成風之襚。	
十年	及蘇子盟於女栗。《左傳》：秋七月，及蘇子盟於女栗，頃王立故也。		春王三月辛卯，臧孫辰卒。	自正月不雨，至於秋七月。	夏，秦伐晉。楚殺其大夫宜申。冬，狄侵宋。楚子、蔡侯次於厥貉。《左傳》：陳侯、鄭伯會楚子於息。冬，遂及蔡侯次於厥貉，將以伐宋。宋逆楚子，勞，且聽命。遂道	

901

(續表)

紀年	王綱不振	倫變	列國情狀	災異	外侮	霸統
十年					以田孟諸。宋公違命，無畏扶其僕以徇。 厥貉之會，麇子逃歸。	
十有一年			秋，曹伯來朝。 《左傳》：即位而來見也。 公子遂如宋。 《左傳》：襄仲聘於宋，且言司城蕩意諸而復之，因賀楚師之不害也。 冬十月甲午，叔孫得臣敗狄於鹹。 《左傳》：鄋瞞侵齊，遂伐我。公使叔孫得臣追之。冬十月甲午，敗狄於鹹。		春，楚子伐麇。 秋，狄侵齊。	夏，叔仲會晉郤缺於承筐。 《左傳》：謀諸侯之從於楚者。
十有二年			春王正月，郕伯來奔。 《左傳》：郕大子朱儒自安於夫鍾，國人弗		夏，楚人圍巢。 《左傳》：楚令尹大	冬十有二月戊午，晉人、秦人戰於河曲。

(續表)

紀年	王綱不振	倫變	列國情狀	災異	外侮	霸統
十有二年			徇。十二年春,郕伯卒,郕人立君。大子以夫鍾與郕邿來奔。**杞伯來朝。**《左傳》:始朝公也。且請絕叔姬而無絕昏,公許之。**二月庚子,子叔姬卒。**《左傳》:叔姬卒,不言杞,絕也。**秋,滕子來朝。**《左傳》:亦始朝公也。**冬十有二月,季孫行父帥師城諸及鄆。**		孫伯卒,成嘉爲令尹。群舒叛楚。夏,子孔執舒子平及宗子,遂圍巢。**秋,秦伯使術來聘。**《左傳》:秦伯使西乞術來聘,且言將伐晉。	《左傳》:秦爲令狐之役故,冬,秦伯伐晉,取羈馬。晉人禦之。從秦師於河曲。秦師夜遁。復侵晉,入瑕。
十有三年			夏五月壬午,陳侯朔卒。邾子蘧蒢卒。秋七月。世室屋壞。**冬,公如晉。衛侯會公於沓。十有二月己丑,公及晉侯盟。公還自晉,鄭伯會公於棐。**	自正月不雨,至於秋七月。	冬,狄侵衛。	春王正月。《左傳》:晉侯使詹嘉處瑕,以守桃林之塞。

(續表)

紀年	王綱不振	倫變	列國情狀	災異	外侮	霸統
十有三年			《左傳》：公如晉，朝，且尋盟。衛侯會公於沓。公還，鄭伯會公於棐，皆請平於晉。公皆成之。			
十有四年	春王正月。《左傳》：頃王崩，周公閱與王孫蘇爭政，故不赴。周公將與王孫蘇訟於晉，王叛王孫蘇，而使尹氏與聃啓訟周公於晉。趙宣子平王室而復之。	九月，齊公子商人弑其君舍。	春王正月，公至自晉。邾人伐我南鄙，叔彭生帥師伐邾。夏五月乙亥，齊侯潘卒。《左傳》：子叔姬妃齊昭公，生舍。叔姬無寵，舍無威。公子商人驟施於國，而多聚士。昭公卒，舍即位。秋七月，公至自會。九月甲申，公孫敖卒於齊。宋子哀來奔。《左傳》：宋高哀爲蕭封人，以爲卿，不義宋公而出，遂來奔。冬，單伯如齊。齊人執單伯。齊人執子叔姬。	秋七月，有星孛入於北斗。	《左傳》：楚莊王立，子孔、潘崇將襲群舒，使公子燮與子儀守而伐舒蓼。二子作亂，城郢而使賊殺子孔，不克而還。八月，二子以楚子出，將入商密。廬戢梨及叔麇誘之，遂殺鬬克及公子燮。	六月，公會宋公、陳侯、衛侯、鄭伯、許男、曹伯、晉趙盾。癸酉，同盟於新城。《左傳》：同盟於新城，從於楚者服，且謀邾也。秋七月，晉人納捷菑於邾，弗克納。《左傳》：邾文公元妃齊姜生定

(續表)

紀年	王綱不振	倫變	列國情狀	災異	外侮	霸統
十有四年						公,二妃晉姬生捷菑。文公卒,邾人立定公,捷菑奔晉。晉趙盾以諸侯之師八百乘納捷菑於邾。邾人辭曰:"齊出獲且長。"宣子曰:"辭順而弗從,不祥。"乃還。
十有五年			春,季孫行父如晉。《左傳》:季文子如晉,爲單伯與子叔姬故也。三月,宋司馬華孫來盟。夏,曹伯來朝。齊人歸公孫敖之喪。六月,單伯至自齊。秋,齊人侵我西鄙。季孫行父如晉。	六月辛酉朔,日有食之。鼓,用牲於社。		六月,晉郤缺帥師伐蔡。戊申,入蔡。《左傳》:新城之盟,蔡人不與。晉郤缺以上軍、下軍伐蔡。戊申,入蔡,

(續表)

紀年	王綱不振	倫變	列國情狀	災異	外侮	霸統
十有五年			《左傳》：齊人侵我西鄙，故季文子告於晉。 十有二月，齊人來歸子叔姬。齊侯侵我西鄙，遂伐曹，入其郛。 《左傳》：齊侯侵我西鄙，謂諸侯不能也。遂伐曹，入其郛，討其來朝也。			以城下之盟而還。 冬十有一月，諸侯盟於扈。 《左傳》：尋新城之盟，且謀伐齊也。齊人賂晉侯，故不克而還。
十有六年		冬十有一月，宋人弒其君杵臼。	春，季孫行父會齊侯於陽穀，齊侯弗及盟。 《左傳》：春王正月，及齊平。公有疾，使季文子會齊侯於陽穀。請盟，齊侯不肯，曰："請俟君間。" 夏五月，公四不視朔。 《左傳》：疾也。 六月戊辰，公子遂及齊侯盟於郪丘。 《左傳》：公使襄仲納賂於齊侯，故盟於郪		秋八月，楚人、秦人、巴人滅庸。 《左傳》：楚大饑，庸人帥群蠻以叛楚。麇人率百濮聚於選，將伐楚。於是申、息之北門不啓。楚人謀徙於阪高。蒍賈曰："不可。"乃出	

(續表)

紀年	王綱不振	倫變	列國情狀	災異	外侮	霸統
十有六年			丘。 秋八月辛未，夫人姜氏薨。毀泉臺。 《左傳》：有蛇自泉宮出，入於國，如先君之數。秋八月辛未，聲姜薨。毀泉臺。		師。使廬戢梨侵庸，遂滅庸。	
十有七年			夏四月癸亥，葬我小君聲姜。 齊侯伐我西鄙。六月癸未，公及齊侯盟於穀。 秋，公至自穀。冬，公子遂如齊。 《左傳》：襄仲如齊，拜穀之盟。			春，晉人、衛人、陳人、鄭人伐宋。 《左傳》：晉荀林父、衛孔達、陳公孫寧、鄭石楚伐宋。討曰："何故弒君！"猶立文公而還。 夏四月，諸侯會於扈。 《左傳》：晉侯蒐於黃父，遂復合諸侯於扈，平宋也。

907

(續表)

紀年	王綱不振	倫變	列國情狀	災異	外侮	霸統
十有八年		夏五月戊戌，齊人弒其君商人。 《左傳》：立公子元。 冬十月，莒弒其君庶其。 《左傳》：莒紀公生大子僕，又生季佗，愛季佗而黜僕，且多行無禮於國。僕因國人以弒紀公，以其寶玉來奔，納諸宣公。	春王二月丁丑，公薨於臺下。 六月癸酉，葬我君文公。 秋，公子遂、叔孫得臣如齊。 《左傳》：葬文公。秋，襄仲、莊叔如齊，惠公立故，且拜葬也。 文公二妃敬嬴生宣公。敬嬴嬖而私事襄仲。宣公長而屬諸襄仲，襄仲欲立之，叔仲不可。仲見於齊侯而請之。齊侯新立而欲親魯，許之。 冬十月，子卒。 《左傳》：仲殺惡及視而立宣公。 夫人姜氏歸於齊。 《左傳》：大歸也。將行，哭而過市曰："天		春王二月，秦伯犖卒。	

(續表)

紀年	王綱不振	倫變	列國情狀	災異	外侮	霸統
十有八年			乎,仲爲不道,殺嫡立庶。"市人皆哭,魯人謂之哀姜。 **季孫行父如齊。**			
宣公元年			**春王正月,公即位。公子遂如齊逆女。三月,遂以夫人婦姜至自齊。** **夏,季孫行父如齊。** 《左傳》:季文子如齊,納賂以請會。 **公會齊侯於平州。** 《左傳》:以定公位。 **公子遂如齊。** 《左傳》:東門襄仲如齊拜成。 **六月,齊人取濟西田。** 《左傳》:爲立公故,以賂齊也。 **秋,邾子來朝。**		**秋,楚子、鄭人侵陳,遂侵宋。** 《左傳》:宋人之弒昭公也,晉荀林父以諸侯之師伐宋,宋及晉平,宋文公受盟於晉。又會諸侯於扈,將爲魯討齊,皆取賂而還。鄭穆公曰:"晉不足與也。"遂受盟於楚。	**夏,晉放其大夫胥甲父於衛。** 《左傳》:晉人討不用命者,放胥甲父於衛,而立胥克。先辛奔齊。 **秋,晉趙盾帥師救陳。宋公、陳侯、衛侯、曹伯會晉師於棐林,伐鄭。** 《左傳》:會於棐林,以伐鄭也。楚蒍賈救

909

(續表)

紀年	王綱不振	倫變	列國情狀	災異	外侮	霸統
宣公元年					陳共公之卒,楚人不禮焉。陳靈公受盟於晉。秋,楚子侵陳,遂侵宋。	鄭,遇於北林。囚晉解揚,晉人乃還。 **冬,晉趙穿帥師侵崇。** 《左傳》：晉欲求成於秦,趙穿曰："我侵崇,秦急崇,必救之。吾以求成焉。"冬,趙穿侵崇,秦弗與成。 **晉人、宋人伐鄭。** 《左傳》：以報北林之役。於是,晉侯侈,趙宣子爲政,驟諫而不入,故不競於楚。

(續表)

紀年	王綱不振	倫變	列國情狀	災異	外侮	霸統
二年	冬十月乙亥,天王崩。	秋九月乙丑,晉趙盾弒其君夷皋。			春王二月壬子,宋華元帥師及鄭公子歸生帥師,戰於大棘。宋師敗績,獲宋華元。《左傳》:鄭公子歸生受命於楚,伐宋。秦師伐晉。《左傳》:以報崇也,遂圍焦。	夏,晉人、宋人、衛人、陳人侵鄭。《左傳》:夏,晉趙盾救焦,遂自陰地,及諸侯之師侵鄭,以報大棘之役。楚鬭椒救鄭,遂次於鄭以待晉師。趙盾曰:"彼宗競於楚,殆將斃矣。姑益其疾。"乃去之。
三年	春王正月,葬匡王。		春王正月,郊牛之口傷,改卜牛。牛死,乃不郊。猶三望。秋,宋師圍曹。《左傳》:宋文公即位,三		春王正月,楚子伐陸渾之戎。《左傳》:楚子伐陸渾之戎,	《左傳》:晉侯伐鄭,及郔。鄭及晉平,士會入盟。

(續表)

紀年	王綱不振	倫變	列國情狀	災異	外侮	霸統
三年			年,殺母弟須及昭公子。武氏之謀也,戴、桓之族攻武氏於司馬子伯之館。盡逐武、穆之族。武、穆之族以曹師伐宋。秋,宋師圍曹,報武氏之亂也。冬十月丙戌,鄭伯蘭卒。葬鄭穆公。		遂至於雒,觀兵於周疆。問鼎之大小輕重焉。夏,楚人侵鄭。《左傳》:鄭即晉故也。秋,赤狄侵齊。	
四年		夏六月乙酉,鄭公子歸生弑其君夷。《左傳》:楚人獻黿於鄭靈公。公子宋與子家將見。子公之食指動,以告子家,曰:"它日我如此,必嘗異味。"及入,宰夫將解黿,相視而笑。公問之,子家以告,及食大夫黿,召子公而弗與也。子公怒,染指於鼎,嘗之而出。公怒,欲殺子公。子公與子家謀先。夏,弑靈公。	春王正月,公及齊侯平莒及郯。莒人不肯。公伐莒,取向。秋,公如齊。公至自齊。		春王正月,秦伯稻卒。夏六月,赤狄侵齊。冬,楚子伐鄭。《左傳》:鄭未服也。	

912

(續表)

紀年	王綱不振	倫變	列國情狀	災異	外侮	霸統
五年			春,公如齊。夏,公至自齊。秋九月,齊高固來逆子叔姬。叔孫得臣卒。冬,齊高固及子叔姬來。		冬,楚人伐鄭。《左傳》:楚子伐鄭,陳及楚平。晉荀林父救鄭,伐陳。	
六年	夏四月。《左傳》:定王使子服求后於齊。冬十月。《左傳》:召桓公逆王后於齊。			秋八月,螽。	《左傳》:秋,赤狄伐晉。圍懷,及邢丘。冬十月。《左傳》:楚人伐鄭,取成而還。	春,晉趙盾、衛孫免侵陳。《左傳》:晉、衛侵陳,陳即楚故也。
七年			春,衛侯使孫良夫來盟。《左傳》:衛孫桓子來盟,始通,且謀會晉也。秋,公至自伐萊。	秋,大旱。	《左傳》:赤狄侵晉,取向陰之禾。夏,公會齊侯伐萊。	冬,公會晉侯、宋公、衛侯、鄭伯、曹伯于黑壤。《左傳》:鄭及晉平,

913

(續表)

紀年	王綱不振	倫變	列國情狀	災異	外侮	霸統
七年						公子宋之謀也,故相鄭伯以會。冬,盟於黑壤,王叔桓公臨之,以謀不睦。
八年			春,公至自會。夏六月,公子遂如齊,至黃乃復。辛巳,有事於大廟,仲遂卒於垂。壬午,猶繹。萬入,去籥。戊子,夫人嬴氏薨。冬十月己丑,葬我小君敬嬴。雨,不克葬。庚寅,日中而克葬。城平陽。	秋七月甲子,日有食之,既。	夏六月,晉師、白狄伐秦。《左傳》:白狄及晉平。夏,會晉伐秦。楚人滅舒蓼。《左傳》:楚爲衆舒叛故,伐舒蓼,滅之。楚子疆之,及滑汭。盟吳、越而還。	

(續表)

紀年	王綱不振	倫變	列國情狀	災異	外侮	霸統
八年					冬十月，楚師伐陳。《左傳》：陳及晉平。楚師伐陳，取成而還。	
九年	夏，仲孫蔑如京師。《左傳》：春，王使來徵聘。夏，孟獻子聘於周，王以爲有禮，厚賄之。		春王正月，公如齊。公至自齊。秋，取根牟。八月，滕子卒。冬十月癸酉，衛侯鄭卒。宋人圍滕。陳殺其大夫洩冶。《左傳》：陳靈公與孔寧、儀行父通於夏姬。洩冶諫公，公告二子，二子請殺之，公弗禁，遂殺洩冶。		夏，齊侯伐萊。冬十月，楚子伐鄭。晉郤缺帥師救鄭。《左傳》：楚子爲厲之役故，伐鄭。晉郤缺救鄭，鄭伯敗楚師於柳棼。	九月，晉侯、宋公、衛侯、鄭伯、曹伯會於扈。晉荀林父帥師伐陳。辛酉，晉侯黑臀卒於扈。《左傳》：會於扈，討不睦也。陳侯不會。晉荀林父以諸侯之師伐陳。晉侯卒於扈，乃還。

915

(續表)

紀年	王綱不振	倫變	列國情狀	災異	外侮	霸統
十年	秋,天王使王季子來聘。 《左傳》:劉康公來報聘。	五月癸巳,陳夏徵舒弒其君平國。 《左傳》:陳靈公與孔寧、儀行父飲酒於夏氏。公謂行父曰:"徵舒似女。"對曰:"亦似君。"徵舒病之。公出,自其廐射而殺之。二子奔楚。鄭子家卒。鄭人討幽公之亂,斲子家之棺而逐其族。改葬幽公,諡之曰靈。	春,公如齊。公至自齊。齊人歸我濟西田。 《左傳》:齊侯以我服故,歸濟西之田。 夏四月己巳,齊侯元卒。齊崔氏出奔衛。 《左傳》:夏,齊惠公卒。崔杼有寵於惠公,高、國畏其逼也,公卒而逐之,奔衛。 公如齊。 《左傳》:公如齊奔喪。 五月,公至自齊。六月,宋師伐滕。 《左傳》:滕人恃晉而不事宋。六月,宋師伐滕。 公孫歸父如齊,葬齊惠公。	夏四月丙辰,日有食之。秋,大水。冬,饑。	冬,楚子伐鄭。 《左傳》:楚子伐鄭。晉士會救鄭,逐楚師於潁北。諸侯之師戍鄭。	六月,晉人、宋人、衛人、曹人伐鄭。 《左傳》:鄭及楚平。諸侯之師伐鄭,取成而還。

(續表)

紀年	王綱不振	倫　變	列國情狀	災異	外侮	霸統
十年			秋,公孫歸父帥師伐邾,取繹。季孫行父如齊。冬,公孫歸父如齊。 《左傳》:季文子初聘於齊。冬,子家如齊,伐邾故也。 齊侯使國佐來聘。 《左傳》:國武子來報聘。			
十有一年			夏,公孫歸父會齊人伐莒。		夏,楚子、陳侯、鄭伯盟於辰陵。 《左傳》:楚子伐鄭,及櫟。子良曰:"晉、楚不務德而兵爭,與其來者可也。晉、楚無信,我焉得有信。"乃從	秋,晉侯會狄於欑函。 《左傳》:衆狄服也。

(續表)

紀年	王綱不振	倫變	列國情狀	災異	外侮	霸統
十有一年					楚。夏,楚盟於辰陵,陳、鄭服也。鄭既受盟於辰陵,又徼事於晉。冬十月,楚人殺陳夏徵舒。丁亥,楚子入陳。納公孫寧、儀行父於陳。	
十有二年			春,葬陳靈公。		春,楚子圍鄭。《左傳》:楚子圍鄭,三月克之。入自皇門,至於逵路。鄭伯肉袒牽羊以逆。楚子曰:"其君能下人,	夏六月乙卯,晉荀林父帥師及楚子戰於邲,晉師敗績。冬十有二月,晉人、宋人、衛人、曹人同盟於清丘。《左傳》:晉

(續表)

紀年	王綱不振	倫 變	列國情狀	災異	外侮	霸統
十有二年			必能信用其民矣。"退三十里而許之平。 秋七月。 《左傳》：鄭伯、許男如楚。 冬十有二月戊寅，楚子滅蕭。 《左傳》：楚子伐蕭，宋華椒以蔡人救蕭。蕭人囚熊相宜僚及公子丙。王曰："勿殺，吾退。"蕭人殺之。王怒，遂圍蕭。蕭潰。		原縠、宋華椒、衛孔達、曹人同盟於清丘。曰："恤病討貳。" 宋師伐陳。衛人救陳。 《左傳》：宋爲盟故，伐陳。衛人救之。

(續表)

紀年	王綱不振	倫變	列國情狀	災異	外侮	霸統
十有三年			春,齊師伐莒。《左傳》:齊師伐莒,莒恃晉而不事齊故也。清丘之盟,晉以衛之救陳也討焉。孔達曰:"苟利社稷,請以我説。"	秋,螽。	夏,楚子伐宋。《左傳》:楚子伐宋,以其救蕭也。	冬,晉殺其大夫先縠。《左傳》:秋,赤狄伐晉,及清,先縠召之也。冬,晉人討邲之敗,與清之師,歸罪於先縠而殺之,盡滅其族。
十有四年			春,衛殺其大夫孔達。《左傳》:春,孔達縊而死。衛人以説於晉而免。夏五月壬申,曹伯壽卒。秋九月,葬曹文公。冬,公孫歸父會齊侯於穀。		秋九月,楚子圍宋。《左傳》:楚子使申舟聘於齊,曰:"無假道於宋。"及宋,宋人止之,乃殺之。楚子聞之,圍宋。	夏五月,晉侯伐鄭。《左傳》:晉侯伐鄭,爲邲故也。鄭人懼,使子張代子良於楚。鄭伯如楚,謀晉故也。

(續表）

紀年	王綱不振	倫變	列國情狀	災異	外侮	霸統
十有四年					冬。《左傳》：孟獻子言於公曰："臣聞小國之免於大國也，聘而獻物，謀其不免也。誅而薦賄，則無及也。今楚在宋，君其圖之。"公說。	
十有五年	六月，王札子殺召伯、毛伯。《左傳》：王孫蘇與召氏、毛氏爭政，使王子捷殺召戴公及毛伯衛。卒立召襄。晉侯使趙同獻狄俘於周，不敬。		秋，仲孫蔑會齊高固於無婁。初稅畝。	秋，螽。冬，蝝生。饑。	春，公孫歸父會楚子於宋。夏五月，宋人及楚人平。《左傳》：宋人使樂嬰齊告急於晉。晉侯欲救之。伯宗曰：	六月癸卯，晉師滅赤狄潞氏，以潞子嬰兒歸。《左傳》：潞子嬰兒之夫人，晉景公之姊也。酆舒為政而殺之，又傷

(續表)

紀年	王綱不振	倫變	列國情狀	災異	外侮	霸統
十有五年					"不可。"乃止。使解揚如宋,使無降楚,曰:"晉師悉起,將至矣。"夏五月,楚師將去宋。申叔時曰:"築室反耕者,宋必聽命。"從之。宋人懼,使華元夜入楚師,登子反之牀,起之曰:"去我三十里,惟命是聽。"子反懼,與之盟而告王。退三十里。宋及楚平。六月,秦人伐晉。	潞子之目。晉侯伐之。六月癸卯,晉荀林父敗赤狄於曲梁。辛亥,滅潞。酆舒奔衛,衛人歸諸晉,晉人殺之。

(續表)

紀年	王綱不振	倫變	列國情狀	災異	外侮	霸統
十有五年					《左傳》：秋七月，秦桓公伐晉，次於輔氏。壬午，晉侯治兵於稷以略狄土，立黎侯而還。及雒，魏顆敗秦師於輔氏。獲杜回。	
十有六年	秋。《左傳》：爲毛、召之難故，王室復亂。王孫蘇奔晉，晉人復之。冬，晉侯使士會平王室，定王亨之。		秋，郯伯姬來歸。《左傳》：郯伯姬來歸，出也。	夏，成周宣榭火。冬，大有年。	春王正月，晉人滅赤狄甲氏及留吁。	春王正月，晉人滅赤狄甲氏及留吁。《左傳》：晉士會帥師滅赤狄甲氏及留吁、鐸辰。三月，獻狄俘。晉侯請於王。戊申，以黻冕命士

923

(續表)

紀年	王綱不振	倫變	列國情狀	災異	外侮	霸統
十有六年						會將中軍，且爲大傅。於是晉國之盜逃奔於秦。
十有七年			春王正月庚子，許男錫我卒。丁未，蔡侯申卒。夏，葬許昭公。葬蔡文公。秋，公至自會。冬十有一月壬午，公弟叔肸卒。	六月癸卯，日有食之。		六月己未，公會晉侯、衛侯、曹伯、邾子同盟於斷道。《左傳》：春，晉侯使郤克徵會於齊。齊頃公帷婦人，使觀之。郤子登，婦人笑於房。獻子怒，出而誓曰："所不此報，無能涉河。"獻子先歸，使欒京廬待命

(續表)

紀年	王綱不振	倫變	列國情狀	災異	外侮	霸統
十有七年						於齊,曰:"不得齊事,無復命矣。"郤子至,請伐齊,晉侯弗許。齊侯使高固、晏弱、蔡朝、南郭偃會。及歛盂,高固逃歸。夏,會於斷道,討貳也。盟於卷楚,辭齊人。秋八月,晉師還。
十有八年			春,公伐杞。秋七月,邾人戕鄫子於鄫。公孫歸父如晉。《左傳》:公孫歸父以襄仲之立公也,有寵,欲去三桓以張公室。與公謀而聘於晉,欲以晉人去之。冬十月壬戌,公薨於路寢。	夏四月。《左傳》:公使如楚乞師,欲以伐齊。秋七月甲戌,楚子旅卒。《左傳》:楚		春,晉侯、衛世子臧伐齊。《左傳》:至於陽穀。齊侯會晉侯盟於繒,以公子彊爲質於晉。晉師還。

(續表)

紀年	王綱不振	倫變	列國情狀	災異	外侮	霸統
十有八年			歸父還自晉,至笙,遂奔齊。		莊王卒。楚師不出,既而用晉師,楚於是乎有蜀之役。	
成公元年	《左傳》:春,晉侯使瑕嘉平戎於王,單襄公如晉拜成。劉康公徼戎,將遂伐之。叔服曰:"背盟而欺大國,此必敗。"不聽,遂伐茅戎。三月癸未,敗績於徐吾氏。秋,王師敗績於茅戎。		春王正月,公即位。二月辛酉,葬我君宣公。三月,作丘甲。《左傳》:爲齊難故。夏,臧孫許及晉侯盟於赤棘。《左傳》:聞齊將出楚師,夏,盟於赤棘。	二月,無冰。		
二年			春,齊侯伐我北鄙。夏四月,衛孫良夫帥師及齊師戰於新築,衛師敗績。八月壬午,宋公鮑卒。庚寅,衛侯速卒。取汶陽田。		冬,楚師、鄭師侵衛。十有一月,公會楚公子嬰齊於蜀。	六月癸酉,季孫行父、臧孫許、叔孫僑如、公孫嬰齊帥師會晉郤克、衛

(續表)

紀年	王綱不振	倫變	列國情狀	災異	外侮	霸統
二年					《左傳》：宣公使求好於楚。莊王卒，宣公薨，不克作好。公即位，受盟於晉，會晉伐齊。衛人不行使於楚，而亦受盟於晉，從於伐楚。故楚令尹子重爲陽橋之役以救齊。冬，楚師侵衛，遂侵我，師於蜀。使臧孫往，楚侵及陽橋，孟孫請往，賂之以請盟，楚人許平。丙申，公及楚	孫良夫、曹公子首及齊侯戰於鞍，齊師敗績。《左傳》：孫桓子還於新築，不入，遂如晉乞師。臧宣叔亦如晉乞師。皆主郤獻子。晉侯許之，以救魯、衛。從齊師於莘。六月壬申，師至於靡笄之下。癸酉，師陳於鞍。齊師敗績。秋七月，齊侯使國佐如師。己酉，及國佐盟於袁婁。《左傳》：晉師

(續表)

紀年	王綱不振	倫變	列國情狀	災異	外侮	霸統
二年					人、秦人、宋人、陳人、衛人、鄭人、齊人、曹人、邾人、薛人、鄫人盟於蜀。《左傳》：於是乎畏晉而竊與楚盟。	及齊國佐盟於袁婁，使齊人歸我汶陽之田。
三年			春王正月辛亥，葬衛穆公。二月，公至自伐鄭。乙亥，葬宋文公。夏，公如晉。《左傳》：拜汶陽之田。鄭公子去疾帥師伐許。《左傳》：許恃楚而不事鄭，鄭子良伐許。公至自晉。秋，叔孫僑如帥師圍棘。《左傳》：取汶陽之田。棘不服，故圍之。	二月甲子，新宫災。三日哭。		春王正月，公會晉侯、宋公、衛侯、曹伯伐鄭。《左傳》：諸侯伐鄭，次於伯牛，討邲之役也，遂東侵鄭。鄭公子偃帥師禦之，使東鄙覆諸鄭，敗諸丘輿。

(續表)

紀年	王綱不振	倫變	列國情狀	災異	外侮	霸統
三年			大雩。 冬十有一月，晉侯使荀庚來聘。衛侯使孫良夫來聘。丙午，及荀庚盟。丁未，及孫良夫盟。鄭伐許。			皇戌如楚獻捷。 秋，晉郤克、衛孫良夫伐廧咎如。 《左傳》：討赤狄之餘焉。
四年			春，宋公使華元來聘。 《左傳》：通嗣君也。 三月壬申，鄭伯堅卒。杞伯來朝。 《左傳》：歸叔姬故也。 夏四月甲寅，臧孫許卒。公如晉。 《左傳》：晉侯見公，不敬。 葬鄭襄公。秋，公至自晉。 《左傳》：欲求成於楚而叛晉，季文曰："不可。"公乃止。 冬，城鄆。鄭伯伐許。			

(續表)

紀年	王綱不振	倫變	列國情狀	災異	外侮	霸統
四年			《左傳》：十一月，鄭公孫申帥師疆許田，許人敗諸展陂。鄭伯伐許，取鉏任、泠敦之田。晉欒書將中軍，荀首佐之，士燮佐上軍，以救許伐鄭，取汜、祭。楚子反救鄭。			
五年	冬十有一月己酉，天王崩。		春王正月，杞叔姬來歸。仲孫蔑如宋。《左傳》：報華元也。夏，叔孫僑如會晉荀首於穀。《左傳》：晉荀首如齊逆女，故宣伯餫諸穀。	夏，梁山崩。秋，大水。		《左傳》：許靈公愬鄭伯於楚。六月，鄭悼公如楚，訟，不勝。楚人執皇戌及子國。故鄭伯歸，使公子偃請成於晉。秋八月，鄭伯及晉趙同盟於垂棘。十有二月己丑，

(續表)

紀年	王綱不振	倫變	列國情狀	災異	外侮	霸統
五年						公會晉侯、齊侯、宋公、衛侯、鄭伯、曹伯、邾子、杞伯同盟於蟲牢。 《左傳》：鄭服也。諸侯謀復會，宋公辭。
六年			春王正月，公至自會。二月辛巳，立武宮。取鄟。 夏六月，邾子來朝。壬申，鄭伯費卒。冬，季孫行父如晉。 《左傳》：賀遷也。		秋，楚公子嬰齊帥師伐鄭。 《左傳》：鄭從晉故也。	二月，衛孫良夫帥師侵宋。 《左傳》：晉伯宗、夏陽說，衛孫良夫、寧相，鄭人，伊、雒之戎，陸渾，蠻氏侵宋，以其辭會也。夏四月，晉遷於新田。

931

(續表)

紀年	王綱不振	倫 變	列國情狀	災異	外侮	霸統
六年						夏六月，公孫嬰齊如晉。《左傳》：命伐宋。秋，仲孫蔑、叔孫僑如帥師侵宋。冬，晉欒書帥師救鄭。《左傳》：晉欒書救鄭，與楚師遇於繞角。楚師還，晉師遂侵蔡。楚以申、息之師救蔡，禦諸桑隧。趙同、趙括欲戰，請於武子，武子將許之。智莊子、范文子、韓獻子諫。乃遂還。

(續表)

紀年	王綱不振	倫變	列國情狀	災異	外侮	霸統
七年			《左傳》：鄭子良相成公以如晉，見，且拜師。 夏五月，曹伯來朝。不郊，猶三望。 秋，公至自會。冬，大雩。衛孫林父出奔晉。 《左傳》：衛定公惡孫林父。冬，孫林父出奔晉。衛侯如晉，晉反戚焉。	春王正月，鼷鼠食郊牛角，改卜牛。鼷鼠又食其角，乃免牛。	春王正月，吳伐郯。 《左傳》：吳伐郯，郯成。 秋，楚公子嬰齊帥師伐鄭。吳入州來。 《左傳》：楚共王即位，子重、子反殺巫臣之族而分其室。巫臣自晉遺二子書，曰："余必使爾疲於奔命以死。"巫臣請使於吳，晉侯許之。吳子壽夢說之。乃通吳於晉。教之	秋，公會晉侯、齊侯、宋公、衛侯、曹伯、莒子、邾子、杞伯救鄭。八月戊辰，同盟於馬陵。 《左傳》：秋，楚子重伐鄭，師於汜。諸侯救鄭。鄭共仲、侯羽軍楚師，囚鄖公鍾儀，獻諸晉。八月，同盟於馬陵，尋蟲牢之盟，且莒服故也。晉人以鍾儀歸，囚諸軍府。

(續表)

紀年	王綱不振	倫變	列國情狀	災異	外侮	霸統
七年					叛楚。置其子狐庸焉,使爲行人於吳。吳始伐楚,伐巢、伐徐。子重奔命。子重、子反於是乎一歲七奔命。蠻夷屬於楚者,吳盡取之,是以始大,通吳於上國。	
八年	秋七月,天子使召伯來賜公命。		春,公孫嬰齊如莒。宋公使華元來聘。《左傳》:聘共姬也。夏,宋公使公孫壽來納幣。冬十月癸卯,杞叔姬卒。衛人來媵。			春,晉侯使韓穿來言汶陽之田,歸之於齊。晉欒書侵蔡。《左傳》:晉欒書侵蔡,遂侵

(續表)

紀年	王綱不振	倫變	列國情狀	災異	外侮	霸統
八年						楚，獲申驪。楚師之還也，晉侵沈，獲沈子揖初，從智、范、韓也。是行也，鄭伯將會晉師，門於許東門，大獲焉。 **夏，晉殺其大夫趙同、趙括。** 《左傳》：晉趙莊姬爲趙嬰之亡故，譖之於晉侯，曰："原、屏將爲亂。"欒、郤爲徵。六月，晉討趙同、趙括。武從姬氏畜

(續表)

紀年	王綱不振	倫變	列國情狀	災異	外侮	霸統
八年						於公宮。以其田與祁奚。韓厥言於晉侯，乃立武，而反其田焉。 冬十月，晉侯使士燮來聘。叔孫僑如會晉士燮、齊人、邾人伐郯。 《左傳》：晉士燮來聘，言伐郯也，以其事吳故。公賂之，請緩師，文子不可，季孫懼，使宣伯帥師會伐郯。

(續表)

紀年	王綱不振	倫變	列國情狀	災異	外侮	霸統
九年			春王正月,杞伯來逆叔姬之喪以歸。公至自會。二月,伯姬歸於宋。夏,季孫行父如宋致女。晉人來媵。秋七月丙子,齊侯無野卒。冬十有一月,葬齊頃公。鄭人圍許。 《左傳》:示晉不息君也。是則公孫申謀之,曰:"我出師以圍許,爲將改立君者而紓晉使,晉必歸君。"城中城。	二月。 《左傳》:楚人以重賂求鄭,鄭伯會楚公子成於鄧。 冬十有一月,楚公子嬰齊帥師伐莒。庚申,莒潰。楚人入鄆。秦人、白狄伐晉。 《左傳》:諸侯貳故也。十二月,楚子使公子辰如晉,報鍾儀之使,請修好結成。	春王正月,公會晉侯、齊侯、宋公、衛侯、鄭伯、曹伯、莒子、杞伯,同盟於蒲。 《左傳》:爲歸汶陽之田故,諸侯貳於晉。晉人懼,會於蒲,以尋馬陵之盟。是行也,將始會吳,吳人不至。 秋七月,晉人執鄭伯。晉欒書帥師伐鄭。 《左傳》:鄭伯如晉。晉人討其貳於楚也,

937

(續表)

紀年	王綱不振	倫變	列國情狀	災異	外侮	霸統
九年						執諸銅鞮。欒書伐鄭，鄭人使伯蠲行成，晉人殺之。楚子重侵陳以救鄭。晉侯觀於軍府，見鍾儀，以語范文子，文子曰："君盍歸之，使合晉、楚之成。"公從之，重爲之禮，使歸求成。
十年			春，衛侯之弟黑背帥師侵鄭。《左傳》：晉命也。夏四月，五卜郊，不從，乃不郊。五月，齊人來媵。秋七月，公如晉。《左傳》：晉	春。《左傳》：晉侯使糴茷如楚，報太宰子商之使也。		五月，公會晉侯、齊侯、宋公、衛侯、曹伯伐鄭。《左傳》：鄭公子班聞叔申之謀。

(續表)

紀年	王綱不振	倫變	列國情狀	災異	外侮	霸統
十年			人止公，使送葬。於是欒茷未反。冬，葬晉景公。公送葬。			三月，子如立公子繻。夏四月，鄭人殺繻，立髡頑。子如奔許。欒武子曰："鄭人立君，我執一人焉，何益？不如伐鄭而歸其君，以求成焉。"五月，晉會諸侯伐鄭。鄭子罕賂以襄鍾，子然盟於脩澤，子駟爲質。辛巳，鄭伯歸。戊申，殺叔申、叔禽。丙午，晉侯獳卒。

(續表)

紀年	王綱不振	倫變	列國情狀	災異	外侮	霸統
十有一年			夏,季孫行父如晉。《左傳》:報聘,且涖盟也。秋,叔孫僑如如齊。《左傳》:宣伯聘於齊,以修前好。	冬十月。《左傳》:宋華元善於令尹子重,又善於欒武子。聞楚人既許晉糴茷成,而使歸復命矣。冬,華元如楚,遂如晉,合晉、楚之成。秦、晉爲成,將會於令狐。晉侯先至焉,秦伯不肯涉河,次於王城,使史顆盟晉侯於河東。晉郤犫盟秦伯於河西。秦伯歸而背晉成。	春王三月,公至自晉。《左傳》:晉人以公爲貳於楚,故止公。公請受盟,而後使歸。晉侯使郤犫來聘,己丑,及郤犫盟。

(續表)

紀年	王綱不振	倫變	列國情狀	災異	外侮	霸統
十有二年	春，周公出奔晉。《左傳》：周公楚惡惠、襄之偪也，且與伯與爭政，不勝，怒而出。及陽樊，王使劉子復之，盟於鄄而入。三日，復出奔晉。				冬十月。《左傳》：晉郤至如楚聘，且涖盟。冬，楚公子罷如晉聘，且涖盟。十二月，晉侯及楚公子罷盟於赤棘。	夏，公會晉侯、衛侯於瑣澤。《左傳》：宋華元合晉、楚之成。夏五月，晉士燮會楚公子罷、許偃。癸亥，盟於宋西門之外，鄭伯如晉聽成，會於瑣澤，成故也。秋，晉人敗狄於交剛。《左傳》：狄人間宋之盟以侵晉，而不設備。秋，晉人敗狄於交剛。

941

(續表)

紀年	王綱不振	倫變	列國情狀	災異	外侮	霸統
十有三年	三月，公如京師。	《左傳》：六月丁卯夜，鄭公子班自訾求入於大宮，不能，殺子印、子羽。反軍於市。己巳，子駟帥國人盟於大宮，遂從而盡焚之，殺子如、子駹、孫叔、孫知。曹人使公子負芻守，使公子欣時逆曹伯之喪。秋，負芻殺其大子而自立也。	夏五月，曹伯盧卒於師。秋七月，公至自伐秦。冬，葬曹宣公。《左傳》：既葬，子臧將亡，國人皆將從之。成公乃懼，告罪，且請焉，乃反，而致其邑。			春，晉侯使郤錡來乞師。夏五月，公自京師，遂會晉侯、齊侯、宋公、衛侯、鄭伯、曹伯、邾人、滕人伐秦。《左傳》：三月，公如京師。及諸侯朝王，遂從劉康公、成肅公會晉侯伐秦。夏四月，晉侯使呂相絕秦。秦桓公既與晉厲公為令狐之盟，而又召狄與

(續表)

紀年	王綱不振	倫變	列國情狀	災異	外侮	霸統
十有三年						楚，欲道以伐晉，諸侯是以睦於晉。五月丁亥，晉師以諸侯之師及秦師戰於麻隧。秦師敗績。
十有四年			春王正月，莒子朱卒。 夏，衛孫林父自晉歸於衛。 秋，叔孫僑如如齊逆女。鄭公子喜帥師伐許。 《左傳》：八月，鄭子罕伐許，敗焉。戊戌，鄭伯復伐許。庚子，入其郛。許人平以叔申之封。 九月，僑如以夫人婦姜氏至自齊。冬十月庚寅，衛侯臧卒。		冬十月，秦伯卒。	

943

(續表)

紀年	王綱不振	倫變	列國情狀	災異	外侮	霸統
十有五年			春王二月,葬衛定公。三月乙巳,仲嬰齊卒。公至自會。夏六月,宋公固卒。秋八月庚辰,葬宋共公。宋華元出奔晉。宋華元自晉歸於宋。宋殺其大夫山。宋魚石出奔楚。		夏六月,楚子伐鄭。《左傳》:楚子侵鄭,及暴隧,遂侵衛,及首止。鄭子罕侵楚,取新石。冬十有二月,許遷於葉。《左傳》:許靈公畏逼於鄭,請遷於楚。辛丑,楚公子申遷許於葉。	三月癸丑,公會晉侯、衛侯、鄭伯、曹伯、宋世子成、齊國佐、邾人,同盟於戚。晉侯執曹伯,歸於京師。《左傳》:會於戚,討曹成公也。執而歸諸京師。諸侯將見子臧於王而立之,子臧辭,逃奔宋。冬十有二月,叔孫僑如會晉士燮、齊高无咎、

(續表)

紀年	王綱不振	倫變	列國情狀	災異	外侮	霸統
十有五年						宋華元、衛孫林父、鄭公子鰌、邾人會吳於鍾離。《左傳》：始通吳也。
十有六年	《左傳》：晉侯使郤至獻楚捷於周。		夏四月辛未，滕子卒。鄭公子喜帥師侵宋。《左傳》：衛侯伐鄭，至於鳴雁，爲晉故也。秋，公至自會。曹伯歸自京師。冬十月乙亥，叔孫僑如出奔齊。《左傳》：出叔孫僑如而盟之，僑如奔齊。十有二月乙丑，季孫行父及晉郤犨盟於扈。《左傳》：季孫及郤犨盟於扈。歸，刺公子偃，召叔孫豹於齊而立之。公至自會。乙酉，刺公子偃。	春王正月，雨，木冰。六月丙寅朔，日有食之。	《左傳》：春，楚子自武城使公子成以汝陰之田求成於鄭。鄭叛晉，子駟從楚子盟於武城。	六月，晉侯使欒黶來乞師。《左傳》：晉侯將伐鄭，范文子曰："若逞吾願，諸侯皆叛，晉可以逞。若唯鄭叛，晉國之憂，可立俟也。"欒武子曰："不可以當吾世而失諸侯，必伐鄭。"乃興師。甲午晦，晉侯

(續表)

紀年	王綱不振	倫變	列國情狀	災異	外侮	霸統
十有六年						及楚子、鄭伯戰於鄢陵。楚子、鄭師敗績。 《左傳》：戊寅，晉師起。鄭人聞有晉師，使告於楚，楚子救鄭。五月，晉師濟河。聞楚師將至，范文子欲反，武子曰："不可。"六月，晉、楚遇於鄢陵。呂錡射共王，中目。旦而戰，見星未已。 苗賁皇徇曰："明日復戰。"乃逸楚囚。王聞之，召子反謀。子反醉而不

(續表)

紀年	王綱不振	倫變	列國情狀	災異	外侮	霸統
十有六年						能見。王曰："天敗楚也夫！"乃宵遁。**楚殺其大夫公子側。秋，公會晉侯、齊侯、衛侯、宋華元、邾人於沙隨，不見公。**《左傳》：戰之日，齊國佐、高无咎至於師。衛侯出於衛，公出於壞隤。宣伯通於穆姜，欲去季、孟，而取其室。將行，穆姜送公，而使逐二子。公以晉難告，曰："請反而聽命。"姜怒，公子偃、公

(續表)

紀年	王綱不振	倫變	列國情狀	災異	外侮	霸統
十有六年						子鉏趨過，指之曰："女不可，是皆君也。"公待於壞隤，申儆備，設守而後行，是以後。使孟獻子守於公宮。 秋，會於沙隨，謀伐鄭也。宣伯使告郤犨曰："魯侯待於壞隤以待勝者。"郤犨將新軍，且爲公族大夫，以主東諸侯。取貨於宣伯而訴公於晉侯，晉侯不見公。 **公會尹子、晉侯、齊國佐、邾人伐鄭。**

(續表)

紀年	王綱不振	倫變	列國情狀	災異	外侮	霸統
十有六年						《左傳》：七月，公會尹武公及諸侯伐鄭。將行，姜又命公如初。公又申守而行。 **九月，晉人執季孫行父，舍之於苕丘。** 《左傳》：宣伯使告郤犨曰："魯之有季、孟，猶晉之有欒、范也，政令於是乎成。今其謀曰：'晉政多門，不可從也。寧事齊、楚，有亡而已，蔑從晉矣。'若欲得志於魯，請止行父而殺

(續表)

紀年	王綱不振	倫變	列國情狀	災異	外侮	霸統
十有六年						之，我斃蕝也而事晉。」九月，晉人執季文子於苕丘。公還，待於鄆。使子叔聲伯請季孫於晉，晉許魯平，赦季孫。
十有七年			春，衛北宮括帥師侵鄭。《左傳》：鄭子駟侵晉虛、滑。衛北宮括救晉，侵鄭，至於高氏。秋，公至自會。齊高无咎出奔莒。九月辛丑，用郊。十有一月，公至自伐鄭。壬申，公孫嬰齊卒於貍脤。十有二月，邾子貜且卒。	十有二月丁巳朔，日有食之。	秋。《左傳》：楚子重救鄭，師於首止。諸侯還。十有一月。《左傳》：楚公子申救鄭，師於汝上。十一月，諸侯還。十有二月，楚	夏，公會尹子、單子、晉侯、齊侯、宋公、衛侯、曹伯、邾人伐鄭。《左傳》：鄭大子髡頑、侯獳爲質於楚，楚公子成、公子寅戍鄭。公會尹武氏、單襄公及

(續表)

紀年	王綱不振	倫變	列國情狀	災異	外侮	霸統
十有七年					人滅舒庸。《左傳》：舒庸人以楚師之敗也，道吳人圍巢，伐駕，圍釐、虺，遂恃吳而不設備。楚公子囊師襲舒庸，滅之。	諸侯伐鄭，自戲童至於曲洧。六月乙酉，同盟於柯陵。《左傳》：尋戚之盟也。九月，晉侯使荀罃來乞師。冬，公會單子、晉侯、宋公、衛侯、曹伯、齊人、邾人伐鄭。十有二月，晉殺其大夫郤錡、郤犨、郤至。
十有八年		春王正月庚申，晉弒其君州蒲。《左傳》：晉欒書、中行偃使程滑弒厲公，葬	春王正月，齊殺其大夫國佐。公如晉。《左傳》：朝嗣君也。夏，公至自		夏，楚子、鄭伯伐宋。宋魚石復入於彭城。	春王正月，晉殺其大夫胥童。《左傳》：二

(續表)

紀年	王綱不振	倫變	列國情狀	災異	外侮	霸統
十有八年		之於翼東門之外，以車一乘。使荀罃、士魴逆周子於京師而立之，生十四年矣。大夫逆於清原，周子曰："孤始願不及此。雖及此，豈非天乎！抑人之求君，使出命也，立而不從，將安用君？二三子用我今日，否亦今日，共而從君，神之所福也。"對曰："群臣之願也，敢不惟命是聽。"庚午，盟而入，館於伯子同氏。辛巳，朝於武宮，逐不臣者七人。	晉。晉侯使士匄來聘。《左傳》：公至自晉。晉范宣子來聘，且拜朝也。秋，杞伯來聘。八月，邾子來朝。築鹿囿。己丑，公薨於路寢。十有二月丁未，葬我君成公。		冬，楚人、鄭人侵宋。	月乙酉朔，晉悼公即位於朝。始命百官，施舍、已責，逮鰥寡，振廢滯，匡乏困，救災患，禁淫慝，薄賦歛，宥罪戾，節器用，時用民，欲無犯時。凡六官之長，皆民譽也。舉不失職，官不易方，爵不踰德，師不陵正，旅不偪師，民無謗言，所以復霸也。冬，晉侯使士魴來乞師。

(續表)

紀年	王綱不振	倫變	列國情狀	災異	外侮	霸統
十有八年						十有二月,仲孫蔑會晉侯、宋公、衛侯、邾子、齊崔杼同盟於虛朾。《左傳》:謀救宋也。
襄公元年	九月辛酉,天王崩。		春王正月,公即位。九月,邾子來朝。冬,衛侯使公孫剽來聘。晉侯使荀罃來聘。		秋,楚公子壬夫帥師侵宋。《左傳》:楚子辛救鄭,侵宋呂、留。鄭子然侵宋,取犬丘。	春王正月,仲孫蔑會晉欒黶、宋華元、衛寧殖、曹人、莒人、邾人、滕人、薛人圍宋彭城。《左傳》:於是爲宋討魚石。彭城降晉,晉人以宋五大夫在彭城者歸,置諸瓠丘。齊

(續表)

紀年	王綱不振	倫變	列國情狀	災異	外侮	霸統
襄公元年						人不會彭城，晉人以爲討。二月，齊大子光爲質於晉。**夏，晉韓厥帥師伐鄭，仲孫蔑會齊崔杼、曹人、邾人、杞人次於鄫。**《左傳》：晉韓厥、荀偃帥諸侯之師伐鄭，入其郛，敗其徒兵於洧上。於是東諸侯之師次於鄫，以待晉師。晉師以鄫之師侵楚焦、夷及陳，晉侯、衛侯次於戚，以爲之援。

(續表)

紀年	王綱不振	倫變	列國情狀	災異	外侮	霸統
二年	春王正月,葬簡王。		夏五月庚寅,夫人姜氏薨。 六月庚辰,鄭伯睔卒。 《左傳》:鄭成公疾,子駟請息肩於楚。公曰:"楚君以鄭故,親集矢於其目,非異人任,寡人也。若背之,是棄力與言,其誰暱之?免寡人,惟二三子!" 秋七月庚辰,鄭伯睔卒。 秋七月,己丑,葬我小君齊姜。叔孫豹如宋。 《左傳》:通嗣君也。		春王正月,鄭師伐宋。 《左傳》:楚令也。 冬,楚殺其大夫公子申。 《左傳》:楚公子申爲右司馬,多受小國之賂,以逼子重、子辛,楚人殺之。	六月,晉師、宋師、衛寧殖侵鄭。 《左傳》:於是子罕當國,子駟爲政,子國爲司馬。晉師侵鄭,諸大夫欲從晉。子駟曰:"官命未改。" 秋七月,仲孫蔑會晉荀罃、宋華元、衛孫林父、曹人、邾人於戚。 《左傳》:謀鄭故也。孟獻子曰:"請城虎牢以逼鄭。"知武子曰:"善。

955

(續表)

紀年	王綱不振	倫變	列國情狀	災異	外侮	霸統
二年						鄟之會，吾子聞崔子之言，今不來矣。滕、薛、小邾之不至，皆齊故也。寡君之憂不唯鄭。瑩將復於寡君，而請於齊。得請而告，吾子之功也。若不得請，事將在齊。吾子之請，諸侯之福也，豈惟寡君賴之。" 冬，仲孫蔑會晉荀瑩、齊崔杼、宋華元、衛孫林父、曹人、邾人、滕人、薛人、小

(續表)

紀年	王綱不振	倫變	列國情狀	災異	外侮	霸統
二年						邾人於戚,遂城虎牢。 《左傳》:復會於戚,齊崔武子及滕、薛、小邾之大夫皆會,知武子之言故也。遂城虎牢,鄭人乃成。
三年			春,公如晉。 《左傳》:始朝也。 夏四月壬戌,公及晉侯盟於長樗。 《左傳》:盟於長樗。孟獻子相,公稽首。知武子曰:"天子在,而君爲稽首,寡君懼矣。"孟獻子曰:"以敝邑介在東表,密邇仇讎,寡君		春,楚公子嬰齊帥師伐吳。	六月,公會單子、晉侯、宋公、衛侯、鄭伯、莒子、邾子、齊世子光。己未,同盟於雞澤。 《左傳》:晉爲鄭服故,且欲修吳好,將合

(續表)

紀年	王綱不振	倫變	列國情狀	災異	外侮	霸統
三年			將君是望,敢不稽首?" 秋,公至自會。			諸侯。使士匄告於齊,齊侯欲勿許,而難爲不協,乃盟於耏外。晉侯使荀會逆吳子於淮上,吳子不至。 陳侯使袁僑如會。 《左傳》:楚子辛爲令尹,侵欲於小國。陳成公使袁僑如會求成,晉侯使和組父告於諸侯。 戊寅,叔孫豹及諸侯之大夫及陳袁僑盟。

(續表)

紀年	王綱不振	倫變	列國情狀	災異	外侮	霸統
三年						《左傳》：陳請服也。晉侯之弟揚干亂行於曲梁，魏絳戮其僕。晉侯怒，曰："合諸侯以爲榮也，揚干爲戮，何辱如之？必殺魏絳！"魏絳至，授僕人書，將伏劍。士魴、張老止之。公讀其書，跣而出，曰："寡人之言，親愛也。吾子之討，軍禮也。寡人有弟，弗能教訓，使干大命，寡人

(續表)

紀年	王綱不振	倫　變	列國情狀	災異	外侮	霸統
三年						之過。子無重寡人之過，敢以爲請。"晉侯以魏絳爲能以刑佐民矣，反役，與之禮食，使佐新軍。張老爲中軍司馬，士富爲候奄。楚司馬公子何忌侵陳，陳叛故也。 **冬，晉荀罃帥師伐許。** 　《左傳》：許靈公事楚，不會於雞澤。冬，晉知武子帥師伐許。

(續表)

紀年	王綱不振	倫變	列國情狀	災異	外侮	霸統
四年			春王三月己酉,陳侯午卒。夏,叔孫豹如晉。《左傳》:報知武子之聘也。秋七月戊子,夫人姒氏薨。葬陳成公。八月辛亥,葬我小君定姒。冬,公如晉。《左傳》:公如晉聽政,晉侯享公。公請屬鄫,晉侯許之。陳人圍頓。《左傳》:楚人使頓間陳而侵伐之,故陳人圍頓。		《左傳》:春,楚師爲陳叛故,猶在繁陽。韓獻子患之。三月,陳成公卒。楚人將伐陳,聞喪乃止。陳人不聽命。夏,楚彭名侵陳。	《左傳》:無終子嘉父使孟樂如晉,因魏莊子納虎豹之皮,以請和諸戎。晉侯曰:"戎狄無親而貪,不如伐之。"魏絳曰:"諸侯新服,陳新來和,將觀於我,我德則睦,否則攜貳。勞師於戎,而楚伐陳,必弗能救,是棄陳也,諸華必叛。獲戎失華,無乃不可乎?"公曰:"然則莫如和

(續表)

紀年	王綱不振	倫變	列國情狀	災異	外侮	霸統
四年						戎乎？"對曰："和戎有五利焉，君其圖之。"公說，使魏絳盟諸戎，修民事，田以時。
五年	《左傳》：王使王叔陳生愬戎於晉，晉人執之。士魴如京師，言王叔之貳於戎也。		春，公至自晉。夏，鄭伯使公子發來聘。《左傳》：通嗣君也。叔孫豹、鄫世子巫如晉。秋，大雩。公至自會。冬，戍陳。十有二月，公至自救陳。辛未，季孫行父卒。		秋，楚殺其大夫公子壬夫。《左傳》：楚人討陳叛故，曰："由令尹子辛實侵欲焉。"乃殺之。冬，楚公子貞帥師伐陳。	夏，仲孫蔑、衛孫林父會吳於善道。《左傳》：吳子使壽越如晉，辭不會於雞澤之故，且請聽諸侯之好。晉人將爲之合諸侯，使魯、衛先會吳，且告會期。故孟獻子、孫文

(續表)

紀年	王綱不振	倫變	列國情狀	災異	外侮	霸統
五年						子會吳於善道。秋,公會晉侯、宋公、陳侯、衛侯、鄭伯、曹伯、莒子、邾子、滕子、薛伯、齊世子光、吳人、鄫人於戚。《左傳》:盟於戚,會吳,且命戍陳也。冬,公會晉侯、宋公、衛侯、鄭伯、曹伯、齊世子光救陳。
六年			春王三月壬午,杞伯姑容卒。夏,宋華弱來奔。秋,葬杞桓公。滕子來朝。莒人滅鄫。冬,叔孫		十有二月,齊侯滅萊。	

963

(續表)

紀年	王綱不振	倫變	列國情狀	災異	外侮	霸統
六年			豹如邾,季孫宿如晉。《左傳》:晉人以鄫故來討,曰:"何故亡鄫?"季武子如晉見,且聽命。			
七年		十有二月,鄭伯髠頑如會,未見諸侯。丙戌,卒於鄵。《左傳》:鄭僖公之爲大子也,於成之十六年,與子罕適晉,不禮焉。又與子豐適楚,亦不禮焉。及其元年,朝於晉。子豐欲愬諸晉而廢之,子罕止之。及將會於鄵,子駟相,又不禮焉。侍者諫,不聽,又諫,殺之。及鄵,子駟使賊夜弒僖公,而以瘧疾赴於諸侯。簡公生五年,奉而立之。	春,郯子來朝。《左傳》:始朝公也。夏四月,三卜郊,不從,乃免牲。小邾子來朝。《左傳》:亦始朝公也。城費。秋,季孫宿如衛。冬十月,衛侯使孫林父來聘。壬戌,及孫林父盟。十有二月,陳侯逃歸。《左傳》:陳人患楚。慶虎、慶寅謂楚人曰:"吾使公子黃往而執之。"楚人從之。二慶使告陳侯於會,曰:"楚人執公子黃矣!君若不來,群臣不忍社稷宗廟,懼有二圖。"陳侯逃歸。	八月,螽。	冬十月,楚公子貞帥師圍陳。	十有二月,公會晉侯、宋公、陳侯、衛侯、曹伯、莒子、邾子於鄵。《左傳》:楚子囊圍陳,會於鄵以救之。

(續表)

紀年	王綱不振	倫變	列國情狀	災異	外侮	霸統
八年			春王正月,公如晉。《左傳》:公如晉,朝,且聽朝聘之數。夏,葬鄭僖公。鄭人侵蔡,獲蔡公子燮。公至自晉。莒人伐我東鄙。秋九月,大雩。		冬,楚公子貞帥師伐鄭。《左傳》:討其侵蔡也。	夏,季孫宿會晉侯、鄭伯、齊人、宋人、衛人、邾人於邢丘。《左傳》:以命朝聘之數。冬,晉侯使士匄來聘。《左傳》:晉范宣子來聘,且拜公之辱,告將用師於鄭。
九年			夏,季孫宿如晉。《左傳》:報宣子之聘也。五月辛酉,夫人姜氏薨。秋八月癸未,葬我小君穆姜。	春,宋災。	《左傳》:秦景公使士雃乞師於楚,將以伐晉,楚子許之。秋,楚子師於武城以爲秦	冬,公會晉侯、宋公、衛侯、曹伯、莒子、邾子、滕子、薛伯、杞伯、小邾子、齊世子光伐

(續表)

紀年	王綱不振	倫變	列國情狀	災異	外侮	霸統
九年					援。秦人侵晉,晉饑,弗能報也。十有二月,楚子伐鄭。《左傳》:鄭及楚平。公子罷戎入盟,同盟於中分。	鄭。十有二月己亥,同盟於戲。《左傳》:諸侯伐鄭。鄭人恐,乃行成。諸侯皆不欲戰,乃許鄭成。十一月己亥,同盟於戲,鄭服也。晉侯歸,謀所以息民。魏絳請施舍,輸積聚以貸。自公以下,苟有積者盡出之。國無滯積,亦無困人。公無禁利,亦無貪民。祈以幣更,賓以

(續表)

紀年	王綱不振	倫變	列國情狀	災異	外侮	霸統
九年						特牲，器用不作，車服從給。行之期年，國乃有節。三駕而楚不能争。
十年	《左傳》：王叔陳生與伯輿争政。王右伯輿，王叔陳生怒而出奔。及河，王復之，殺史狡以說焉。不入，遂處之。晉侯使士匄平王室，王叔與伯輿訟焉。王叔之宰與伯輿之大夫瑕禽坐獄於王庭，士匄使王叔與伯輿合要，王叔氏不能舉其契。王叔奔晉。		夏五月，公至自會。秋，莒人伐我東鄙。《左傳》：莒人間諸侯之有事也，故伐我東鄙。冬，盜殺鄭公子騑、公子發、公孫輒。冬，公至自伐鄭。		夏五月，楚公子貞、鄭公孫輒帥師伐宋。《左傳》：衛人救宋，師於襄牛。鄭皇耳帥師侵衛，楚令也。秋七月，楚子囊、鄭子耳伐我西鄙。還，圍蕭。八月丙寅，克之。冬，楚公子貞帥師救鄭。	春，公會晉侯、宋公、衛侯、曹伯、莒子、邾子、滕子、薛伯、杞伯、小邾子、齊世子光會吳於柤。《左傳》：會吳子壽夢也。夏五月甲午，遂滅偪陽。晉師伐秦。《左傳》：報其侵也。

(續表)

紀年	王綱不振	倫變	列國情狀	災異	外侮	霸統
十年					《左傳》：諸侯之師城虎牢而戍之。鄭及晉平。楚子囊救鄭。丁未，諸侯之師還，侵鄭北鄙而歸。楚人亦還。	秋，公會晉侯、宋公、衛侯、曹伯、莒子、邾子、齊世子光、滕子、薛伯、杞伯、小邾子伐鄭。（此三駕之一） 《左傳》：己酉，師於牛首。 冬，戍鄭虎牢。
十有一年			春王正月，作三軍。夏四月，四卜郊，不從，乃不郊。鄭公孫舍之帥師侵宋。 秋七月，公至自伐鄭。公至自會。		秋七月，楚子、鄭伯伐宋。 《左傳》：楚子囊乞旅於秦，秦石大夫詹帥師從楚子，將以伐鄭。鄭	夏四月，公會晉侯、宋公、衛侯、曹伯、齊世子光、莒子、邾子、滕子、薛伯、杞伯、小邾子伐鄭。（此三駕

(續表)

紀年	王綱不振	倫變	列國情狀	災異	外侮	霸統
十有一年					伯逆之。丙子，伐宋。 楚人執鄭行人良霄。 《左傳》：鄭人使良霄、大宰石㚟如楚，告將服於晉。楚人執之。 冬，秦人伐晉。 《左傳》：秦庶長鮑、庶長武帥師伐晉，以救鄭。	之二）。 秋七月己未，同盟於亳城北。 《左傳》：鄭人懼，乃行成。秋七月，同盟於亳。 公會晉侯、宋公、衛侯、曹伯、齊世子光、莒子、邾子、滕子、薛伯、杞伯、小邾子伐鄭，會於蕭魚。（此三駕之三）。 《左傳》：九月，諸侯悉師以復伐鄭。諸侯之師觀兵於鄭東門，鄭人使王子伯駢行成。

969

(續表)

紀年	王綱不振	倫變	列國情狀	災異	外侮	霸統
十有二年			春王三月,莒人伐我東鄙,圍台。季孫宿帥師救台,遂入鄆。 夏,晉侯使士魴來聘。 冬,公如晉。 《左傳》:朝,且拜士魴之辱。		秋九月,吳子乘卒。 冬,楚公子貞帥師侵宋。 《左傳》:以報晉之取鄭也。	
十有三年			春,公至自晉。夏,取邿。 《左傳》:邿亂,分爲三。師救邿,遂取之。 冬,城防。		秋九月庚辰,楚子審卒。 《左傳》:吳侵楚,養由基奔命,子庚以師繼之。戰於庸浦,大敗吳師,獲公子黨。	
十有四年	《左傳》:王使劉定公賜齊侯命。	夏四月,己未,衛侯出奔齊。 《左傳》:衛獻公戒孫文子、寧惠子食,皆服而朝。日旰不	夏四月,莒人侵我東鄙。	二月乙未朔,日有食之。	秋,楚公子貞帥師伐吳。 《左傳》:楚子爲庸浦	春王正月,季孫宿、叔老會晉士匄、齊人、宋人、衛人、鄭公

(續表)

紀年	王綱不振	倫變	列國情狀	災異	外侮	霸統
十有四年		召，而射鴻於囿。二子從之，不釋皮冠而與之言。二子怒。孫文子如戚，孫蒯入使。公飲之酒，使大師歌《巧言》之卒章。大師辭，師曹請爲之。初，公有嬖妾，使師曹誨之琴，師曹鞭之。公怒，鞭師曹三百。故師曹欲歌之，以怒孫子以報公。公使歌之，遂誦之。蒯懼，告文子。文子曰："君忌我矣，弗先。必死。"並帑於戚而入，見蘧伯玉曰："君之暴虐，子所知也。大懼社稷之傾覆，將若之何？"對曰："君制其國，臣敢奸之？"遂行。公使子蟜、子伯、子皮與孫子盟於丘宮，孫子皆殺之。四月己			之役故，子囊師於棠以伐吳，吳不出而還。子囊殿，以吳爲不能而弗儆。吳人自皋舟之隘要而擊之，楚人不能相救。吳人敗之，獲楚公子宜穀。 楚子囊還自伐吳，卒。將死，遺言謂子庚："必城郢。"	孫蠆、曹人、莒人、邾人、滕人、薛人、杞人、小邾人會吳於向。 《左傳》：吳告敗於晉。會於向，爲吳謀楚故也。范宣子數吳之不德，以退吳人。 夏四月，叔孫豹會晉荀偃、齊人、宋人、衛北宮括、鄭公孫蠆、曹人、莒人、邾人、滕人、薛人、杞人、小邾人伐秦。 《左傳》：以報櫟之役也。

(續表)

紀年	王綱不振	倫變	列國情狀	災異	外侮	霸統
十有四年		未,子展奔齊。公如鄄,使子行於孫子,孫子又殺之。公出奔齊。衛人立公孫剽,孫林父、寧殖相之,以聽命於諸侯。				冬,季孫宿會晉士匄、宋華閱、衛孫林父、鄭公孫蠆、莒人、邾人於戚。《左傳》:晉侯問衛故於中行獻子,對曰:"不如因而定之。"會於戚,謀定衛也。
十有五年	春,劉夏逆王后於齊。		春,宋公使向戌來聘。二月己亥,及向戌盟於劉。夏,齊侯伐我北鄙,圍成。公救成,至遇。季孫宿、叔孫豹帥師城成郛。《左傳》:齊侯圍成,貳於晉故也。於是乎城成郛。	秋八月丁巳,日有食之。	《左傳》:楚公子午爲令尹,公子罷戎爲右尹,蒍子馮爲大司馬,公子橐爲右司馬,公子成爲左	冬十有一月癸亥,晉侯周卒。《左傳》:鄭公孫夏如晉奔喪,子蟜送葬。

(續表)

紀年	王綱不振	倫變	列國情狀	災異	外侮	霸統
十有五年			秋八月，邾人伐我南鄙。 《左傳》：邾人伐我南鄙。使告於晉，晉將爲會以討邾、莒。晉侯有疾，乃止。		司馬，屈到爲莫敖，公子追舒爲箴尹，屈蕩爲連尹，養由基爲宫廄尹，以靖國人。	
十有六年			春王正月，葬晉悼公。三月，齊侯伐我北鄙。夏，公至自會。秋，齊侯伐我北鄙，圍成。大雩。冬，叔孫豹如晉。 《左傳》：穆叔如晉聘，且言齊故。	五月甲子，地震。		三月，公會晉侯、宋公、衛侯、鄭伯、曹伯、莒子、邾子、薛伯、杞伯、小邾子於溴梁。戊寅，大夫盟。 《左傳》：平公即位，會於溴梁。命歸侵田。 晉侯與諸侯宴於温，使諸大夫舞，曰："歌詩

(續表)

紀年	王綱不振	倫變	列國情狀	災異	外侮	霸統
十有六年						必類!"齊高厚之詩不類。荀偃怒,且曰:"諸侯有異志矣!"使諸大夫盟高厚,高厚逃歸。於是,盟曰:"同討不庭。" 晉人執莒子、邾子以歸。 五月,叔老會鄭伯、晉荀偃、衛寧殖、宋人伐許。 《左傳》:夏六月,次於棫林。庚寅,伐許,次於函氏。 晉荀偃、欒黶帥師伐楚,以報

(續表)

紀年	王綱不振	倫變	列國情狀	災異	外侮	霸統
十有六年						宋揚梁之役。楚公子格帥師及晉師戰於湛阪,楚師敗績。晉師遂侵方城之外,復伐許而還。
十有七年			春王二月庚午,邾子牼卒。宋人伐陳。夏,衛石買帥師伐曹。《左傳》:曹人愬於晉。秋,齊侯伐我北鄙,圍桃。齊高厚帥師伐我北鄙,圍防。九月,大雩。宋華臣出奔陳。冬,邾人伐我南鄙。《左傳》:爲齊故也。			
十有八年			秋,齊侯伐我北鄙。冬十月,曹伯負芻卒於師。		春,白狄來。冬十月,楚公子午帥師伐鄭。	夏,晉人執衛行人石買。《左傳》:爲曹故也。

(續表)

紀年	王綱不振	倫變	列國情狀	災異	外侮	霸統
十有八年					《左傳》：鄭子孔欲去諸大夫，將叛晉而起楚師以去之。使告子庚，子庚弗許。楚子聞之，使告子庚曰："不穀即位，於今五年，師徒不出，人其以不穀爲自逸。大夫圖之！"子庚歎曰："君王其謂午懷安乎！吾以利社稷也。"見使者曰："諸侯方睦於晉，臣請嘗之。若可，君而繼之。不	冬十月，公會晉侯、宋公、衛侯、鄭伯、曹伯、莒子、邾子、滕子、薛伯、杞伯、小邾子同圍齊。 《左傳》：晉侯伐齊，會於魯濟，尋溴梁之言，同伐齊。齊侯禦諸平陰。齊侯登巫山以望晉師，畏其衆也，乃脫歸。

(續表)

紀年	王綱不振	倫變	列國情狀	災異	外侮	霸統
十有八年					可，收師而退，可以無害，君亦無辱。"子庚帥師治兵於汾。於是子蟜、伯有、子張從鄭伯伐齊，子孔、子展、子西守。二子知子孔之謀，完守入保。子孔不敢會楚師。楚師伐鄭，信於城下而還。	
十有九年			春王正月，公至自伐齊。取邾田，自漷水。季孫宿如晉。葬曹成公。夏，衛孫林父帥師伐齊。秋七月辛卯，齊侯環卒。八			春王正月，諸侯盟於祝柯。《左傳》：諸侯還自沂上，盟於督揚，曰：

(續表)

紀年	王綱不振	倫　變	列國情狀	災異	外侮	霸統
十有九年			月丙辰,仲孫蔑卒。齊殺其大夫高厚。 《左傳》:齊崔杼殺高厚於灑藍而兼其室。 鄭殺其大夫公子嘉。 冬,葬齊靈公。城西郛。 《左傳》:懼齊也。 叔孫豹會晉士匄於柯。 《左傳》:齊及晉平,盟於大隧,故穆叔會范宣子於柯。 城武城。 《左傳》:穆叔歸曰:"齊猶未也,不可以不懼。"乃城武城。			"大毋侵小。" 晉人執邾子。 《左傳》:以其伐我故。 秋七月,晉士匄帥師侵齊,至穀,聞齊侯卒,乃還。
二十年			春王正月辛亥,仲孫速會莒人,盟於向。 《左傳》:及莒平。孟莊子會莒人,盟於向。 秋,公至自會。仲孫速帥師伐邾。	冬十月丙辰朔,日有食之。	秋,蔡殺其大夫公子燮。蔡公子履出奔楚。 《左傳》:蔡公子燮欲以蔡之	夏六月庚申,公會晉侯、齊侯、宋公、衛侯、鄭伯、曹伯、莒子、邾子、滕子、薛伯、

(續表)

紀年	王綱不振	倫變	列國情狀	災異	外侮	霸統
二十年			《左傳》：邾人驟至，以諸侯之事，弗能報也。秋，孟莊子伐邾以報之。 叔老如齊。 《左傳》：齊子初聘於齊。 冬十月，季孫宿如宋。 《左傳》：報向戌之聘也。		晉，蔡人殺之。公子履，其母弟也，故出奔楚。 陳侯之弟黃出奔楚。 《左傳》：陳慶虎、慶寅畏公子黃之逼，愬諸楚曰："與蔡司馬同謀。"楚人以爲討。公子黃出奔楚。	杞伯、小邾子，盟於澶淵。 《左傳》：齊成故也。
二十有一年			春王正月，公如晉。 《左傳》：拜師及取邾田也。 邾庶其以漆、閭丘來奔。 夏，公至自晉。冬十月，曹伯來朝。 《左傳》：十有一月庚子，孔子生。	九月庚戌朔，日有食之。冬十月庚	秋，晉欒盈出奔楚。	冬十月，公會晉侯、齊侯、宋公、衛侯、鄭伯、曹伯、莒子、邾子於商任。 《左傳》：錮欒氏也。

979

(續表)

紀年	王綱不振	倫變	列國情狀	災異	外侮	霸統
二十有一年				辰朔，日有食之。		
二十有二年			春王正月，公至自會。 秋七月辛酉，叔老卒。 冬，公至自會。		冬，楚殺其大夫公子追舒。	夏四月。 《左傳》：晉人徵朝於鄭。秋，晉欒盈自楚適齊。 冬，公會晉侯、齊侯、宋公、衛侯、鄭伯、曹伯、莒子、邾子、薛伯、杞伯、小邾子於沙隨。 《左傳》：復錮欒氏也。

(續表)

紀年	王綱不振	倫變	列國情狀	災異	外侮	霸統
二十有三年			三月己巳,杞伯匄卒。夏,邾畀我來奔。葬杞孝公。陳殺其大夫慶虎及慶寅。陳侯之弟黃自楚歸於陳。秋,齊侯伐衛,遂伐晉。八月,叔孫豹帥師救晉,次於雍榆。己卯,仲孫速卒。冬十月己亥,臧孫紇出奔邾。齊侯襲莒。	春王二月癸酉朔,日有食之。		夏,晉欒盈復入於晉,入於曲沃。冬,晉人殺欒盈。
二十有四年	冬,叔孫豹如京師。《左傳》:齊人城郟。穆叔如周聘,且賀城。王嘉其有禮也,賜之大路。		春,叔孫豹如晉。仲孫羯帥師侵齊。《左傳》:晉故也。秋七月,齊崔杼帥師伐莒。冬,公至自會。	秋七月甲子朔,日有食之,既。秋七月,大水。	夏,楚子伐吳。《左傳》:楚子為舟師以伐吳,不為軍政,無功而還。冬,楚子、蔡侯、陳侯、許男伐鄭。《左傳》:楚	八月,公會晉侯、宋公、衛侯、鄭伯、曹伯、莒子、邾子、滕子、薛伯、杞伯、小邾子於夷儀。《左傳》:將以伐齊,水,不克。

981

(續表)

紀年	王綱不振	倫變	列國情狀	災異	外侮	霸統
二十有四年				八月癸巳朔，日有食之。冬，大饑。	子伐鄭以救齊，門於東門，次於棘澤。諸侯還救鄭。陳鍼宜咎出奔楚。《左傳》：陳人復討慶氏之黨，鍼宜咎出奔楚。	
二十有五年		夏五月乙亥，齊崔杼弒其君光。	春，齊崔杼帥師伐我北鄙。六月壬子，鄭公孫舍之帥師入陳。《左傳》：初，陳侯會楚子伐鄭，當陳隧者，井堙木刊。鄭人怨之，六月，鄭子展、子產帥車七百乘伐陳。秋八月，公至自會。衛侯入于夷儀。《左傳》：衛		秋八月，楚屈建帥師滅舒鳩。十有一月，吳子遏伐楚，門於巢，卒。《左傳》：吳子諸樊伐楚，以報舟師之役。	夏五月，公會晉侯、宋公、衛侯、鄭伯、曹伯、莒子、邾子、滕子、薛伯、杞伯、小邾子于夷儀。《左傳》：晉侯濟自泮，會于夷儀，伐

(續表)

紀年	王綱不振	倫變	列國情狀	災異	外侮	霸統
二十有五年			獻公入於夷儀。冬,鄭公孫夏帥師伐陳。			齊,以報朝歌之役。 秋八月己巳,諸侯同盟於重丘。 《左傳》:齊成故也。
二十有六年		春王二月辛卯,衛寧喜弒其君剽。衛孫林父入於戚以叛。甲午,衛侯衎復歸於衛。秋,宋公殺其世子痤。	冬,葬許靈公。		《左傳》:楚子、秦人侵吳,及雩婁,聞吳有備而還。遂侵鄭,五月,至於城麇。鄭皇頡戍之,出,與楚師戰,敗。穿封戌囚皇頡。 八月壬午,許男寧卒於楚。 《左傳》:許	夏,晉侯使荀吳來聘。 《左傳》:晉人爲孫氏故,召諸侯,將以討衛也。夏,中行穆子來聘,召公也。 公會晉人、鄭良霄、宋人、曹人於澶淵。 《左傳》:六月,公會

(續表)

紀年	王綱不振	倫變	列國情狀	災異	外侮	霸統
二十有六年					靈公如楚，請伐鄭，曰："師不興，孤不歸矣！"八月，卒於楚。冬，楚子、蔡侯、陳侯伐鄭。	晉趙武、宋向戌、鄭良霄、曹人於澶淵以討衛，疆戚田。取衛西鄙懿氏六十以與孫氏。於是衛侯會之。晉人執寧喜、北宮遺，使女齊以先歸。衛侯如晉，晉人執而囚之於士弱氏。秋，晉人執衛寧喜。
二十有七年		夏，衛殺其大夫寧喜。衛侯之弟鱄出奔晉。	春，齊侯使慶封來聘。《左傳》：崔成、崔彊殺東郭偃、棠无咎於崔氏之朝。崔子怒而出，遂見慶封。慶封曰：	冬十有二月乙亥朔，日有	《左傳》：楚蘧罷如晉涖盟。崔氏之亂，申鮮虞來奔，僕賃	夏，叔孫豹會晉趙武、楚屈建、蔡公孫歸生、衛石惡、陳孔奐、鄭

(續表)

紀年	王綱不振	倫變	列國情狀	災異	外侮	霸統
二十有七年			"請爲子討之。"遂滅崔氏，崔明來奔，慶封當國。	食之。	於野，以喪莊公。冬，楚人召之，遂如楚爲右尹。	良霄、許人、曹人於宋。《左傳》：宋向戌善於趙文子，又善於令尹子木，欲弭諸侯之兵以爲名。爲會於宋。秋七月辛巳，豹及諸侯之大夫盟於宋。《左傳》：盟於宋西門之外。
二十有八年	十有二月甲寅，天王崩。		夏，衛石惡出奔晉。《左傳》：衛人討寧氏之黨，故石惡出奔晉。邾子來朝。秋八月，大雩。冬，齊慶封來奔。	春，無冰。	十有一月，公如楚。《左傳》：爲宋之盟故，公及宋公、陳侯、鄭伯、	《左傳》：夏，齊侯、陳侯、蔡侯、北燕伯、杞伯、胡子、沈子、白狄朝於晉，宋之

985

(續表)

紀年	王綱不振	倫變	列國情狀	災異	外侮	霸統
二十有八年					許男如楚。 十有二月乙未,楚子昭卒。	盟故也。 秋八月,仲孫羯如晉。 《左傳》:告將爲宋之盟故如楚也。九月,鄭遊吉如晉,告將朝於楚,以從宋之盟。
二十有九年			夏五月庚午,衛侯衎卒。杞子來盟。秋九月,葬衛獻公。齊高止出奔北燕。冬,仲孫羯如晉。 《左傳》:報范叔也。		春王正月,公在楚。 《左傳》:楚人使公親襚,公患之。穆叔曰:"被殯而襚,則布幣也。"乃使巫以桃茢先祓殯。楚人弗禁,既而悔之。二月癸卯,齊人	夏五月,仲孫羯會晉荀盈、齊高止、宋華定、衛世叔儀、鄭公孫段、曹人、莒人、滕人、薛人、小邾人城杞。 《左傳》:晉平公,杞出也,故治杞。

986

(續表)

紀年	王綱不振	倫變	列國情狀	災異	外侮	霸統
二十有九年					葬莊公於北郭。夏五月,公至自楚。《左傳》:葬楚康王。公及陳侯、鄭伯、許男送葬,至於西門之外。諸侯之大夫皆至於墓。楚郟敖即位。王子圍爲令尹。閽弑吳子餘祭。《左傳》:吳人伐越,獲俘焉,以爲閽,使守舟。吳子餘祭觀舟,閽以刀殺之。吳子使札來聘。	晉侯使士鞅來聘。《左傳》:拜城杞也。

987

(續表)

紀年	王綱不振	倫變	列國情狀	災異	外侮	霸統
三十年	五月,天王殺其弟佞夫。王子瑕奔晉。	夏四月,蔡世子般弒其君固。《左傳》:蔡景侯爲大子般娶於楚,通焉。大子弒景侯。	五月甲午,宋災。宋伯姬卒。秋七月,叔弓如宋,葬宋共姬。鄭良霄出奔許,自許入於鄭,鄭人殺良霄。冬十月,葬蔡景公。		春王正月,楚子使薳罷來聘。《左傳》:通嗣君也。	冬,晉人、齊人、宋人、衛人、鄭人、曹人、莒人、邾人、滕人、薛人、杞人、小邾人會於澶淵,宋災故。
三十有一年		十有一月,莒人殺其君密州。	夏六月辛巳,公薨於楚宮。秋九月癸巳,子野卒。《左傳》:立胡女敬歸之子子野,次於季氏。秋九月癸巳,卒,毀也。立敬歸之娣齊歸之子公子裯。己亥,仲孫羯卒。冬十月,滕子來會葬。癸酉,葬我君襄公。		《左傳》:吳子使屈狐庸聘於晉,通路也。十二月,北宮文子相衛襄公以如楚,宋之盟故也。	

（續表）

紀年	王綱不振	倫變	列國情狀	災異	外侮	霸統
昭公元年			春王正月，公即位。三月，取鄆。六月丁巳，邾子華卒。秋，莒去疾自齊入於莒。莒展輿出奔吴。叔弓帥師疆鄆田。葬邾悼公。		夏，秦伯之弟鍼出奔晉。冬十有一月己酉，楚子麇卒。《左傳》：楚公子圍將聘於鄭，伍舉爲介。未出竟，聞王有疾而還。伍舉遂聘。十一月己酉，公子圍至，入問王疾，縊而弒之，遂殺其二子。楚公子比出奔晉。	春王正月，叔孫豹會晉趙武、楚公子圍、齊國弱、宋向戌、衛齊惡、陳公子招、蔡公孫歸生、鄭罕虎、許人、曹人於虢。《左傳》：尋宋之盟也。楚令尹圍請用牲，讀舊書，加於牲上而已。晉人許之。六月，晉荀吳帥師敗狄於大鹵。

989

(續表)

紀年	王綱不振	倫變	列國情狀	災異	外侮	霸統
二年			夏,叔弓如晉。《左傳》:報宣子也。秋,鄭殺其大夫公孫黑。冬,公如晉,至河乃復。季孫宿如晉。《左傳》:晉少姜卒。公如晉,及河。晉侯使士文伯來辭,曰:"非伉儷也。請君無辱!"公還,季孫宿遂致服焉。			春,晉侯使韓起來聘。
三年			春王正月丁未,滕子原卒。夏,叔弓如滕。五月,葬滕成公。秋,小邾子來朝。八月,大雩。冬,北燕伯欸出奔齊。	冬,大雨雹。	《左傳》:十月,鄭伯如楚,子產相。楚子享之,賦《吉日》。既享,子產乃具田備,王以田江南之夢。	春王正月。《左傳》:齊侯使晏嬰請繼室於晉。夏。《左傳》:晉韓起如齊逆女。秋七月,鄭罕虎如晉,賀夫人。

(續表)

紀年	王綱不振	倫　變	列國情狀	災異	外侮	霸統
四年			九月，取鄫。冬十有二月乙卯，叔孫豹卒。	春王正月，大雨雹。	《左傳》：春，王正月，許男如楚，楚子止之，遂止鄭伯，復田江南，許男與焉。使椒舉如晉求諸侯，二君待之。椒舉致命。晉侯欲勿許。司馬侯曰："不可。晉、楚唯天所相，不可與爭。君其許之。"乃許楚使。椒舉遂請昏，晉侯許之。夏，楚子、蔡侯、陳侯、鄭伯、許男、	

（續表）

紀年	王綱不振	倫　變	列國情狀	災異	外侮	霸統
四年					徐子、滕子、頓子、胡子、沈子、小邾子、宋世子佐、淮夷會於申。楚子專會諸侯始此。 《左傳》：夏，諸侯如楚，魯、衛、曹、邾不會。曹、邾辭以難，公辭以時祭，衛侯辭以疾。鄭伯先待於申。六月丙午，楚子合諸侯於申。 楚子執徐子。秋七月，楚子、蔡侯、陳侯、許男、頓子、	

(續表)

紀年	王綱不振	倫　變	列國情狀	災異	外侮	霸統
四年					胡子、沈子、淮夷伐吳。《左傳》：秋七月，楚子以諸侯伐吳。宋大子、鄭伯先歸。宋華費遂、鄭大夫從。 執齊慶封，殺之。《左傳》：使屈申圍朱方，八月甲申，克之。執齊慶封而盡滅其族。 遂滅賴。九月取鄫。《左傳》：吳伐楚，入棘、櫟、麻，以報朱方之役。	

(續表)

紀年	王綱不振	倫變	列國情狀	災異	外侮	霸統
五年			春王正月,舍中軍。 《左傳》:卑公室也。 公如晉。夏,莒牟夷以牟婁及防、茲來奔。 秋七月,公至自晉。 《左傳》:莒人愬於晉。晉侯欲止公,范獻子曰:"不可。"乃歸公。 戊辰,叔弓帥師敗莒師於蚡泉。 《左傳》:莒人來討,不設備。戊辰,叔弓敗諸蚡泉,莒未陳也。		春,楚殺其大夫屈申。 《左傳》:楚子以屈申爲貳於吳,乃殺之。以屈生爲莫敖,使與令尹子蕩如晉逆女。過鄭,鄭伯勞子蕩於汜,勞屈生於菟氏。晉侯送女於邢丘。子產相鄭伯,會晉侯於邢丘。 秋七月,秦伯卒。 冬,楚子、蔡侯、陳侯、許男、頓子、沈子、徐人、越人	

(續表)

紀年	王綱不振	倫變	列國情狀	災異	外侮	霸統
五年					伐吳。《左傳》：以報棘、櫟、麻之役。	
六年			春王正月,杞伯益姑卒。葬秦景公。夏,季孫宿如晉。《左傳》：拜莒田也。葬杞文公。宋華合比出奔衛。秋九月,大雩。冬,齊侯伐北燕。		秋九月,楚薳罷帥師伐吳。冬,叔弓如楚。《左傳》：叔弓如楚聘。	
七年			春王正月,暨齊平。《左傳》：齊求之也。三月,叔孫舍如齊涖盟。秋八月戊辰,衛侯惡卒。九月,公至自楚。冬十有一月癸未,季孫宿卒。十有二月癸亥,葬衛襄公。	夏四月甲辰朔,日有食之。	三月,公如楚。《左傳》：楚子成章華之臺,願與諸侯落之。三月,公如楚。	

(續表)

紀年	王綱不振	倫變	列國情狀	災異	外侮	霸統
八年		春,陳侯之弟招殺陳世子偃師。《左傳》:陳哀公元妃鄭姬,生悼大子偃師,二妃生公子留,下妃生公子勝。二妃嬖,留有寵,屬諸司徒招與公子過。哀公有癈疾。三月甲申,公子招、公子過殺大子偃師,而立公子留。夏四月辛丑,陳侯溺卒。《左傳》:哀公縊。陳公子留出奔鄭。陳人殺其大夫公子過。《左傳》:陳公子招歸罪於公子過而殺之。	夏四月,叔弓如晉。《左傳》:賀虒祁也。秋,蒐於紅。大雩。冬十月,葬陳哀公。		夏四月,楚人執陳行人干徵師殺之。《左傳》:干徵師赴於楚,且告有立君。公子勝愬之於楚,楚人執而殺之。公子留奔鄭。冬十月壬午,楚師滅陳。執陳公子招,放之於越。殺陳孔奐。	
九年			秋,仲孫貜如齊。冬,築郎囿。	夏四月,陳災。	春,叔弓會楚子於陳。《左傳》:叔弓、宋華亥、鄭遊吉、衛趙黶會楚	

(續表)

紀年	王綱不振	倫　變	列國情狀	災異	外侮	霸統
九年					子於陳。 　許遷於夷。 《左傳》：二月庚申，楚公子棄疾遷許於夷，實城父，取州來淮北之田以益之。伍舉授許男田。然丹遷城父人於陳，以夷濮西田益之。遷方城外人於許。	
十年			夏，齊欒施來奔。秋七月，季孫意如、叔弓、仲孫貜帥師伐莒。 《左傳》：平子伐莒，取鄆，獻俘，始用人於亳社。 九月，叔孫舍如晉，葬晉平公。十有二月甲子，宋公成卒。			秋七月戊子，晉侯彪卒。 《左傳》：晉平公卒。鄭伯如晉，及河，晉人辭之。遊吉遂如晉。

997

(續表)

紀年	王綱不振	倫變	列國情狀	災異	外侮	霸統
十有一年			春王二月,叔弓如宋。葬宋平公。五月甲申,夫人歸氏薨。大蒐於比蒲。仲孫貜會邾子,盟於祲祥。九月己亥,葬我小君齊歸。		夏四月丁巳,楚子虔誘蔡侯般殺之於申。楚公子棄疾帥師圍蔡。冬十有一月丁酉,楚師滅蔡,執蔡世子有以歸,用之。《左傳》:楚子滅蔡,用隱大子於岡山。楚子城陳、蔡,不羹。使棄疾爲蔡公。	秋,季孫意如會晉韓起、齊國弱、宋華亥、衛北宮佗、鄭罕虎、曹人、杞人於厥慭。《左傳》:謀救蔡也。晉人使狐父請蔡於楚,弗許。
十有二年			春,齊高偃帥師納北燕伯於陽。三月壬申,鄭伯嘉卒。夏,宋公使華定來聘。《左傳》:通		五月,楚殺其大夫成熊。冬十月,楚子伐徐。《左	《左傳》:晉荀吳僞會齊師者,假道於鮮虞,遂入昔陽。秋

998

(續表)

紀年	王綱不振	倫變	列國情狀	災異	外侮	霸統
十有二年			嗣君也。 公如晉，至河乃復。 《左傳》：取鄆之役，莒人愬於晉，晉有平公之喪，未之治也，故辭公。公子憖遂如晉。 五月，葬鄭簡公。冬十月，公子憖出奔齊。		傳》：楚子狩於州來，次於潁尾，使蕩侯、潘子、司馬督、嚻尹午、陵尹喜帥師圍徐以懼吳。楚子次於乾谿，以爲之援。	八月壬午，滅肥，以肥子緜皋歸。 冬十月，晉伐鮮虞。 《左傳》：因肥之役也。
十有三年			春，叔弓帥師圍費。冬十月，葬蔡靈公。公如晉，至河乃復。 《左傳》：公如晉。荀吳謂韓宣子曰："諸侯相朝，講舊好也，執其卿而朝其君，有不好焉，不如辭之。"乃使士景伯辭公於河。		夏四月，楚公子比自晉歸於楚，弑其君虔於乾谿。楚公子棄疾殺公子比。八月，蔡侯廬歸於蔡。陳侯吳歸於陳。 《左傳》：楚之滅蔡	秋，公會劉子、晉侯、齊侯、宋公、衛侯、鄭伯、曹伯、莒子、邾子、滕子、薛伯、杞伯、小邾子於平丘。 《左傳》：晉成虒祁，諸侯朝而歸

999

(續表)

紀年	王綱不振	倫　變	列國情狀	災異	外侮	霸統
十有三年					也，靈王遷許、胡、沈、道、房、申於荊焉。平王即位，既封陳、蔡，而皆復之，禮也。 冬十月，吳滅州來。	者皆有貳心。爲取鄆故，晉將以諸侯來討。叔向曰："諸侯不可以不示威。"乃並徵會，告於吳。秋，晉侯會吳子於良。水道不可，吳子辭，乃還。七月丙寅，治兵於邾南，遂合諸侯於平丘。 八月甲戌，同盟於平丘。 《左傳》：齊服也。 公不與盟。晉人執季孫意如以歸。公至自會。

1000

(續表)

紀年	王綱不振	倫變	列國情狀	災異	外侮	霸統
十有四年			春，意如至自晉。三月，曹伯滕卒。秋，葬曹武公。八月，莒子去疾卒。 冬，莒殺其公子意恢。		夏四月。 《左傳》：楚子使然丹簡上國之兵於宗丘，且撫其民。使屈罷簡東國之兵於召陵，亦如之。	
十有五年			二月癸酉，有事於武宮。籥入，叔弓卒。去樂，卒事。 冬，公如晉。 《左傳》：平丘之會故也。	六月丁巳朔，日有食之。	春王正月，吳子夷末卒。 夏，蔡朝吳出奔鄭。	秋，晉荀吳帥師伐鮮虞。
十有六年			春。 《左傳》：公在晉，晉人止公。 齊侯伐徐。(齊景爭霸之始) 《左傳》：齊師至於蒲隧。徐人行成。徐子及郯人、莒人會齊侯，盟於蒲		春，楚子誘戎蠻子殺之。	秋八月己亥，晉侯夷卒。 《左傳》：晉昭公卒。

(續表)

紀年	王綱不振	倫變	列國情狀	災異	外侮	霸統
十有六年			隧,賂以甲父之鼎。夏,公至自晉。九月,大雩。季孫意如至晉。冬十月,葬晉昭公。			
十有七年			春,小邾子來朝。秋,郯子來朝。	夏六月甲戌朔,日有食之。冬,有星孛於大辰。	冬,楚人及吳戰於長岸。《左傳》:戰於長岸,大敗吳師,獲其乘舟餘皇。使隨人與後至者守之。吳使長鬣者三人潛伏於舟側,曰:"我呼餘皇,則對。"師夜從之。三呼,皆迭應。楚人從而殺之,楚師亂,吳人大敗之,取餘皇以歸。	八月,晉荀吳帥師滅陸渾之戎。《左傳》:數之以其貳於楚也。陸渾子奔楚。

(續表)

紀年	王綱不振	倫變	列國情狀	災異	外侮	霸統
十有八年			春王三月,曹伯須卒。六月,邾人入鄅。秋,葬曹平公。	夏五月壬午,宋、衛、陳、鄭災。	冬,許遷於白羽。《左傳》:楚左尹王子勝言於楚子曰:"許於鄭,仇敵也,而居楚地,以不禮於鄭。晉、鄭方睦,鄭若伐許,而晉助之,楚喪地矣。君盍遷許?"楚子說。使王子勝遷許於析,實白羽。	
十有九年		夏五月戊辰,許世子止弑其君買。《左傳》:許悼公瘧,飲大子止之藥,卒。大子奔晉。	春,宋公伐邾。《左傳》:邾夫人,宋向戌之女也,故向寧請師。二月,宋公伐邾,圍蟲。三月,取之。乃盡歸邾俘。	夏五月己卯,地震。	《左傳》:楚子為舟師以伐濮。費無極言於楚子曰:"若大	

(續表)

紀年	王綱不振	倫變	列國情狀	災異	外侮	霸統
十有九年			秋,齊高發帥師伐莒。《左傳》:莒子奔紀鄣。使孫書伐之。莒共公懼,啟西門而出。七月丙子,齊師入紀。冬,葬許悼公。		城城父而置大子焉,以通北方,王收南方,是得天下也。"王說,從之。	
二十年			夏,曹公孫會自鄸出奔宋。秋,盜殺衛侯之兄縶。冬十月,宋華亥、向寧、華定出奔陳。十有一月辛卯,蔡侯廬卒。			
二十有一年		夏,宋華亥、向寧、華定自陳入於宋南里以叛。	春王三月,葬蔡平公。八月乙亥,叔輒卒。冬,公如晉,至河乃復。《左傳》:公如晉,及河,鼓叛晉。晉將伐鮮虞,故辭公。	秋七月壬午朔,日有食之。	冬,蔡侯朱出奔楚。	夏,晉侯使士鞅來聘。《左傳》:晉士鞅來聘,叔孫為政。季孫欲惡諸晉,使有司以齊鮑國歸費之

1004

(續表)

紀年	王綱不振	倫　變	列國情狀	災異	外侮	霸統
二十有一年						禮爲士鞅。士鞅怒，魯人恐，加四牢焉，爲十一牢。
二十有二年	夏四月乙丑，天王崩。《左傳》：王子朝、賓起有寵於景王，王與賓孟説之，欲立之。劉獻公之庶子伯蚠事單穆公，惡賓孟之爲人也，願殺之。又惡王子朝之言，以爲亂，願去之。夏四月，王田北山，使公卿皆從，將殺單子、劉子。王有心疾，乙丑，崩於榮錡氏。戊辰，劉子摯		春，齊侯伐莒。《左傳》：莒子行成。司馬竈如莒涖盟，莒子如齊涖盟，盟於稷門之外。大蒐於昌間。	十有二月癸酉朔，日有食之。	春，宋華亥、向寧、華定自宋南里出奔楚。	

(續表)

紀年	王綱不振	倫　變	列國情狀	災異	外侮	霸統
二十有一年	卒,無子,單子立劉蚠。五月庚辰,見王,遂攻賓起,殺之,盟群王子於單氏。 　六月,叔鞅如京師,葬景王,王室亂。 《左傳》:王子朝因舊官、百工之喪職秩者與靈、景之族以作亂。 　劉子、單子以王猛居於皇。秋,劉子、單子以王猛入於王城。冬十月,王子猛卒。 　《左傳》:敬王即位,館於子族氏。					

(續表)

紀年	王綱不振	倫變	列國情狀	災異	外侮	霸統
二十有三年	秋七月,天王居於狄泉。尹氏立王子朝。		春王正月,叔孫婼如晉。癸丑,叔鞅卒。秋七月,莒子庚輿來奔。《左傳》:莒子庚輿虐而好劍,苟鑄劍,必試諸人。國人患之。烏存帥國人以逐之,遂來奔。冬,公如晉,至河,有疾,乃復。	八月乙未,地震。	夏六月,蔡侯東國卒於楚。秋七月戊辰,吳敗頓、胡、沈、蔡、陳、許之師於雞父,胡子髡、沈子逞滅,獲陳夏齧。	春王正月,晉人執我行人叔孫婼。《左傳》:邾人城翼,還,自離姑。武城人取邾師。邾人愬於晉,晉人來討。叔孫婼如晉,晉人執之。晉人圍郊。
二十有四年	春。《左傳》:王正月辛丑,召簡公、南宮嚚以甘桓公見王子朝,戊午,王子朝入於鄔。六月壬申,王子朝之師攻瑕及杏,皆潰。		王二月丙戌,仲孫貜卒。叔孫舍至自晉。秋八月,大雩。丁酉,杞伯郁釐卒。冬,葬杞平公。	夏五月乙未朔,日有食之。	冬,吳滅巢。	

1007

(續表)

紀年	王綱不振	倫變	列國情狀	災異	外侮	霸統
二十有五年		九月己亥,公孫於齊,次於陽州。	春,叔孫婼如宋。秋七月上辛,大雩;季辛,又雩。九月,齊侯唁公於野井。冬十月戊辰,叔孫婼卒。十有一月己亥,宋公佐卒於曲棘。十有二月,齊侯取鄆。	夏,有鸜鵒來巢。		夏,叔詣會晉趙鞅、宋樂大心、衛北宮喜、鄭遊吉、曹人、邾人、滕人、薛人、小邾人於黃父。《左傳》:謀王室也。趙簡子令諸侯之大夫輸王粟,具戍人,曰:"明年將納王。"
二十有六年	《左傳》:單子如晉告急。五月戊午,劉人敗王城之師於尸氏。戊辰,王城人、劉人戰於施谷,劉師敗績。七月己巳,劉子以王出。庚午,次於渠。	三月,公至自齊,居於鄆。夏,公圍郕。秋,公至自會,居於鄆。	春王正月,葬宋元公。秋,公會齊侯、莒子、邾子、杞伯,盟於鄟陵。《左傳》:謀納公也。		九月庚申,楚子居卒。	

(續表)

紀年	王綱不振	倫變	列國情狀	災異	外侮	霸統
二十有六年	王城人焚劉。丙子,王宿於褚氏。丁丑,王次於萑谷。庚辰,王入於胥靡。辛巳,王次於滑。冬十月,天王入於成周。尹氏、召伯、毛伯以王子朝奔楚。					
二十有七年		春,公如齊。公至自齊,居於鄆。《左傳》:孟懿子、陽虎伐鄆。公使子家子如晉,公徒敗於且知。冬十月公如齊。公至自齊,居於鄆。	冬十月,曹伯午卒。邾快來奔。		夏四月,吳弒其君僚。《左傳》:吳子欲因楚喪而伐之,使公子掩餘、公子燭庸帥師圍潛。使延州來季子聘於上國,遂聘於晉,以觀諸侯。楚莠尹	秋,晉士鞅、宋樂祁犁、衛北宮喜、曹人、邾人、滕人會於扈。《左傳》:令戍周,且謀納公也。宋、衛皆利納公,固請之。范獻子取貨於季孫,乃辭小國,而以難復。

1009

(續表)

紀年	王綱不振	倫變	列國情狀	災異	外侮	霸統
二十有七年					然、工尹麇帥師救潛。左司馬沈尹戌帥都君子與王馬之屬以濟師,與吳師遇於窮。令尹子常以舟師及沙汭而還。左尹郤宛、工尹壽帥師至於潛,吳師不能退。吳公子光使鱄設諸弒王。公子掩餘奔徐,公子燭庸奔鍾吾。楚師聞吳亂而還。**楚殺其大夫郤宛。**	

(續表)

紀年	王綱不振	倫變	列國情狀	災異	外侮	霸統
二十有八年		春王三月,公如晉,次於乾侯。	春王三月,葬曹悼公。夏四月丙戌,鄭伯寧卒。六月,葬鄭定公。秋七月癸巳,滕子寧卒。冬,葬滕悼公。			
二十有九年	《左傳》:三月己卯,京師殺召伯盈、尹氏固及原伯魯之子。夏五月庚寅,王子趙車入於鄢以叛,陰不佞敗之。	春,公至自乾侯,居於鄆,齊侯使高張來唁公。公如晉,次於乾侯。冬十月,鄆潰。	夏四月庚子,叔詣卒。			
三十年		春王正月,公在乾侯。			冬十有二月,吳滅徐,徐子章羽奔楚。《左傳》:楚沈尹戌帥師救徐,弗及,遂城夷,使徐子處之。	夏六月庚辰,晉侯去疾卒。秋八月,葬晉頃公。

(續表)

紀年	王綱不振	倫變	列國情狀	災異	外侮	霸統
三十有一年		春王正月,公在乾侯。	夏四月丁巳,薛伯穀卒。秋,葬薛獻公。冬,黑肱以濫來奔。	十有二月辛亥朔,日有食之。		春王正月,季孫意如會晉荀躒於適歷。《左傳》:晉侯將以師納公。范獻子曰:"若召季孫而不來,則信不臣矣。然後伐之,若何?"晉人召季孫,獻子使私焉,曰:"子必來。"季孫意如會晉荀躒於適歷。荀躒曰:"何故出君?"季孫練冠麻衣跣行,伏而對曰:"事君,臣之所不得也,敢逃刑命?"夏四月,

(續表)

紀年	王綱不振	倫　變	列國情狀	災異	外侮	霸統
三十有一年						晉侯使荀躒唁公於乾侯。《左傳》：季孫從知伯如乾侯。荀躒以晉侯之命唁公，且曰："寡君使躒以君命討於意如，意如不敢逃死，君其入也！"公曰："君惠顧先君之好，施及亡人，將使歸糞除宗祧以事君，則不能見夫人。己所能見夫人者，有如河！"荀躒掩耳而走，退而謂季孫："君怒未息，子姑歸祭。"

1013

(續表)

紀年	王綱不振	倫變	列國情狀	災異	外侮	霸統
三十有二年		春王正月,公在乾侯。取闞。十有二月己未,公薨於乾侯。			夏,吳伐越。《左傳》:始用師於越也。	冬,仲孫何忌會晉韓不信、齊高張、宋仲幾、衛世叔申、鄭國參、曹人、莒人、薛人、杞人、小邾人城成周。《左傳》:王使富辛與石張如晉,請城成周。冬十月,晉魏舒、韓不信如京師,合諸侯之大夫於狄泉,尋盟,且令城成周。

(續表)

紀年	王綱不振	倫變	列國情狀	災異	外侮	霸統
定公元年			夏六月癸亥，公之喪至自乾侯。戊辰，公即位。秋七月癸巳，葬我君昭公。 《左傳》：葬昭公於墓道南。孔子之爲司寇也，溝而合諸墓。 九月，大雩。立煬宮。 《左傳》：昭公出，故季平子禱於煬宮。九月，立煬宮。	冬十月，隕霜殺菽。		春王三月。晉人執宋仲幾於京師。 《左傳》：晉魏舒合諸侯之大夫於狄泉，將以城成周。宋仲幾不受功，乃執仲幾以歸。三月，歸諸京師。城三旬而畢，乃歸諸侯之戍。
二年			冬十月，新作雉門及兩觀。	夏五月壬辰，雉門及兩觀災。	秋，楚人伐吳。 《左傳》：楚囊瓦伐吳，師於豫章。吳人見舟於豫章，而潛師於巢。冬十	

(續表)

紀年	王綱不振	倫　變	列國情狀	災異	外侮	霸統
二年					月，吳軍楚師於豫章，敗之。遂圍巢，克之，獲楚公子繁。	
三年			春王正月，公如晉，至河乃復。二月辛卯，邾子穿卒。秋，葬邾莊公。冬，仲孫何忌及邾子盟於拔。《左傳》：修邾好也。			
四年	秋七月，劉卷卒。葬劉文公。		春王二月癸巳，陳侯吳卒。五月，杞伯成卒於會。六月，葬陳惠公。秋七月，公至自會。葬杞悼公。	六月，許遷於容城。秋七月，楚人圍蔡。冬十有一月庚午，蔡侯以吳子及楚人戰於伯舉，楚師敗績。楚囊瓦出奔鄭。庚辰，吳入郢。	三月，公會劉子、晉侯、宋公、蔡侯、衛侯、陳子、鄭伯、許男、曹伯、莒子、邾子、頓子、胡子、滕子、薛伯、杞伯、小邾子、齊國夏於召陵，侵楚。《左傳》：	

(續表)

紀年	王綱不振	倫變	列國情狀	災異	外侮	霸統
四年						劉文公合諸侯於召陵,謀伐楚也。 晉荀寅求貨於蔡侯,弗得。乃辭蔡侯。晉人假羽旄於鄭,鄭人與之。明日,或旆以會。晉於是乎失諸侯。 夏四月庚辰,蔡公孫姓帥師滅沈,以沈子嘉歸,殺之。 《左傳》:沈人不會於召陵,晉人使蔡伐之。夏,蔡滅沈。 五月,公及諸侯盟於皋鼬。秋七月,晉士鞅、衛孔圉帥師伐

1017

(續表)

紀年	王綱不振	倫變	列國情狀	災異	外侮	霸統
五年			夏，歸粟於蔡。六月丙申，季孫意如卒。秋七月壬子，叔孫不敢卒。	春王三月辛亥朔，日有食之。	夏，於越入吳。《左傳》：越入吳，吳在楚也。秋七月。《左傳》：申包胥以秦師至，秦子蒲、子虎帥車五百乘以救楚。楚子入於郢。	鮮虞。冬，晉士鞅帥師圍鮮虞。
六年	《左傳》：周儋翩率王子朝之徒，因鄭人將以作亂於周。鄭於是乎伐馮、滑、胥靡、負黍、狐人、闕外。六月，晉閻沒戍周，且城胥靡。冬，十二月，天王處於姑蕕，辟儋翩之亂也。		春王正月癸亥，鄭遊速帥師滅許，以許男斯歸。《左傳》：鄭滅許，因楚敗也。二月，公侵鄭。公至自侵鄭。夏，季孫斯、仲孫何忌如晉。《左傳》：獻鄭俘也。冬，城中城。季孫斯、仲孫忌帥師圍鄆。		《左傳》：四月己丑，吳大子終纍敗楚舟師，獲潘子臣、小惟子及大夫七人。楚國大惕，懼亡。子期又以陵師敗於繁揚。令尹子西喜曰："乃今	秋，晉人執宋行人樂祁犁。

(續表)

紀年	王綱不振	倫　變	列國情狀	災異	外侮	霸統
六年					可爲矣。"於是乎遷郢於鄀,而改紀其政,以定楚國。	
七年	《左傳》:二月,周儋翩入於儀栗以叛。夏四月。《左傳》:單武公、劉桓公敗尹氏於窮谷。冬十月。《左傳》:單子、劉子逆王於慶氏。晉籍秦送王。己巳,王入於王城,舘於公族黨氏,而後朝於莊宮。		《左傳》:齊人歸鄆、陽關,陽虎居之以爲政。秋,齊侯、鄭伯盟於鹹。齊人執衛行人北宮結以侵衛。齊侯、衛侯盟於沙。《左傳》:衛侯欲叛晉,諸大夫不可。使北宮結如齊,而私於齊侯曰:"執結以侵我。"齊侯從之,乃盟於瑣。大雩。齊國夏帥師伐我西鄙。九月,大雩。			

1019

(續表)

紀年	王綱不振	倫變	列國情狀	災異	外侮	霸統
八年	《左傳》：二月己丑，單子伐穀城，劉子伐儀栗。辛卯，單子伐簡城，劉子伐盂，以定王室。		春王正月，公侵齊。公至自侵齊。二月，公侵齊。三月，公至自侵齊。曹伯露卒。夏，齊國夏帥師伐我西鄙。公會晉師於瓦。 《左傳》：晉士鞅、趙鞅、荀寅救我。公會晉師於瓦。 公至自瓦。 秋七月戊辰，陳侯柳卒。葬曹靖公。九月，葬陳懷公。季孫斯、仲孫何忌帥師侵衛。 冬，衛侯、鄭伯盟於曲濮。從祀先公。盜竊寶玉、大弓。			秋七月，晉士鞅帥師侵鄭，遂侵衛。
九年			夏四月戊申，鄭伯蠆卒。得寶玉、大弓。六月，葬鄭獻公。秋，齊侯、衛侯次於五氏。		秋，秦伯卒。冬，葬秦哀公。	

(續表)

紀年	王綱不振	倫變	列國情狀	災異	外侮	霸統
十年			春王三月,及齊平。夏,公會齊侯於夾谷。公至自夾谷。齊人來歸鄆、讙、龜陰田。叔孫州仇、仲孫何忌帥師圍郈。秋,叔孫州仇、仲孫何忌帥師圍郈。宋樂大心出奔曹。宋公子地出奔陳。冬,齊侯、衛侯、鄭遊速會於安甫。叔孫州仇如齊。宋公之弟辰暨仲佗、石彄出奔陳。			夏,晉趙鞅帥師圍衛。《左傳》:報夷儀也。
十有一年		春,宋公之弟辰及仲佗、石彄、公子地自陳入於蕭以叛。秋,宋樂大心自曹入於蕭。《左傳》:宋公母弟辰暨仲佗、石彄、公子地入於蕭以叛。秋,樂大心從之,大爲宋患,寵向魋故也。	冬,及鄭平。叔還如鄭涖盟。《左傳》:始叛晉也。			

(續表)

紀年	王綱不振	倫變	列國情狀	災異	外侮	霸統
十有二年			春,薛伯定卒。夏,葬薛襄公。叔孫州仇帥師墮郈。衛公孟彄帥師伐曹。季孫斯、仲孫何忌帥師墮費。秋,大雩。冬十月癸亥,公會齊侯盟於黃。十有一月,公至自黃。十有二月,公圍成。公至自圍成。	十有一月丙寅朔,日有食之。		
十有三年		秋,晉趙鞅入於晉陽以叛。冬,晉荀寅、士吉射入於朝歌以叛。薛弒其君比。	春,齊侯、衛侯次於垂葭。《左傳》:齊侯、衛侯次於垂葭,寔郥氏使師伐晉。夏,築蛇淵囿。大蒐於比蒲。衛公孟彄帥師伐曹。冬,晉趙鞅歸於晉。《左傳》:韓、魏以趙氏爲請。十二月辛未,趙			

(續表)

紀年	王綱不振	倫　變	列國情狀	災異	外侮	霸統
十有三年			鞅入於絳,盟於公宮。初,衛公叔文子朝而請享靈公。退,見史鰌而告之。史鰌曰:"子必禍矣。子富而君貪,罪其及子乎!"及文子卒,衛侯始惡於公叔戌,以其富也。公叔戌又將去夫人之黨,夫人愬之曰:"戌將爲亂。"			
十有四年	秋,天王使石尚來歸脤。	秋,衛世子蒯聵出奔宋。《左傳》:衛侯爲夫人南子召宋朝,會於洮。大子羞之,謂戲陽速曰:"從我而朝少君,少君見我,我顧,乃殺之。"速曰:"諾。"乃朝夫人。夫人見大子,大子三顧,速不進。夫人見其色,啼而走,曰:"蒯聵將	春,衛公叔戌來奔。衛趙陽出奔宋。夏,衛北宮結來奔。《左傳》:公叔戌之故也。五月,公會齊侯、衛侯於牽。《左傳》:晉圍朝歌,公會齊侯、衛侯於脾、上梁之間,謀救范、中行氏。公至自會。秋,齊侯、宋		二月辛巳,楚公子結、陳公孫佗人帥師滅頓,以頓子牂歸。《左傳》:頓子牂欲事晉,背楚而絕陳好。二月,楚滅頓。	

1023

(續表)

紀年	王綱不振	倫變	列國情狀	災異	外侮	霸統
十有四年		殺余。"公執其手以登臺。大子奔宋,盡逐其黨。故公孟彄出奔鄭,自鄭奔齊。 衛公孟彄出奔鄭。宋公之弟辰自蕭來奔。	公會於洮。 《左傳》:范氏故也。 大蒐於比蒲。邾子來會公。城莒父及霄。		五月,於越敗吳於檇李。吳子光卒。	
十有五年			春王正月,邾子來朝。 夏五月辛亥,郊。壬申,公薨於高寢。鄭罕達帥師伐宋。齊侯、衛侯次於渠蒢。 《左傳》:謀救宋也。 邾子來奔喪。秋七月壬申,姒氏卒。九月,滕子來會葬。丁巳,葬我君定公,雨,不克葬。戊午,日下昃,乃克葬。辛巳,葬定姒。冬,城漆。	春王正月,鼷鼠食郊牛,牛死,改卜牛。八月庚辰朔,日有食之。	二月辛丑,楚子滅胡,以胡子豹歸。	

(續表)

紀年	王綱不振	倫變	列國情狀	災異	外侮	霸統
哀公元年			春王正月,公即位。鼷鼠食郊牛,改卜牛。夏四月辛巳,郊。秋,齊侯、衛侯伐晉。《左傳》:齊侯、衛侯會於乾侯,救范氏也。師及齊師、衛孔圉、鮮虞人伐晉,取棘蒲。冬,仲孫何忌帥師伐邾。		春王正月,楚子、陳侯、隨侯、許男圍蔡。《左傳》:報柏舉也。吳王夫差敗越夫椒,報檇李也。	
二年		夏四月,晉趙鞅帥師納衛世子蒯聵於戚。	春王二月,季孫斯、叔孫州仇、仲孫何忌帥師伐邾,取漷東田及沂西田。癸巳,叔孫州仇、仲孫何忌及邾子盟於句繹。夏四月丙子,衛侯元卒。滕子來朝。秋八月甲戌,晉趙鞅帥師及鄭罕達帥師戰於鐵,鄭師敗績。冬十月,葬衛靈公。十有一月,蔡遷於州來。蔡殺其大夫公子駟。			

1025

(續表)

紀年	王綱不振	倫　變	列國情狀	災異	外侮	霸統
三年		春,齊國夏、衛石曼姑帥師圍戚。	五月,季孫斯、叔孫州仇帥師城啓陽。宋樂髡帥師伐曹。秋七月丙子,季孫斯卒。蔡人放其大夫公孫獵於吴。冬十月,叔孫州仇、仲孫何忌帥師圍邾。	夏四月甲午,地震。五月辛卯,桓宫、僖宫災。	冬十月癸卯,秦伯卒。	
四年			春王二月庚戌,盗殺蔡侯申。蔡公孫辰出奔吴。葬秦惠公。宋人執小邾子。夏,蔡殺其大夫公孫姓、公孫霍。城西郛。秋八月甲寅,滕子結卒。冬十有二月,葬蔡昭公。葬滕頃公。	六月辛丑,亳社災。	夏,晉人執戎蠻子赤,歸於楚。	

(續表)

紀年	王綱不振	倫變	列國情狀	災異	外侮	霸統
五年			春,城毗。 夏,齊侯伐宋。晉趙鞅帥師伐衛。 秋七月癸酉,齊侯杵臼卒。 冬,叔還如齊。閏月,葬齊景公。			
六年		秋七月,齊陽生入於齊。齊陳乞弑其君荼。	春,城邾瑕。 夏,齊國夏及高張來奔。 冬,仲孫何忌帥師伐邾。宋向巢帥師伐曹。		春,吳伐陳。 《左傳》:復修舊怨也。楚子曰:"吾先君與陳有盟,不可以不救。"乃救陳,師於城父。 夏,叔還會吳於柤。 秋七月庚寅,楚子軫卒。	春,晉趙鞅帥師伐鮮虞。

1027

(續表)

紀年	王綱不振	倫變	列國情狀	災異	外侮	霸統
七年			春,宋皇瑗帥師侵鄭。晉魏曼多帥師侵衛。《左傳》:衛不服也。秋,公伐邾。八月己酉,入邾,以邾子益來。宋人圍曹。冬,鄭駟弘帥師救曹。			
八年			春王正月,宋公入曹,以曹伯陽歸。夏,齊人取讙及闡。歸邾子益於邾。秋七月。《左傳》:及齊平。冬十有二月癸亥,杞伯過卒。齊人歸讙及闡。		春王正月,吳伐我。	
九年			春王二月,葬杞僖公。鄭皇瑗帥師取鄭師於雍丘。秋,宋公伐鄭。		夏,楚人伐陳。《左傳》:陳即吳故也。秋,吳城邗,	

(續表)

紀年	王綱不振	倫變	列國情狀	災異	外侮	霸統
九年					溝通江、淮。 冬十月。 《左傳》：吳子使來儆師伐齊。	
十年			春王二月，邾子益來奔。公會吳伐齊。三月戊戌，齊侯陽生卒。 夏，宋人伐鄭。晉趙鞅帥師侵齊。五月，公至自伐齊。葬齊悼公。衛公孟彄自齊歸於衛。薛伯夷卒。 秋，葬薛隱公。		冬，楚公子結帥師伐陳。吳救陳。	
十有一年			春，齊國書帥師伐我。 夏，陳轅頗出奔鄭。 秋七月辛酉，滕子虞母卒。 冬十有一月，葬滕隱公。衛世叔齊出奔宋。		五月，公會吳伐齊。甲戌，齊國書帥師及吳戰於艾陵，齊師敗績，獲齊國書。	

(續表)

紀年	王綱不振	倫變	列國情狀	災異	外侮	霸統
十有二年			春,用田賦。夏五月甲辰,孟子卒。公會吳於橐皋。秋,公會衛侯、宋皇瑗於鄖。宋向巢帥師伐鄭。	冬十有二月,螽。		
十有三年			春,鄭罕達帥師取宋師於嵒。夏,許男成卒。秋,公至自會。晉魏曼多帥師侵衛。葬許元公。冬十有一月,盜殺陳夏區夫。	九月,螽。冬十有一月,有星孛於東方。十有二月,螽。	夏,公會晉侯及吳子於黃池。楚公子申帥師伐陳。於越入吳。十有二月。《左傳》:吳及越平。	
十有四年				春,西狩獲麟。		

欽命四書詩題（朱卷）

履歷

劉爾炘：字又寬，號曉嵐、行一。同治四年乙丑正月初七吉時生，系甘肅蘭州府皋蘭縣廩生，民籍。

高祖：世英，號武伯，處士。妣氏：管、孫。

曾祖：潤，號玉田，國子監太學生，歷就刑席，貤贈奉政大夫。妣氏：柳，貤贈宜人。

胞叔曾祖：澤，號雨亭。

祖：初泰，號茹塘，邑庠生，以書法名當世。歷遊陝甘督署、江西鹽法道、湖北武昌府幕，一時稱爲無雙，誥贈奉政大夫。妣氏：張，誥贈宜人；宋，誥贈宜人；柴，誥贈宜人。

胞伯祖：吉泰，號晉三，邑廩生。履泰，號晉安，邑庠生。

父：榕，號蔭之，候選從九品，歷辦甘肅各府州縣書啓，例贈文林郎，貤贈奉政大夫。母氏：王，旌表節孝，例封孺人，貤封宜人。

本生父：桐，號嶧山，五品銜候選州判，歷就甘肅藩司錢席，誥授奉政大夫。本生母氏：徐，誥贈宜人；本生繼母氏：魏，誥贈宜人。

堂伯：棻，號蒓林。候選未入流，歷辦甘肅各府廳州縣書啓。

胞伯：森，號葛王。肅州鎮標把總。

胞弟：爾熾，號壽昌。業儒。

胞妹二，俱幼。

妻：王氏，武庠生茂榩公之女，郡廩生樹濤字松嚴之妹。

子、女：（暫无）

慈侍下，本生嚴繼慈侍下。

受業師（謹以先後敘）：

張鑄堂夫子清、任梅村夫子魁、張德卿夫子培基、徐鐵海夫子炳熙、蘇正卿夫子尚義、趙樸庵夫子鈺。

受知師（謹依先後敘）：

趙星垣夫子佩珠、王輔卿夫子佐、閆蔭塢夫子煦堃、焦兆魚夫子涵豐、余二田夫子澤春、雨三夫子恩霖、鄭緝夫夫子衍熙、胡源河夫子宗海、左季高夫子諡文襄、峻峰太老夫子崇保、劉伯珍夫子寶泉、劉義山夫子正名、王益三夫子裕謙、李問樵夫子裕澤、張敦五夫子國常、楊石泉夫子昌濬、李勤伯夫子慎、陶子方夫子模、靜山夫子定祥、陸虞笙夫子廷黻、曹吉三夫子秉哲、魏午莊夫子光燾、譚敬甫夫子繼洵、陳六舟夫子彝、秋農夫子雅爾佳納、黃斛泉夫子積厚、向偉人夫子邦倬、潘敬臣夫子炳辰、賈松埏夫子元濤、王辰垣夫子作樞、胡體齊夫子孚駿、查岑生夫子之屏、俞崑崖夫子志敬、譚雲覲夫子鍾麟、蘇曜生夫子重熙、叔平夫子文治、唐暉庭夫子椿森、佩蘅太老夫子寶鋆、董韞卿太老夫子恂、文山太老夫子崇綺、饒子維夫子應祺、劉子嘉夫子永亨、秦雨亭夫子澍春、劉遠峰夫子光祖、方右民夫子汝翼、徐蔭軒夫子桐、席卿夫子錫珍、翁叔平夫子同龢、達峰夫子烏拉喜崇阿、許星叔夫子庚身、犉山夫子嵩申、吟濤夫子松森、祁子禾夫子世長、薛雲階夫子允升、孫子授夫子詒經、朗軒夫子寶昌、汪柳門夫子鳴鑾、露圃夫子恩承、張子青夫子之萬、芝莘夫子麟書、

附錄

許筠庵夫子應騤、沈叔眉夫子源深、午樵夫子貴恒、孫燮臣夫子家鼐、箴廷夫子福錕、睦庵太老夫子瑞聊、王蓮生夫子懿榮。

乙酉科，本省鄉試中式第六名，覆試一等第七十一名。

己丑科，會試中式第二百九十名，覆試二等第六十三名，殿試第二甲第五十三名，賜進士出身；朝考二等第八名，欽點翰林院庶吉士。

族繁，僅敘本支，世居蘭州省城。

朱卷

光緒己丑科，中式第二百九十名貢士劉爾炘，甘肅蘭州府皋蘭縣廩生，民籍。

同考試官：翰林院編修、國史館協修加三級張閱，薦：格調清新，經策條達。

大總裁：禮部右侍郎、總理各國事務大臣加三級廖批：取，又批：情文縣密，經策高華。

大總裁：經筵講官、太子太保、頭品頂戴、工部尚書、管理火藥局事務、管理溝渠河道大臣、管理八旗官學大臣、會典館副總裁兼管順天府府尹事務、南書房翰林，加三級潘批：取，又批：機局清腴，經策典雅。

大總裁：經筵講官、工部尚書、正藍旗漢軍都統、管理戶部三庫光祿寺事務、管理左翼幼官學大臣、稽察右翼宗學大臣、稽察京通十七倉大臣、稽察會同四譯館大臣、對引大臣、管宴大臣、專操大臣、加三級、宗室崑批：取，又批：精神飽滿，經策明通。

大總裁：太子少保、武英殿總裁、玉牒館副總裁、禮部尚書，加三級李批：中，又批：心手調和，經策賅洽。

本房原薦批：

第一場：不沾沾平疏，四項詞以意緯機，構生新次，朗潤清華；三詮題不劃作兩截，霏霏玉屑，清雋絕倫；詩穩洽。

第二場：摛詞雅潔，搆局停勻，五藝一律。

第三場：援證條暢，語有發揮。

聚奎堂原中批： 舉重若輕，功夫縣密，次三稱詩妥。

子曰："行夏之時，乘殷之輅，服周之冕，樂則韶舞。"

宗王祖帝，治法備矣！夫夏時、殷輅、周冕，擇之所以取法也，韶舞則不待擇焉！合王與帝而效之，治法不大備乎？且後人之制作亦惟取古人之所創而善爲因而已。

古人有各立其隆者，成憲未湮，因焉必精於抉擇；古人有獨臻其極者，元音可復，因焉不待於權衡。三代非遙，中天非古，不必諱言夫襲取，不煩妄議夫更張，蓋其事則因，而其意則創爾！

顏淵問爲邦，夫淵固王佐才也，惜乎生夏、殷、周之後，不惟虞陛賡歌未嘗親見，即三王典禮亦未躬逢耳！夫子因其問而進之曰：夫爲邦亦法古而已！

累朝神聖迭興，制度文爲在在留可循之良法。特善端分見，惟待後起者損益於其間耳，況猶有不勞損益者也；群聖流風雖遠，顯庸創制一一爲後世之成規，特治貴求精，尤賴綜覈者商榷於其際耳，況猶有不煩商榷者也。

有如時也者，非所以承天休乎？輅也者，非所以順地利乎？冕也者，非所以表人文乎？

必得夏、殷、周之各酌其中者以爲則效，庶幾《薰風》一曲，始足宣天地人之和氣而上追復旦星雲，是在行之者必期其法天道也，乘之者必期其順地貞也，服之者必期其重人望也。

果合夏、殷、周之各立其準者以妙遵循,將非干羽兩階,何以寫天地人之化機而再見重華日月?蓋所取以爲法者,夏之時也,殷之輅也,周之冕也,而惟韶舞之爲樂,則有不待再計決者。

吾於是爲當躬惜焉,夙昔周遊列國,何事不切承先,乃遇合無期,絕少一端之表見,贊修刪定,此志僅託空言矣!夫秉筆任編年之責,徒抱隱憂;升車著正立之容,何關往制?即純儉從衆,用麻之古禮亦非,又何論皭纆翕純空向大師告語乎,吾而望古遙集也?數十國斧柯莫假,尚得曰"用之則行"哉?

吾於是爲及門望焉,平居言志農山,何日不深抱負,而遭逢無定,或來萬乘之徵求,郊廟朝廷,此際足徵妙用矣!夫餼羊留告朔之名,誰知愛惜,飾象卻安車之饋,何與轉移?即章甫會同小相之願爲不果,又安論北鄙殺伐?難期由瑟升堂乎,子而得時則駕也?古聖人典則俱新,尚無忘實事求是哉?

試更詳其所戒。

取人以身，修身以道

人非身無以取，修身者勿離道而已！夫君以身率人者也，身修而人可取，修之可離夫道哉？且聖天子道集厥躬，初非以爲用人取士之資而始勤修省也，乃聲色不形於黼座，而群情之來附，必以一心一德爲歸。即風雲既集於巖廊，而主極之所昭，尤以大本大原爲務，夫乃歎以道合者不與道離。人第見得人之彌盛也而不知束身之有具爾？爲政在人，夫人也者，將出其身以引君於當道者也。於是而商所取，而果何以取之哉？

取不貴虛拘之禮貌，而貴交洽之性情。性情者人類之大同，從其同而取之，聲氣之應求乃大耳！古帝王整躬率物而一人欽汝止，斯四海樂景從則感孚有本也。

取不在外飾之寵榮，而在中誠之翊戴。翊戴者人心之悦服，因所服而取之，利禄之羈縻猶後耳！我國家立賢無方而九陛切憂勤，斯百寮徵向慕則招致有由也。

夫亦曰：以身而已，且夫身貴乎修，而修又不可昧所以矣！

大抵藐躬疏密之機，審之於密勿則微，察之於從違則顯，豈無束帛？人則曰虛文，豈無千旌？人則曰故事。而惟此心腹、股肱之爲喻，乃實能聯一體而彌親，於以知本身作則之言爲可信。

大抵吾學聖狂之判，外輔諸臣鄰者僞，內課諸心性者誠。均是官骸,身何以可貴?均是視聽,身何以能尊?而惟此紀綱倫物之所關,乃足以冠百王而立極,於以知與道大適之準不可踰。

蓋以身取人,其取也爲最神;以道修身,其修也爲最要已。

嘗觀穆考之作也,道徵於有象,修之者在廟、在宮;道著於無形,修之者亦臨、亦保。方其緝熙敬止,要不過身範之克端,而大老之歸,有人譽髦之選,有人濟濟國楨,遂群起而輔八百載靈長之祚,主臣一德,古風猶繫人思耳!公而祖武是繩也,尚其體道而追蹤"雝肅"也哉!

抑觀昭考之興也,道在於性天,修之以敬勝、義勝;道在於遠邇,修之以不泄、不忘。即其執競丕承,亦惟是身心之自懍,而式商容,則有人訪箕子,則有人番番碩彥,遂接踵而贊三十世大定之基。上下交歡,盛事猶存天壤耳!公而前光允迪也,尚其望道而媲美咸和也哉!

而修道則又有所以者在。

曰："子不通功易事，以羨補不足，則農有餘粟、女有餘布。子如通之，則梓匠輪輿皆得食於子。"

設言不通而計其通，雖工亦得食矣！夫通功易事，所以爲補之法也，行之而梓匠輪輿且皆得食矣，又何農、女之有餘哉？且宇宙一相生相養之區也，人人不能無所養，亦人人不能自得其所養。知人之不能自得其所養而或使之各養其所養，則養之利私、養之事隘，而養之道且窮。反是而挾片長薄技以待養於人者，不猶可信其有得養之道耶？曰：子以無事而食病士，夫士豈亦如農、工、藝、術之自食其力哉？即農、工、藝、術之自食其力者亦非通，無由而得食，何子獨不通功易事乎？

是必一人也而業兼課夫農桑，且於耕織餘閒並精夫爲器、爲宮、爲轂、爲軫之事，庶幾衣食出入不致此有而彼無也。然而天下無是人也。

亦或一物也而用並資夫溫飽，且於尋常日用必兼爲可居、可處、可乘、可載之需，而後酬酢往來不致時盈而時絀也。然而天下無是物也。

不見夫農也祝籓車，而不諳杼柚；女也具曲植，而不解耕耘乎？然而農不號寒，女不唳饑者，則以斗粟能謀衣褐之資，尺布可博饔飧之具也。

不見夫梓匠之營室，而輲轂不知；輪輿之造車，而柰枏不辨乎？然而梓匠逞能，輪輿獻技者，則以乘屋必資斤斧之施，伐輻不廢方圓之眡也。

如其不通則粟壅於農，女已不得有粟矣！梓匠輪輿又烏從而得粟哉？是非但不足之可憂也，即有餘亦終爲棄物，如其通之則粟出於農，女亦因之有粟矣！梓匠輪輿又何往而無粟哉？是非但農、女之果腹也，即百工亦可以無饑。耕桑作息之謀，猶爲本務，至或精樸斲之工，或效轉蓬之法，擾擾者僅供口腹，此亦何足重輕者？

然苟引伸夫通不通之說，則凡曲藝之與爲交際者，子亦安得而拒之？系穀經營之業，本屬常情，即或詡公輸之巧，或誇工倕之能，紛紛者取瞻身家，此更何勞議擬者？

然既曲明夫通不通之故，則彼末技之恣爲饜飫者，子又安得而吝之？而猶以無事而食爲士病乎？

賦得馬飲春泉踏淺沙（得泉字，五言八韻）

淺渚平沙地，江邨放馬天。踏殘春似海，飲趁瀑飛泉。
薄凍流初解，低渦印自圓。清遊誰攬轡，小立試投钱。
暖漲桃三尺，輕塵草一鞭。奔疑同驥渴，蹴想警鷗眠。
別墅過新雨，長堤歛晚煙。何如蓬島近，駏駼喜鑣連。

劉果齋先生年譜

（皋蘭同仁局石印，1949年版）

　　民紀十有七年，果齋先生以年老退休。綜其平生所經營各社事，畀之地方人士及其門人等，分司而繼武焉。諸人既受事，有謂先生一生服務社會，宜乘其暇，請將夙所經歷告諸吾輩同人，吾輩當輯一《年譜》，俾後之人知其苦心孤詣，亦可見其學術、道德之真，與規模之宏遠也。衆議允洽，惟以未推定執筆者，遂遷延數載，而先生殁。迄三十七年春，民勤王君重錫訪余，謂欲作《果齋年譜》，倩余摻集資材。余以夙願所在，亟應其請。自此，凡先生事跡所關、文翰所遺，有可入譜者叢錄之。惟王君數月未再至，而零章斷簡恐或遺忘也，遂倣《王漁洋年譜》例，列爲表式，隨時寫入，姑作編稿。至秋九月，王君來詢，余以譜表相質。王君云："即此亦可成譜。"促余終之。竊念廿年前舊事，亦有不可不成此譜者，遂別繕清本，而以原草本奉王君，備其有更編之處。昔《朱文公年譜》有"白田本"與"建本"二種行世。且年譜直書其事者多，而用表式者少。兹譜以表式爲之，聊備一格耳！譜既成，興文各社將合資印佈，使世之景仰先生者得先睹爲快，而悉其生平梗概爲（爲，疑爲"焉"之誤，點校者注）！爰爲書其始末如此。

民紀三十有八年季春，門人王烜序

清同治三年甲子,一歲。①

生母徐氏誥贈宜人,生先生於蘭州省城河北鹽場堡。時(乙丑)正月初七日亥時也。

先生之學,紹吾蘭段容思之緒。容思先生生於明永樂十七年己亥,卒於成化二十年甲辰,六十六歲。先生生於清同治甲子,相距三百八十年。其間蕭光漢、陳育仁、盧政諸儒,先生皆嘗求其遺著,或刊行之。

四年乙丑,二歲。

五年丙寅,三歲。

六年丁卯,四歲。

七年戊辰,五歲。

八年己巳,六歲。

生母徐太夫人歿,由祖母柴氏鞠養。

九年庚午,七歲。

出就外傅,從張鑄堂清受業。

十年辛未,八歲。

受業任梅村魁。

十一年壬申,九歲。

十二年癸酉,十歲。

---

① 劉爾炘生於乙丑年(1865)正月初七。年譜作者據舊風俗,以乙丑正月初七日尚在立春以前,故紀年從甲子始,生年即兩歲。

十三年甲戌,十一歲。

受業張德卿培基,副貢生,莊浪訓導。始令先生學時文。

光緒元年乙亥,十二歲。

二年丙子,十三歲。

三年丁丑,十四歲。

受業徐鐵海炳熙。炳熙,光緒丙子舉人,性孝友,博學多能,工書善畫,尤嗜琴,喜談詩(見《果齋前集·徐鐵海先生家傳》)。

四年戊寅,十五歲。

受業蘇尚義,光緒壬午恩貢生,篤志問學,以孝聞。

五年己卯,十六歲。

甘肅學政鄭衍熙歲考,入泮,爲庠生。

六年庚辰,十七歲。

娶妻王氏,武庠生茂源(依劉爾炘《欽命四書詩題》,源,疑爲"榲"之誤。點校者注)之女,光緒辛卯科舉人、平番縣訓導樹濤之妹。

受業趙樸庵鈺,邑庠生,補用縣丞。

七年辛巳,十八歲。

甘肅學政陸廷黻歲考,補廩膳生。

八年壬午,十九歲。

九年癸未,二十歲。

弱冠立志爲學,以"不求人知"爲盟心要語,以"無所爲而爲"爲讀書任事之宗旨。

十年甲申,二十一歲。

《果齋遺言》:我二十歲以後,正西學漸盛之時,士大夫往往以講求新學爲趨時之要務,或附會經傳以明所學之非外道。然我總覺其所言者未必是，而又不能直指其非，姑妄聽之而已，未敢盲從也。薰染既久，漸有明機。人爭言西學之長，我乃兼悟西學之短，至今日而確然探明科學是根據於氣，以爲人類造劫。窺見本源，如土委地，而於吾孔子之學愈識其眞，以分清理氣爲衡量古今中外學術、治術之權度。

十一年乙酉，二十二歲。

鄉試中式第六名舉人。

十二年丙戌，二十三歲。

赴京覆試，一等第七十一名。

十三年丁亥，二十四歲。

會試未第，歸里，設帳於西城巷授徒。

先生《北遊詩草》有云："乘時勉報嚴君德，畢世難酬大母慈。"乃念柴太宜人也。

十四年戊子，二十五歲。

設帳於小山子石斗母宮，授徒。臘月八日由蘭起程，赴京會試。

十一月，王母柴太宜人病歿，病中猶詢先生赴都之期。

十五年己丑，二十六歲。

二月四日到京，住醋章胡同北館。鄉試覆試一等七十一名，會試中式第二百九十名，覆試二等第六十三名，殿試二甲第五十三名，賜進士出身，朝考二等第八名，欽點翰林院庶吉士。趙樸菴致書有云："金馬玉堂，乃吾人分内事，特俗眼易驚耳！殊不知聖域賢關，力行可到！天德王道，至性本全。賢契賦質清奇，名世道統，豈異人任耶？但願志向無移，聖賢共勵，是尤私衷所切禱者。"

出繼母王太宜人病歿，時先生在都。

十六年庚寅，二十七歲。

又致書云："令尊疾瘧，未至卧病。前見福報，有告假歸省之意，尊翁面囑，萬不可告假以誤前程。翰院專以資格爲重，若病勢漸臻，必將暗告，賢契斷不敢以意外之功名，使人薄彝倫之恩愛。我輩所學何事，豈有輕重倒置之理？況捧檄承歡，古人所尚，賢契亦不得菲薄勳名，致拂高堂之盛意。"

八月六日出都旋里，十月十二日抵家。

時爲文公叔平（名治）教讀，聞王太宜人訃，即歸。文公唁函稱其"至性"。

十七年辛卯，二十八歲。

家居守制。

十八年壬辰，二十九歲。

蘭州府知府丁振鐸聘主五泉書院講席。

十九年癸巳，三十歲。

四月，丁本生父嶧山公艱。

著《果齋一隙記》，爲讀《四子書》之劄記。白遇道稱其"以程朱爲宗，旁貫百家，折衷一是"。

二十年甲午，三十一歲。

起復進京，授職編修。

《果齋日記》："予三十歲後，始識爲學門徑。"

《果齋遺言》："我之學，從李安谿以入朱子之門，從朱子以窺聖人之堂奧。年三十時，從疾病憂患中讀《大學》，忽悟書中所説，皆是我身心之事，將書自書、人自人的舊習打破，書與我合而爲一，此是我讀書以來大有悟入之第一次。自此以後，心源日闢，返之於身心，徵之於人事，驗之於天地萬物，而不以讀文章者讀聖經矣！故晚年能窺見聖道之真，發前人未發之旨者。往往因天時、人事之新奇萬變，或實驗而悟，或反映而出，不盡在於讀書也。"

二十一年乙未，三十二歲。

在京供職。

二十二年丙申，三十三歲。

在京供職。

二十三年丁酉，三十四歲。

是年春三月，在京始作《果齋日記》以自課，並識之云："古之爲學者往往以隨手劄記爲日課，蓋藉以致思，亦藉以省察也。竊念少不自勵，歲月虛抛，荏苒光陰已蹉跎者三十餘年矣！悠悠終古，何以爲人？積愧生奮，勉紹前修，聊以收已放之心，即以補半生之過。"

是夏，出都，行至西安，中軍參將吳雲伍聘請教其子本鈞，旋與本鈞歸蘭。

二十四年戊戌，三十五歲。

是年，復蒙蘭州府知府周景曾聘，主五泉書院講席。

有《力求實學示書院諸生條約六》：一宜立志，二宜存心，三宜有抉擇，四宜有次序，五宜切己體察，六宜隨事力行。並附錄張清恪《讀書日程二則》：曰經書發明，曰讀史論斷（見《果齋別集》）。

二十五年己亥，三十六歲

主講五泉書院。

二十六年庚子，三十七歲。

主講五泉書院。

二十七年辛丑，三十八歲。

主講五泉書院，並設帳斗母宮授徒，從遊者徐謙、王鑫潤等。

《果齋日記》:"年來課劄記之功,雖未必即能有得,視無所用心者亦微有間矣! 庚子夏,感懷時事,世變爲憂,意緒棼如,竟荒筆録,静夜猛省,自笑匹夫之愁悶何補於世? 而已有害於心,兩無謂也。爰理舊業,勉續前功。古人云:'一息尚存,此志不容少懈。'三復斯言,能不滋愧?"

二十八年壬寅,三十九歲。

主講五泉書院。與王鏡潭論學,並商出處,抄寄《勸學邇言》,請加筆削。

作《勸學邇言》,爲"道原""立基""窮理""勵行""達用"五篇。本朱子學旨,以詔生徒(其《序》見《果齋前集》)。

二十九年癸卯,四十歲。

甘督崧蕃聘爲甘肅高等學堂總教習,於秋九月開講《尚書》,次年春,畢講。以《勸學邇言》質諸陸君雲錦,復書云:"今有究心理學、經訓之人,洵足爲前輩生色,爲後進指迷,並爲朋輩交好者一洗從前揣摩詩文之陋習。"

《〈尚書〉嗖經日記·序》:"自客歲九月開講《尚書》,七閲月至今春而畢。講授之際,偶觸所懷,隨筆記之,與多士觀摩焉! 噫!《尚書》爲二帝三王心法、治法之所寄,昔者横渠張子亦歎爲難讀,謂'難得胸臆如此之大',故不獨二《典》、《天文》《禹貢》《地理》業屬專家,資考證者未可以淺嘗得也。窺管之見,一隙之明,淺者見淺,自知無當於經義,願多士觀摩而討論,討論而問難,因余之淺,漸及於深,則余亦可獲知新之助,收相長之功,不較有裨益也哉?"

三十年甲辰,四十一歲。

高等學堂總教,講授《易經》。《致王建侯書》言:"半生之事,有不克遂者,不能不望之同儕:一創建隴右精舍;一設常平義倉;一表彰先哲。"王建侯來函有云："近日讀《近思錄》，覺於'人禽幾希''天命之謂性'數句，稍稍有見解。"

《〈周易〉嗳經日記・序》："司馬遷之言曰：'《易》本隱以之顯。'孔子謂：假年學《易》，可無大過。是《易》之爲書，寄至微之理於至顯之象，使之體察觀玩以自寡其過者也。前古聖賢固示人以讀《易》之方矣！今春開講以來，多士每奇視此經，往往索之於隱，而不知爲切己之求。爰本先儒之旨，衍繹解説，義必取其淺，思必主乎近，庶幾導以先路，不致徒騖高遠，而無當於實用乎？"

（《經學日記摘抄・序》，附《治經條例》，均見《果齋前集》）。

三十一年乙巳，四十二歲。

高等學堂總教，講授《詩經》。

《果齋遺言》："我自離了我父親，困苦艱難熬了十幾年。到四十歲以後，才不爲家計所迫。"

《〈詩〉嗳經日記・序》："甚矣！學《詩》門徑之繁也。漢儒傳授，既非一家，齊魯韓毛，各守師説。即鄭《箋》問世，毛《傳》孤行，而後人申毛難鄭，申鄭難王，趨向不同，旨歸亦異。趙宋閔儒崛起，廬陵、潁濱、伊川、横渠之儔，以意逆志，不襲師承。朱《傳》之作，抱此微尚，義理自優，然先民古訓亦未盡弃髦置之。國朝諸儒或聲音一派，或訓詁一門，或四家分治，或三家合參，微言精詣，憂乎不可幾已。士生今日，欲博綜精研，獨標心得，雖畢此生，亦未必即有止境。學堂功課，門目滋多，並騖兼營，促促焉日無暇咎，又烏能策學子以前之説乎？講貫指陳，聊即孔子所謂'興觀群怨''事父事君'者期勵諸實用而已。其源流所在，塗軌攸關，偶觸於懷，隨筆纂録，諸説兼收，漫無體例。如酒肴羅列，珍錯雜陳，嗜酸嗜鹹，任人自擇。倘有下一箸而津津不已，遂欲專味此品，饜飫終身者乎，則是編所采,亦導饞吻之一臠也。"

著《小兒語摘鈔説意》,《序》云:"《小兒語》一書只數頁耳!苟幼而習之,即將來成人,或爲農,或爲工,或爲商,而胸中亦有一作人之規模在焉!嘗見有田夫牧豎,聞人道格言一二語,即終身誦之不忘且能實踐者。所守約而用心專正,不在撐腸萬卷也。所患者讀而不講,而又往往以文話出之,童蒙烏能識哉?夫聖賢道理,雖曰精深,然苟能以道家常者道之,則即三尺童子亦未有不瞭然者。蓋自然之知識、固有之秉彝,無貴無賤,無大無小,此心同,故此理同焉。兹因取呂氏書,而擇其尤顯明、尤切近、爲人人所能勉者得三十條,以俗言説其大意。書爲小楷,復附書寸楷於後。凡小學堂習字功課,即以此反覆影寫,並讀其韻語,解其説意,令兒童日日有此書之語,往來於眼中、手中、口中、耳中,因而即醖釀於心中。爲之師者於講説之際,兼指示其韻語者略雜文話,説意者純是俗言,使以俗言繙爲文話,以文話繙爲俗言。如此日漸月化,不獨習字,而作文之法亦可漸通。不獨作文,而先儒所以教人之旨,亦不知不覺習與性成矣!則功令所謂修身科、文字科者安知不於此而立其基哉?一舉而三善備焉,慎勿視爲淺近而忽之!"

三十二年丙午,四十三歲。

高等學堂總教,講授《春秋》。

是年,升孔子爲大祀。甘督昇允、護督毛慶蕃先後畀先生以改修文廟之任。整理皋蘭興文社,並建兩等學堂於道陞巷。

《果齋日記》:"今年爲邑文社建兩等學堂,土木之工,擾擾者半載,不得潛心讀書,深以爲憾。""余自三十志學後,晝夜六時中親書卷者爲多。近來人事日繁,不能專精讀書,良用愧憾。嘗默擬定程,以期不入於荒怠。兹書之以自警云:早飯前、晚飯後,讀書工夫三時要夠;早飯後、晚飯前,應作之事,私後公先。守此定程,天不變,萬事紛來,吾志莫亂。只此不能守,人乎?抑豬狗?"

毛慶蕃書稱:"執事於安谿之學,服膺者二十年。"並請創設存古學堂。會毛去,不果。

三十三年丁未,四十四歲。

高等學堂總教,續講《春秋》。

《〈春秋〉噯經日記・序》:"治《春秋》當治三《傳》。三《傳》互有得失,而《左氏》詳於事實,事實明而聖人之經旨自顯。故三《傳》中,又當先通《左氏》。余既排比全經,節錄《左氏》之言事實者爲《大旨提綱表》。間有所見,復隨筆記之,另爲一册。聊爲學堂諸生導以先路,示之徑途耳!世之君子尚糾正之。"

《〈春秋〉大旨提綱表・序》記曰:"屬詞比事,《春秋》教也。讀《春秋》而第沾沾焉求褒貶於一字一句間,能得聖人之微旨乎?自丙午秋爲諸生講授此經,每統觀全局,專注意於中外得失之故,而於《經》《傳》源流、義例,輒語焉不詳,亦時勢之變觸於外而感於中,有不知不覺而然者。嘗參考顧氏《大事表》,見其分類排比,極盡精詳,而有分無總,是何異張其目而不振其綱耶?竊倣其體,取全經表爲六項,縱橫觀之,各有意義。當華夏陵夷之際,其亦可以借鑒矣夫?"

三十四年戊申,四十五歲。

是年秋,始修蘭州府文廟及皋蘭縣文廟。

歲旱,先生與張筱塢太史創設隴右公社義賑處。

有《蘭州府文廟記》《皋蘭縣文廟記》(均見《果齋前集》)《蘭州府文廟禮器碑》(見《果齋前集》)《籌備祀孔典禮表》(另有刊本)。

宣統元年己酉,四十六歲。

由滬購置樂器,訂定祀孔典禮。

是冬,輯《隴右軼餘集》,由樂善書局刊行(見《果齋前集》)。

二年庚戌,四十七歲。

冬十月,蘭州府皋蘭縣文廟工程落成。

建蘭州修學社及皋蘭修學社。

有《蘭州修學社記》《皋蘭修學社記》,均見《果齋前集》。

倡建隴右公社,因募捐無多,停辦其捐啟。

三年辛亥,四十八歲。

任學務公所議紳。

建隴右樂善書局,並以"耐煩"二字與書局同人相勵。有題句云:"遇事一煩,心頭火灼。言既招尤,事亦差錯。'耐'之一字,萬金良藥。任彼紛來,吾神自若。和氣怡顏,人喜我樂。些些功夫,百事可作。"

武昌起義,陝西回響。甘督長庚委先生負城防責,募志果軍三百人保衛地方,首以延攬人才為務。洎共和成立,遂解散。

有《隴右樂善書局記》(見《果齋前集》)。

教育總會開會及學務公所第一次會議,均有演詞(見《果齋別集》)。

有《皋蘭興文社公立兩等小學堂校長高君遺念碑》(見《果齋前集》)。

民紀元年壬子,四十九歲。

三月,甘肅組織臨時省議會,推先生為副議長,五月辭去。北京同鄉有"共和實進會"之設,函請先生為名譽會長,先生覆書卻之。

是年,甘肅漢、回各軍隊由陝西邠、長、醴泉一帶撤回者麇集蘭州。先生慮有釁隙為地方患,乃電陳袁總統,歷舉各軍人數以為比較,冀中央察其情形,有所處置。卒得調遣,省垣賴以無虞。

立蘭州尊孔社。時因國體驟更,學官裁撤,祭祀罷廢,孔廟無人過問。先生與地方人士倡立尊孔社於蘭垣,以任修理廟宇、保守祭器之責。當即備置桌凳、燈彩應用之物,整頓禮器、樂器,按時祭祀,即《民國約法》信教自由之條,以示尊崇聖道之意。《陳請立案書》見《果齋續集》。

《四十九初度詩》:"白駒滾滾隙中過,老我光陰疾似梭。回首當年春是夢,驚心來日睡爲魔。神遊世界空三古,淚洗乾坤瀉九河。四十八年無個事,靈臺高處月華多。"

二年癸丑,五十歲。

甘督趙維熙以先生前辦城防,獎以勳章,先生覆書卻之(見《果齋前集》)。

始以鬻書爲生。

自是謝絶官事,始受所管各社車馬費。

先生以隴上地處偏隅,山河阻塞,貨多棄地,人不聊生,惟注重實業,或可救亡圖存。於是致書張季直以統籌甘肅實業辦法及章程,請其指示方針。並遣人至大生紗廠研究,又有因實業致姚石荃書(俱見《果齋續集》)。

妾徐氏來歸。

結翰墨緣。齋待價表(即筆單),題辭三首:"萬變煙雲静裏看,江湖闊處地天寬。手中斑管瀟湘竹,聊當嚴陵一釣竿。""奚童磨墨涸前谿,休怨先生價太低。但願淋漓揮灑去,千門萬户有雲霓。""過客休嫌價太昂,將來聲價要騰翔。不如及早來收拾,到手雲煙四壁香。"

《五十初度詩》(二首):"彈指光陰似轉輪,茫然忽作再來人。露珠空滴花間淚,塵網難逃物外身。五夜幽懷名利淡,半身微尚性情真。而今問我同庚者,一歲嬰孩小國民。""神州莽莽儘煙塵,誰向中原救兆民。天意釀成千古恨，人心打破一腔春。西歐新學珠還櫝，東魯微言火斷薪。謀國經綸何處是？蒼生先要不憂貧。"

三年甲寅，五十一歲。

冬月，與王説巖、王建侯、高獻廷、白寶千、王紫垣、顏鷺廷、王著明、鄧德興諸人爲消寒會，分韻賦詩。

夏五月，《果齋前集》出版。《序目》云："余以詩文自愧，無深造之功也。生平所爲，偶遇之，偶得之，亦未嘗容心於其間。四十歲以前之作大抵散之，兹之所存者四十歲以後者耳。而又分辛亥以前者爲《前集》，蓋將以壬子以後者爲《後集》矣。昔人有言，從前種種譬如昨日死，從後種種譬如今日生。昨日之我既死矣，聊以此從前種種質之當世，共證心期。今日之我又生矣，則欲觀從後種種者當俟諸再死之年。"

四年乙卯，五十二歲。

作閒歡雅集，與王紫垣、鄧德興、練吉唐、高獻廷、白寶千、王著明、王建侯、顏鷺廷、陸階平諸人爲詩酒之會。其續入雅集者有史嘉言、張筱塢、秦幼谿、楊濟舟、盧子昭、段筱垣、邸應南，凡集中人，以別號行之（見《閒歡雅集叢録》，今存於甘肅省圖書館的稿本名爲《閒歡雅集詩鈔》，點校者注）。

時中央政府令各省徵文，蘭山道尹孔憲廷請先生董其事，設徵書局於隴右公社，編輯《甘肅歷代文獻録》《大清文獻録》。三月而竣事，並以所徵獲書籍創辦甘肅省圖書館，函隴西閻太史士璘來省，任圖書館長。

以前皋蘭水災羡金數年孳息欵立隴右實業待行社。

五年丙辰，五十三歲。

夏五月，撰《皋蘭劉氏先德碑》。

六月,重聯闈歡雅集,續入者談錫臣、曹月如、閻簡齋,新舊得十八人。

六年丁巳,五十四歲。

七年戊午,五十五歲。

《果齋日記》:"歲雲暮矣,於道無所見,於業無所成。回首半生,直是悠悠忽忽,作得個俗人耳! 及今晚,蓋須要有惟日不足之志方可。"

爲甘肅省議會議長王世相代作《省議會建築記》:"中華民國七年九月,吾甘第二屆省議會選舉畢役,七十七縣中當選之五十六人者皆萃於會所,依法選正、副議長。方從事於開議,而議廳不符規式也,門堂階除之敗陋、屋宇之傾頹,不惟不足以壯觀瞻,而且不適於用也。五十六人者乃相聚而謀曰:'是第一屆同人所有志未逮者,今不可緩矣!'乃決議重修。經始於八年四月,更兩寒暑乃蕆厥事。用歟九千九百八十兩,而造成今日之會所。時則適當議會改選之時,用將修建名稱並會中公產列之貞石,以告七十七縣中後來之爲五十六人者。十年七月議長王世相謹撰。"

八年己未,五十六歲。

建太昊宫於五泉西龍口,祀伏羲、黄帝、女媧,並三子祠,祀孔門三子,以隴上歷代先儒附祀。

是冬,《果齋日記》六卷出版上下二册。全隴希社立國文講席所。

九年庚申,五十七歲。

十一月,隴上大地震,甘督陸洪濤請先生辦義賑,設籌賑處。先生爲總紳,自此擔任賑務。時北京同鄉趙守愚、段永新等成立"甘肅震災救濟會",來電乞先生提倡,將義倉存歟酌量救濟。護甘肅省長陳閎亦函稱："甘省震災奇重，爲近世所僅見。當發生之始，即經張前省長於公署內附設'籌賑公所'，募集賑歉，分派委員，散放急賑，現在尚未竣事。轉瞬春耕，青黃不接，正閭閻困乏之時。矧值奇災之後，處置稍有失宜，轉徙流亡，在在堪虞。本護省長受事伊始，每念及此，憂心如焚。輾轉籌思，非有名德碩望、熟諳民間疾苦之正紳君子主持其事，深恐無以善後。夙仰貴紳愷悌爲懷，見義勇爲，爲全隴士民所推重，正擬從容商榷，迓接甘肅旅京震災各會函電交推，共望貴紳綜持一切。想貴紳誼關桑梓，念切痌瘝，與夫鄉人推舉之殷、災黎呼吁之切，必能出而擔任，勉爲其難，本護省長實深切盼。"先生自是膺辦賑之任。

建萬源閣於五泉，祀羲、文、周、孔及周、邵、程、朱。

秋八月，妾徐氏歿，遺一女，名寶瑛。

是冬，甘肅易督事起，風潮日盛。先生電上徐總統書曰："甘肅易督風潮日趨險惡。茲特略述情形，敬懇諸大總統暨海内仁人君子之前一求解決焉。夫所謂日趨險惡者，其關係只在軍隊。請先就甘肅所有軍隊大約言之：其以客軍稱者，有公署親軍，有城防軍，有新建軍，有秦州鎮守使孔繁錦所統各軍，此皆隨張督來甘者也。其以甘軍稱者，漢族所統有隴東鎮守使陸洪濤各軍，回族所統有寧夏護軍使馬福祥各軍，有寧海鎮守使馬麒各軍，有涼州鎮守使馬廷勷各軍，此其大略也。其他與此次風潮無顯然關係者不叙。當易督說起，今日謠傳曰'寧夏軍隊來矣！'明日謠傳曰'寧夏軍隊到矣！'張督於是調秦州鎮守使帶機關槍隊四營進省。當其時，隴東將士忽發電反對易督。於是謠言更甚，謂'寧海亦調隊矣！'謂'導河亦挑兵矣！'謂'隴東將士亦次第西上矣！'滿城風雨，人有戒心。近日以來，雖稍覺平和，而禍機自在，將何以善其後乎？夫易督亦尋常事耳,不圖醖釀日久,一變而爲主客之爭,再變而爲種族之爭,而其實則皆權利之爭耳！相猜互忌,人各一心,稍一不慎,全甘將有破壞之憂。在張督,在馬護軍使,在陸、馬各鎮守使,或宦隴日久,情意相孚;或荷戈里門,歷致通顯,皆君子也,即皆非破壞甘肅之人也。惟事機所迫,隱然相持。在主帥,焉有他腸？在士卒,豈無異志？我伺爾隙,爾抵我瑕,偶一相乘,群焉四起,保衛地方之人,竟釀成破壞地方之事。八九年來,如川如滇如湘粵,言之齒冷,思之寒心,枯瘠如我甘,忍令蹈其覆轍乎！萬一不慎,而竟蹈覆轍,則甘肅固禍亂相尋,永無太平之希望。而所謂客軍者能於此交通不便、四面楚歌之地,飽掠而還乎？漢族回族之身家性命能保不同歸於盡乎？回族各統兵大員之富厚聲名能保不一落千丈乎？過此以往之甘肅能保不爲全國武人所注意、客軍將日增日多乎？而今日之張督,馬護軍使,陸、馬各鎮守使能免於遺誤地方之咎乎？即大總統能免於全甘九百萬人之怨乎？嗚呼！可不慎哉！可不懼哉！炘衰朽餘年,久矣無心人世,而桑梓攸關,義難緘默,不能不揭其真象,貢以忠言,而又不能不懇諸大總統暨海内仁人君子之前,求以公理公意爲最後之解決。再,甘肅現狀,銀根枯竭,省城官銀號自五月間以不能兑現之故停閉,至今餉源無出,譁潰堪虞。即此一端,已糜爛全甘而有餘。乃數月以來,當局竟無奇策,一般偉人志士又鼓舞於爭權奪利之場,如諺所謂火上澆油者,豈知權是已爛之權,利是將竭之利,知者方逃避之不遑,而倘紛紛焉。此爭彼奪,致陷全甘於不可救藥之地。嗚呼！可痛也哉！大總統能擇大公無我、威望素著之人以解其結,以善其後乎？能實行裁兵以救甘民於水火乎？否則,前路茫茫,不忍言矣！"

《果齋續集》出版,《序目》云:"是編皆壬子迄庚申之言也。昔者昌黎韓氏以人之不得已而後言，喻物之不得其平則鳴。八九年來，余豈猶有不得已者乎？抑可已而不已乎？何鳴之出於不平者之多也？過此以往將不復鳴？故萃此不平之鳴以鳴於世，世有聞吾鳴而起者乎？倘浮一大白曰'其鳴也哀'，則余言爲善言矣！"

《社章匯編》出版，存樂善書局。《序》云："嗚呼！余不才，不獲爲國家效一日之長。此則半生來，窮居牖下，所藉以寄情懷而消歲月者。曾文正譏歸熙甫文謂'浮芥舟以縱，送於蹄涔之水，不復憶天下有曰海濤者。'余之所謂事業，不猶是熙甫之文歟！又烏足控揣也哉。惟是桑柳雖微，蛀蟲不免；蝸角雖小，蠻觸有爭。周官以剪氏除蠹物，莊周以遊心於無窮者息其爭。茲編所述，亦剪氏之莽草而戴晉人之魏中有梁、梁中有王乎？吁！蓋有不得已者。"

重刊《小學絃歌節抄》。

十年辛酉，五十八歲。

春正月，立"震災籌賑處"，以總紳名義專司其事。

時蘭山道尹陳閽、護省長篆會同先生致京電云："北京大總統、國務院內務部鈞鑒；旅京甘肅震災救濟會並轉答同鄉各救災會鑒；陝西督軍省長、新疆省長鑒：甘肅省地震成災後，急賑雖已辦畢，而人民蕩析離居，未能安定，其情可憐，其勢可慮，現正接辦春賑。閽受事後，體察情形，覺賑務重要，非有廉明公正、鄉望素孚之人一力主持，不能得人心而收實效。適京外甘人連電，公舉皋蘭紳士劉爾炘專辦賑務。閽久知其人，有爲有守，因函請勉爲其難。爾炘，桑梓攸關，義難遜謝，已於蘭州設立'甘肅震災籌賑處'，以紳士名義綜理其事。所有張前省長設立之'籌賑公所'當即取消，以一事權。爾炘仍隨時商同省長暨各官廳，和衷共濟，以期欵不虛糜，民受實惠，庶漸消地方之隱患。閽等竊查此次震災，三十餘縣急賑，略爲點綴,用欵已將近二十萬元。接續應辦之賑甚多,需欵甚鉅。我大總統已有惠施,還望從優從速。其各處捐欵已收者望速匯,未收者乞速收,未勸者請力勸。不勝為縱橫數百里災區之民昂首長鳴、迫切待命之至。"

時甘督張廣建去後,隴東鎮守使陸洪濤、護督篆、省外各鎮守使尚未相洽,先生致書請同涖蘭,共商要政。其書曰:"我甘政潮漸息,長吏更新,省會觀聽為之一變。然靜參默察,隱患方長,即就財政一端言之,早已入不敷出,加以此次震災,區域至三十餘縣之多。精華滅絕,元氣凋傷,田賦徵收勢必鋭減。而災民蕩析離居,又非鉅金不能使之安定。官銀號不能兌現,停閉已踰半年。商民交困,市廛相繼罷業。凡此安危所係,即全甘生死關頭,計惟有客主漢回和衷共濟,以維持現狀,以徐謀出險之方,或者能補救於萬一乎!竊念自民國以來,我甘無自主之能力,而好張排外之空拳。豈知落落甘人團結之力有限,莽莽外界更迭之勢無窮。八九年來,每有一番舉動,即伏一段禍機。'競爭'兩字,誤盡蒼生,極宜謙退為懷,以和氣為致祥之本,況吾國從古以道德為重,居高位、握兵權者謙則未有不吉,滿則未有不凶。謀公衆之利益則富貴綿長,逞一己之偏私則身名敗裂,此一定之理不可移易者也。我甘漢回相習,久如一家。漢族多文士,而貴族多將才。現值武裝時代,為人民造福,全賴軍人,軍人之名譽日隆,地方之禍患自息。素稔貴族諸將帥皆深明大義,功在鄉邦。近日此間謠傳,謂貴族諸將帥因前次隴東有發電反對易督之舉,故於陸鎮守使之奉命護督亦心滋不悦。夫前電之措辭不當,如市井小兒之口角,稍有知識者皆能辨之,則非出於發電之人之本心,可斷然矣!若因此區區細故,遂致貽誤大局,楚固失矣,而齊亦未為得也。鄙人等亦深知貴族諸將帥決不能有此意見，或者麾下士卒不能化種族之見，不能無人我之分，意念不平發爲激論，是又不可不察也。當此是非紛起、嫌猜疑忌之時，若不表示真情，令人人知主將之本意以息謠諑之朋興，恐醞釀日久，招惹外患，客軍侵入甘境，則我甘不從此多事乎？鄙人等或殘年衰朽，或人微言輕，只以桑梓攸關，九百萬人生命財產所係，不得不妄發狂言。倘蒙加察，擬於舊歷二月初春和日暖時，邀請大駕輕騎減從，同涖蘭垣，與護督軍、護省長公籌諸要政，以盡區區希望和平之意。現擬詳電中央，痛陳甘肅不能供養重兵情形。如表同意，還希望即示電音，以便遵循，並以釋各界疑慮，不勝翹盼。"

贖吳柳堂先生南府街故宅，歸興文社管理。俟吳氏後嗣有回蘭者聽其備價贖取。並於宅內藏器中得吳氏家譜爲續修之，交五泉書院收藏。

立段容思、鄭蘭谷、吳柳堂三先生故里碑於迎恩門外。

會寧縣五里橋工程及靜寧、通渭兩縣河工，於五月間蘭州華洋救濟會成立，即交由該會接辦。

印布《甘肅震災籌賑處第一期徵信錄》。

創修《甘肅人物志》。先生自己未、庚申修建五泉太昊宮時，即欲論定隴上人物，舉其尤者以崇祀之。至是，乃屬及門諸子與地方士紳共纂修之。

請省署撥官園廢置中倉，繕修以作地方存粮之處。

全隴希社國文講習所畢業。有《同學錄序》云："吾社國文講習所之立，爲培養人才計耳！夫所謂人才者，其學業甚高，其程期甚遠。今忽忽三年相與，循定章畢業而去，從此離群索居，何以收相觀而善、與年俱進之效乎？然吾觀自古魁儒志士，其德行道藝卓然著稱於時者皆能自修者也。吾國當科舉時代，人才即出於科舉，而真學術則在舉業而外。即泰西諸邦，智識技能自成一家者流，其所得亦往往不在學校中。蓋自物質文明之月異而日新也，歐美之人皆茫茫然同化於機械而不自知，每作一事，必有定程，千人萬人不得異趣，進則俱進，退則俱退。流風所被，雖以吾中國爲學讀書之事，亦合才智聰明萬有不齊之倫於一堂，而責同等之知解，機趣以拘牽而多滯，智慧以束縛而不靈。磨牛旋轉，坐困英豪，其弊與納天下學子於八股試帖程式文字内而不能優遊以讀有用書者何以異乎？一旦超然於外，自適其天，以方寸固有之靈源與天地萬物之翕間變化、人事之詭幻離奇相感相觸相印證，起居動作何處非講堂乎？老幼男女，何人非教員乎？草木鳥獸之生生化化，何物非參考書乎？畎畝之中，閭閻之地，富貴利達之場，榮悴升沈之無定，何在非試驗場乎？是校内畢業之時，實校外始業之日。異日者吾鄉人士當畫長多暇，把酒談天時，倘欣欣然相告語曰：國文講席所諸生某也，以教育名家矣！某也，以實業救時矣！某也，以文學政治知名當世矣！類皆抱高尚之道德，著濟人利物之事功。誠若此，豈獨爲今日在所職教諸君子及吾希社同人之光榮而已乎？僕雖老憊，願扶杖以待此好音之入耳也！諸生勉旃！"

是冬，有《蘭州五泉太昊宮記》（見《果齋別集》）。

十一年壬戌，五十九歲。

繼辦賑務。冬三月，會同警察廳辦省垣粥廠，有河北、東稍門、雷壇三處。

是年三月，通渭、海原以賑欵修城，八月工皆竣。

印布《甘肅震災籌賑處第二期徵信錄》。

有《辛、壬賑災記》，詳記募收省内外所捐賑欵及放海原等二十八縣急賑並辦省垣附近及會寧、靜寧、通渭、海原、榆中各縣修城浚河工程。

夏四月,《果齋別集》出版,《序目》云:"余既編詩、文爲二册,分辛亥以前者曰《前集》,壬子以後者曰《續集》。同人復慫恿梓其楹聯,爰取《前》《續》二集所棄而有關事實者附益之,並爲一册,曰《別集》,是又光、宣以迄於今三十年來之夢影也。回頭循省都屬空言,而人事日非,煙雲萬變,而今而後恐並此空言而亦有不可言、不必言者矣!嗚呼!噫嘻!"

十二年癸亥,六十歲。

四月,賑務始竣。

六月,靜寧城工完竣;十月,會寧城工完竣。

時清遜帝大婚典禮,海内名流皆有貢獻,先生與安曉峰侍御與焉。

武威李叔堅卒,先生爲之傳略(傳文略)。

十三年甲子,六十一歲。

春二月,甘督陸洪濤倡修小西湖,請先生爲之督導。冬十月,工乃竣。時五泉修建工程告成。

撥賑欵,函請楊雨丞修鹽場堡河隄。正月開工,五月工竣。

立皋蘭鄉賢祠於五泉文昌宫東院,奉祀皋蘭前代賢哲。自晉麹元、唐辛雲京以下,至清張國常共四十一人。

十四年乙丑,六十二歲。

印布《甘肅震災籌賑處第三期徵信録》。

夏五月,作《重修小西湖記》。六月,公告都人士落成。

十五年丙庚(庚,係"寅"之誤。點校者注),六十三歲。

創設豐黎社倉。有《記》(見《辛、壬賑災記》)。

《日記》七、八二卷出版,連前共八卷。其《自跋》云:"右《日記》

八卷是自光緒丁酉至於今三十年來所自以爲心得者也。回頭猛省，歲月虛拋，而所謂心得者亦不過飽更憂患，目觀滄桑，動忍之餘，略識爲學之門徑耳，於大道能有絲毫之湊泊乎？如行路，然前途正遠，來日無多，以衰朽殘年，又值此空前世變，過此以往，倘不獲偷生於斯世，則日記固止於此；倘一息尚存，不容少懈，竊願以後之所獲者別爲體格，變易名稱，以存吾爲學之究竟，則日記亦止於此。"

十六年丁卯，六十四歲。

是年春，舉辦儒醫精舍，擬定條規及簡章，將於五月開醫學講習所於道陞巷養源別墅，並由興文社立同仁施醫館。暑假後即開辦精舍，嗣以招生報名者少，遂停辦。

十七年戊辰，六十五歲。

春正月，以所管興文各社交由地方人士接管。興文社主管施周臣，名譽檢察王著明，義務贊襄楊子厚、王錫九、鄭樹民、孫文卿、陳伯輔。實業待行社主管牛厚澤，名譽檢察魏少武，義務贊襄王祥甫、水季梅、李興伯、陸階平。豐黎義倉主管水楚琴、王著明、李興伯，名譽檢察楊慎之，義務贊襄張鴻汀、羅子衡、魏少武、慕少堂、田成於、王藻虞、趙正卿、秦幼谿、車子權、史嘉言、祁樾門、王訓庭、王少沂、鄭哲候、鄧紹元、謝子明、閻雋卿。全隴希社主管王訓庭，名譽檢察慕少堂，義務贊襄談瑞岐、趙正卿、施周臣、水楚琴、秦幼谿、王著明。樂善書局主管楊顯澤，名譽檢察張鴻汀，義務贊襄施周臣、陳伯輔、孫文卿、牛厚澤、談瑞岐、張月華、李興伯。五泉圖書館主管楊濟舟，名譽檢察水楚琴，義務贊襄廖渭笙、張鴻汀、楊顯澤、謝仲文、許季梅、盧子昭、張紹庭、陳伯輔、陸階平、王致堂、鄧德興、施周臣。同仁局主管藺子賢，名譽檢察王著明，義務贊襄彭敬甫、颜鹭亭、李静岑、王松崴、王兰亭、杨雨丞。

始习画兰及山水以自娱，以所藏书分赠友好与及门诸子。

是年，拍照古衣冠小影。自题云："六十五年春梦长，觉来忽著古衣裳。羲轩血统谁华冑，不敢轻将故我忘。""毋我微言两字香，嚼来滋味老来长。又将我相留人世，愧读尼山绝四章。"

十八年己巳，六十六岁。

三月间病中风卧床，病中犹与来探者约，每月十五日聚谈一次，藉以遣闷，谓之团员小集。数月始愈。

七月，丁继母魏氏艰，开吊于南府街火神庙，治丧不用浮屠法，亦不歉客。

是年甘境大旱，先生时以为忧，诗云："入耳声声乞食难，且凭柔翰写辛酸。笔尖都是哀鸿泪，此纸成灰墨不乾。"

十九年庚午，六十七岁。

秋八月，邓德舆藉旧举院开鹿鸣私宴，先生被邀重赴，首为诗倡之。邓时为造币厂监督，在旧举院内，为前清秋闱地也。

先生老而无子。是年春，纳妾陈氏，凉州满城人。

二十年辛未，六十八岁。

七月，国民军师长雷中田拘甘肃主席马鸿宾于公安局，谒先生，请示办法。先生言："当率省城绅民恭迎马主席复位。"雷唯唯而去。先生乃致书公安局长高振邦，请以省垣治安为重，并派弟子水柟向雷、马呼吁和平。

三月，子宝厚生。四月原配王夫人卒。七月，立映藜堂家事代办处章程。十月初九日亥时卒，七日后厝柩于五泉山麓层碧山庄。十二月安葬于东川珠子山茔。

刘宅丧例：临终用纸桥车一，男、女各一。小敛毕，孝子焚香哭送焚化,奠用家常便飯,至發引後乃止。七日預作大廳一座,桌凳齊備,當設常用筆硯等物,送墳墓焚化。開吊日,設奠行三獻禮,用海參席。不作佛事,不設道場,以飲酒爲大戒,發引前導用樂人,不請僧道。

著《拙修子太平書》,原名《太平答問》,再版時,更定名《拙修子》。命弟子水枬簽署並負責校對印行。

《果齋遺言》:"我前年大病時,若果死了,還是個學而未成人。今倖《拙修子》著成,獨立人間,卓然爲一家學説,虛生之憾,庶幾免乎?"又云:"《拙修子》融會古今,裁成中外,摻天地萬物之根,抉爲學處治之本源,苟能正本清源,循根發葉,别創以理馭氣之方法,使理常勝氣,則東西學術水乳交融,世界人類之太平自此而開。掬我赤心,願以告千世萬世之改造乾坤者。"

秋八月,作《果齋遺言》。以親友索閲者衆,遂印行之。

先生臨終之前日,謂其門人視疾者曰:"看他如何死法。"是先生已外其身矣!又口占絶命詩云:"回頭六十八年中,痛癢相關與世人。今日抛開軀壳去,權將熱血灑紅塵。"門人談鳳鳴書之。先生自注云:"患失榮症,流血甚多。"(按:此云六十八歲,即以甲子計年也)。

門人王烜編輯,楊巨川、藺象祖、水梓、水枬、楊沛霖參訂
後學張維、董健宇、王重錫、鄭元滋參訂
仝印皋蘭興文社、五泉圖書館、隴右樂善書局、隴右實業待行社、甘肅省豐黎義倉、全隴希社、蘭州志果中學

圖書在版編目(CIP)數據

果齋全集/(清)劉爾炘撰;戴恩來整理. —上海:
上海古籍出版社,2020.11
 ISBN 978-7-5325-9726-0

Ⅰ.①果… Ⅱ.①劉… ②戴… Ⅲ.①理學—研究
Ⅳ.①B244.05

中國版本圖書館 CIP 數據核字(2020)第 154209 號

果齋全集

(全二册)

劉爾炘 撰

戴恩來 整理

上海古籍出版社出版發行

(上海瑞金二路 272 號 郵政編碼 200020)

(1) 網址:www.guji.com.cn
(2) E-mail:guji1@guji.com.cn
(3) 易文網網址:www.ewen.co
上海展强印刷有限公司印刷
開本 890×1240 1/32 印張 34.125 插頁 13 字數 737,000
2020 年 11 月第 1 版 2020 年 11 月第 1 次印刷
印數:1—1,100
ISBN 978-7-5325-9726-0
G·728 定價:188.00 元
如有質量問題,請與承印公司聯繫
電話:021-66366565